THE SECRETS OF EQUITY

股权的秘密

揭示助推企业发展的力量

第二版

崔师振　宋明辉◎著

中国法制出版社
CHINA LEGAL PUBLISHING HOUSE

序：专业铸就律师地位

如同生病要看医生，我们遇到法律问题会寻求律师的帮助，从这个意义上讲，任何人（含法人）对律师的需求和对医生的需求是一样的。

那么，当事人或客户到底需要怎样的律师？较为普遍的心态有两种：一是律师名气越大越好；二是律师费越便宜越好。前一种心态是认为名气大的律师水平高，能处理好自己的事务；后一种心态是花高价钱请律师划不来。对于前一种心态，主要是不了解律师职业。其实律师和医生从某种角度来说一样，都是在细分领域里“术业有专攻”。

其实，随着社会分工趋于精细化，律师专业化趋势也越来越明显，所以客户或当事人要学会选适合自己业务和纠纷的专业律师。为什么要选专业律师以及怎样选律师？只要看看律师群体怎样划分律师类型就能知道个大概，目前，律师群体将律师分为普通律师、专业律师和专家型律师。普通律师以做民商事或刑事等传统律师业务为主业，没有特定的专业方向，业务范围较广，此为大多数律师；专业律师有自己明确的专业方向，或只做某个专业领域的业务，在这个领域深耕建立起在一市一省乃至全国范围内的专业优势；专家型律师是由专业律师锻造提升而来的，这种律师有较高的思想理论水平，能结合自己的实践经验生发较为到位的理论观点，甚至是前沿理论，具体体现为撰文、著书、立说（如各种讲座等），而且还经常就相关部门制定法律法规提出专业建议。每一类型的律师没有高低好坏之分，只看他适合不适合具体法律业务，但是，很多人把专家型律师视为我国律师群体中的精英。

有人把专业律师总结为几类，其中，所谓原生性的专业律师就是指该律师的专业方向是由其过往的工作经历或研究领域决定的，如有海关岗位经历做律师自然做自己熟悉的海关业务；派生性的专业律师是指该律师从事某大类型专业领域派生出来新兴的分支业务，如公司法务律师派生出公司股权、并购重组、公司破产律师等；而竞生性的专业律师更多的是基于律师业竞争的压力而不得不确定一个专业方向，此类律师在专业律师中占绝大多数。但是，不管是哪一类型的专业律师，只要肯集中精力攻一点，一定会有所成就，正如俗话说的“三百六十行，行行出状元”！当今世界，社会分工越来越细，越来越复杂，必然要求律师往专业化发展，未来的律师市场一定属于专业精准的专业律师，“专业化”也是律师事务所发展的必由之路，同样，律师的专业化程度和专业化精度也是律师权威、律师地位和律师市场的决定因素，律师业也必定是“有专业才有地位、有专业才有市场”。

我所的崔师振律师即属于这一类律师，崔律师原本就是高校的教师，加之多年的专业律师实践，用心用力，善于总结，思想深度和理论素养都达到了较高的层次，他在所涉及的专业领域总是力求“精、准、深、透”。此前专注特许经营，有专著《商业特许经营全程法律风险防范》一书。最让我感动的是，崔律师在专注股权方面的法律问题上更是做到了“呕心沥血”，他携手年轻的宋明辉女士一道，无私传播股权知识，常年在各地进行公益讲座，同时，经常通过新媒体平台开展线上讲座，现在已有一大批在线听众和企业家拥趸，并且产生了直接的服务合作效应。当然，由于宋明辉女士的付出和执着，使得崔律师的股权思维更加接地气。宋明辉女士多年来一直从事律师市场导引工作，乐此不疲，作为一名女性律师业务工作者，克服了重重困难，常年游走在律师和客户尤其是公司之间，深知公司经营管理的痛痒，且能同时适配律师为公司镇痛止痒，解决了大量实际问题，在公司和企业家群体中口碑极好，黏性极高。

时至今日，当崔师振律师把他和宋明辉女士合著的这本《股权的秘密：揭示助推企业发展的力量》的审定稿放在我面前让我为之写序时，我感觉一切水到渠成，他们的积累已修成正果，他们的努力已取得实效，我很为他们自豪！

就本书而言，在一个常年和各种公司打交道的律师看来，无疑是一本公司“宝典”。股权已成为现代公司的生命线，股权问题已成为公司的“命门”，无论公司处于哪个阶段，都存在亟待解决的股权问题。就公司的生存和发展而言，公司或企业家最关心股权架构、股权激励、股权融资和股权转让四个核心问题。具体而言：对于初创合伙公司，科学、合理地设计好合伙人之间的股权结构成为首要任务；而对于发展中的公司，科学合理的公司股权结构则是公司的基石，股权结构设计是否科学、合理直接影响公司能否顺利决策，能否完成股权融资，能否实现上市。

人是公司的根本要素，人才是公司发展的原动力。股权激励成为现代公司吸引人才、留住人才、激励人才的重要手段，但股权激励计划的设计是一项非常专业的活动，是科学与艺术的完美结合，如何从人性、原理和诸多细节上设计一个真正符合目标公司需要的个性化的股权激励计划至关重要。

大多数公司在创立和发展过程中都需要进行股权融资，但股权融资协议中的对赌条款、防稀释条款、拖售权条款、优先清算权条款等，对融资方来说具有非常大的风险，稍有不慎，就会“竹篮打水一场空”。

股权转让是公司生存、发展过程中的一种常态，股权转让也是公司间“买卖”的绝对主流方式，股权转让是一个复杂而又危机四伏的高风险行为。股权内部转让条件和外部转让的限制、部分行使优先购买权和执行程序中的优先购买权、负债强制转让和股权回购强制等问题和转让环节，都必须周全处置，否则有可能埋下隐患。

总之，始终牢牢掌握公司的控制权，对公司来说至关重要。现实生活中出现了很多争夺公司控制权的案例，有的控制权丧失，公司易手，有的公司倒闭，给人们留下了非常深刻的教训。

针对上述问题，本书精心建构公司股权结构设计中的进入、分配、调整和退出四大机制，同时，从股权比例、股东会的决策方式、董事会席位、公司章程以及公司运营等各个层面详细阐述了公司控制权的全方位、立体化设计，形成一个完整的闭环，从股权的整体性和股权变动的动态化两个维度揭示了股权的基因密码，对于防范股权纠纷的出现、防范公司风险以及助推公司发展具有重大的价值。

对于本书益处，说一千道一万不如亲自看一看。烦请诸君细读本书，相信对您一定会有所裨益！

感谢师振、明辉的信任！限于我本人的专业水平，难当此任，勉强为序。

北京卓海律师事务所主任、中华全国律师协会国际业务专业委会委员

张晓霖

2022 年 10 月 28 日于北京

前　言

股权结构对于企业来说非常重要，架构设计的好坏不仅影响企业的发展，而且决定企业的生死。

毫不夸张地说，一个企业，从成立那一刻起就和股权打上了交道。创业之初，创始合伙人之间如何分配股权，是创业企业首先遇到的问题。随着企业的不断发展，企业进行多轮股权融资，对激励对象实施股权激励，都离不开股权。从这个意义上说，股权贯穿于企业发展的全过程。

股权不仅是企业的生命线，企业存续的基础，而且是企业发展的核动力，它能聚合企业发展所需要的各种资源。一个科学、合理的股权结构，能够明晰股东之间的权、责、利，有利于维护创业项目的稳定；有利于企业进行股权融资；有利于企业吸引和留住激励对象，激发激励对象的工作积极性，为企业创造更大的价值。

相反，如果企业的股权结构出现问题，用一个夸张的比喻，就像人得了致命的心脏病，秒杀其他一切优势。不仅企业所需要的各种资源进不来，股东之间还会出现各种争议和纠纷，企业决策不顺，上市无门，甚至还会出现企业失控、倒闭的严重后果。

总结多年的实务经验，我们认为企业在股权架构设计方面存在以下诸多问题：

一是不少创业者对股权、股权结构等了解较少，当然也就谈不上股权结构的设计问题；

二是某些创业者认为企业初创时期不需要进行股权架构设计，不需要进行股权分配，一切等企业发展起来再说，导致错过了股权架构设计的最佳时期；

三是合伙人进行股权分配，没有一个科学的依据，是“拍脑门”分出来的，导致股权分配不公平、不合理，合伙人之间产生矛盾和纠纷；

四是设计平均股权结构，致使企业决策不顺；

五是股权分配过度分散，企业没有大股东，都是小股东，都存在“搭便车”的心态，不会真正对公司负责；

六是从控制权角度来说，创始人要么太在意企业控制权，不舍得分股权，浪费了股权的价值；要么忽视了对控制权的把握，落得最终被踢出局的境地；

七是企业在进行股权架构设计时，缺少股权调整机制和股东退出机制的设计，导致股东之间出现斗争，甚至对簿公堂；

八是在进行股权架构设计时，混淆了股权关系和劳动关系，导致合伙人的贡献价值和收入不匹配，合伙人之间因此产生纠纷；

九是企业股权架构设计，只有口头约定，没有形成书面协议，导致合伙人、股东之间出现纠纷时，缺乏解决的依据；

十是企业股权激励计划虽然设计得不错，但在实务中未得到有效实施。

为了帮助广大创业者、企业高管、投资人和其他股权爱好者深刻认识股权、了解股权，掌握股权架构设计的规律和技能，我们在第一版的基础上，对本书作了修订和完善，希望对广大读者有所帮助。

本次修订主要表现在以下两个方面：

第一，在内容方面，增加了有关股权学习、研究和实践的最新成果，替换了一些陈旧内容，删除了一些过时内容，增加了企业股权架构设计的实务操作方法和公式、实操案例以及实务经验教训，删减了部分纯理论性知识，使股权内容更加完整、系统，更有价值，进一步突出了本书的实用性。

第二，在体例方面，因为内容扩充，书的整体框架结构由“上下两篇”变为“四部分”；新增加了一些“章”“节”；删除了一些“章”“节”；调整、缩编了一些“章”“节”，更加强调本书整体上的体系化和各部分内容的内在逻辑结构。

第一部分“企业股权架构设计概述与股权顶层规划”，包括第一章、第二章，简要阐述了企业股权架构设计的基本知识和股权顶层规划，目的是为后续的学习做好铺垫。

第二部分“创业合伙人股权架构设计及实施”，包括第三章、第四章、第五章、第六章、第七章、第八章、第九章，主要围绕创业合伙人的股权架构设计，阐述了合伙人股权架构设计的进入、分配、调整和退出四大机制，科学股权结构及合伙人股权架构设计的各种陷阱，创始人掌控企业的12种方法，以及中小股东权益保护等合伙人股权架构设计和实施中的核心内容。

第三部分“企业股权激励计划设计及实施”，包括第十章、第十一章、第十二章、第十三章、第十四章、第十五章、第十六章和第十七章，重点介绍了企业股权激励计划设计和实施的前提条件、计划设计的各个细节，以及计划如何落地实施等内容。

第四部分“企业股权架构设计实务操作”，包括第十八章和第十九章，主要介绍了多年来我们在企业设计股权架构过程中汲取的经验及教训，以供广大读者参考。

为了保护他人的隐私和商业秘密，避免侵权，本书引用的所有案例都做了隐名化处理，不特指某一个人或公司。

本书中的“企业”一词，大多数情况下，在“公司”的意义上使用，等同于“公司”。

本书在写作过程中，参阅了大量专家、学者的有关著作、教材及案例等有益资料，在此一并表示谢意。

本书写作的目的在于传播股权知识，探讨股权架构技能，提高股权智慧，若书中有不当之处，恳请指出，本书作者将采取适当措施进行修改。

限于作者水平，书中不妥之处在所难免，恳请广大读者批评指正。

崔师振、宋明辉

2022年10月30日

目　　录

第一部分　企业股权架构设计概述与股权顶层规划

第三部分　企业股权激励计划设计及实施

第一部分

企业股权架构设计概述
与股权顶层规划

第一章　企业股权架构设计概述

◎ 导读

要想真正掌握企业股权架构设计的规律和技能，首先要了解股权、股权结构、股权架构设计的概念，企业股权架构设计的重要意义，以及股权架构设计的内容和方法等基本知识，为以后的学习做好铺垫。本章分三节简要介绍上述内容。

第一节　什么是企业股权架构设计

一、股权的含义

股权是企业股权架构设计中的一个核心概念，正确理解股权的含义是进行企业股权架构设计的前提条件之一。关于股权的含义，专家学者各有不尽相同的定义和解释，主要有以下表述：

1. 股权是基于股东地位而对公司主张的权利，为股东权。股份公司的股东权为股票表彰的权利。

2. 股权，又称股东权，是股东作为公司的成员在公司中享有的权利。[①]

3. 狭义的股东权，则指股东基于其股东资格而享有的从公司获取经济利

① 孔祥俊：《公司法要论》，人民法院出版社 1997 年版，第 252 页。

益并参与公司经营管理的权利。①

4. 股东权利是指股东因持有公司已经发行的股份，基于股东资格，在公司取得法律上的地位，于公司存续中，对公司所享有的多项权利。股份持有人为股东，享有股东权利，股东权利简称股权。②

股权的基础是社员权，产生于股东地位或股东资格。股权是公司的投资人基于股东资格，依照公司法律制度和公司自身章程的规定，在公司中享有以财产为核心的权利。股权有三层含义：第一层是投资人基于投资行为而获得股东资格；第二层是股权的具体内容是由法律和公司章程规定的；第三层是股权的内容是多方面的，股东的经济利益是核心内容。③

股权因公司设立时出资，或因公司增资时入股，或因股权受让，或因受赠，或因共有财产分割和遗产继承时继受，或因股票等证券市场交易而取得。

二、股权的权能

根据股权内容和行使目的的不同，股权的权能可分为自益权与共益权两大类型：

自益权是指股东专为自己利益的目的而行使的权利，主要包括：公司发给出资证明或者股票的请求权、股权转让过户请求权、股息和红利的分配请求权、公司剩余财产的分配请求权等。

共益权是指股东以自己的利益并兼以公司的利益为目的而行使的权利，主要包括出席股东会的表决权、任免董事等公司管理人员的请求权、查阅公司章程及簿册的请求权、要求法院宣告股东会决议无效的请求权，以及对公司董事、监事提起诉讼的权利等。

自益权与共益权是对股权的基本分类。自益权无须其他股东的配合就可以行使；共益权尽管也是以自己的利益为目的，但客观上也是有利于公司和其他股东的，故称为共益权。这类权利一般需要结合其他股东一同行使。

---

① 刘俊海：《股份有限公司股东权的保护》，法律出版社 1997 年版，第 11 页。

② 高程德主编：《中国公司法实务》，企业管理出版社 1994 年版，第 134 页。

③ 王亦平、马强、王轶：《公司法理与购并运作》，人民法院出版社 1999 年版，第 60 页。

自益权主要是财产权，共益权主要是公司事务的参与管理权，它们共同构成了完整的股东权。自益权表明了股东权的财产性和请求性，共益权表明了股东权的身份性和支配性。

三、什么是企业股权结构

根据现代企业理论，一般将企业股权结构定义为企业剩余控制权和剩余索取权的分配状况与匹配方式。企业股权结构是所有权结构在公司制下的具体表现形式。在实践中，由于经济发展水平等多方因素的差异，不同国家对企业股权结构含义的理解是有所区别的。一般来说，国外主要从数量和权利角度来认识企业股权结构，国内则主要从股权集中度和股权属性方面划分企业股权结构。股权集中度是指各股东所持有的股份占公司总股本的比重；股权属性是指各个不同背景的股东分别持有多少股份，在我国，则指国家股东、法人股东及社会公众股东的持股比例情况。前者说明股权集中或分散的程度，是股权结构量的体现；后者则是说明股份持有者的特性，是股权结构质的体现。

因此，企业股权结构不是简单的股权比例或投资比例，它是以股权比例为基础，通过对股东权利、股东会及董事会职权与表决程序等进行一系列调整后的股东权利结构体系。

四、企业股权结构的种类

企业股权结构按照不同的标准，可以划分为不同的类型：按照不同要素在股权分配中所占地位的不同，可分为资金占主导地位的股权结构和人力资本占主导地位的股权结构；按照股东对公司控制力的强弱，可分为绝对控股的股权结构、相对控股的股权结构和不控股的股权结构。

五、什么是企业股权架构设计

企业股权架构设计不是简单的投资比例或者股权比例的设定，而是指以股权比例为基础，对股东权利、股东会及董事会职权与表决程序等进行一系列的设计，主要涉及公司的管理权、决策权和利益分配权。企业股权架构设计的主要关键点在于股权比例的分配、公司的表决方式和公司控股权的取得以及利益分配模式。

不同股东要求的股权结构是不同的。每位股东都会站在自己的角度，充分考虑自己的投资目的、投资额、投资比例，并结合自身优势，希望设计的公司股权结构能够满足自己的诉求，对自己有利。

六、企业股权架构设计的两大类型

企业股权架构设计的类型，最典型的包括两种：一元股权架构设计和二元股权架构设计。

所谓一元股权架构设计，是指股权比例、表决权（投票权）和分红权均一体化的股权结构设计。在这种股权结构下，股东的权利完全根据股权比例来确定。一元股权结构设计是最简单的股权架构设计，其重点是尽可能避免出现公司僵局。

所谓二元股权架构设计，是指将股东权利进行分离设计，在股权比例、表决权（投票权）和分红权之间作出不等比例的安排。

第二节 企业为什么要进行股权架构设计

企业之所以需要进行股权架构设计，主要是出于以下几个方面的原因。

一、股权是企业的生命线

一个企业从成立、发展到上市，再到传承，每一步都与股权密切相关。股权贯穿于企业成长的全过程，对企业的存续和发展起着根本性的作用。

如果把企业比作一棵树，股权结构就是树的根；如果把企业比作一幢大楼，股权结构就是大楼的地基。股权架构的缺陷对于一个企业来说是硬伤，秒杀其他一切优势。因此，企业要想正常生存、顺利发展，就必须重视股权架构设计；企业要想基业长青，传承百年，更要把股权结构设计好。

在实务中，企业一旦股权没有架构好，就会导致企业决策不顺，合伙人之间出现股权纷争，甚至是企业倒闭。著名学者苏龙飞先生曾经写过一本书叫《股权战争》，描述了公司股东之间围绕股权博弈的情形。[①] 苏龙飞不仅为中国公司的“股权之争”完成了一些档案性的记录，也赋予了这些案例更加开阔的视野，他在描绘企业家“焦虑”的同时，又能将自身从一线的现实中抽离出来，完成理性的剖析。苏龙飞的《股权战争》中呈现出来的案例足以使企业家警醒。

二、股权是企业发展的核动力

股权时代已经到来，如今，股权已经成为现代企业无法绕开的话题。股权对于不同的人来说有着不同的价值：对于企业家来说，意味着事业与格局；对于创业者来说，意味着梦想与目标；对于激励对象来说，意味着奋斗与希望；对于投资人来说，意味着信任与回报；对于企业来说，连接着人才、资源与资本，也代表着理念共识、价值共创、责任共担、利益共享、全员共治的企业文化。

作为企业管理运营和公司治理的核心工具，股权发挥着至关重要的作用，它可以聚合包括人、财、物、市场、渠道、上游供应商、下游销售商、合作伙伴、竞争对手、终端客户等在内的各种资源（如图 1 所示）。

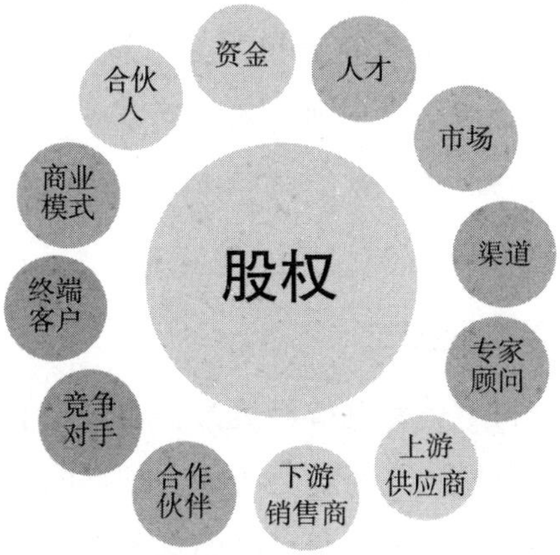

图 1　股权可以聚合各种资源[②]

---

① 潘启雯：《一早醒来已身陷沼泽地——评苏龙飞〈股权战争〉》，载人民网，http：//theory. people. com. cn/n/2012/1207/c40531-19820624. html，最后访问时间：2022 年 1 月 2 日。

② 注：本书所涉图表除特别标明出处外，均为作者原创。

作为企业法人，要真正深刻理解股权，掌握股权，达到“运用之妙，存乎一心”的境界，立足股权的视角，发掘股权的力量，运用股权聚合企业发展所需要的各种资源，实现企业的持续发展。

股权的能量是巨大的。这里用一个夸张的比喻，如果说奖金相当于常规炸弹的话，股权就相当于原子弹，两者所产生的影响是无法相提并论的。作为企业家，应学会运用股权经营企业，用股权引爆内部激励对象和外部资源，助推企业腾飞。

案例：股权激励为何能给经销商带来巨大收益

——H 酒业公司用股票期权激活经销商①

H 酒业公司为什么能成功？有两个重要因素：一是品牌，二是股权。H 酒业公司做过两次股权激励。第一次股权激励，选择用期权模式激励全国的经销商。当年 H 酒业公司股价只有 5.8 元/股，经销商锁定 5.8 元/股的认购价。若将来股价高于 5.8 元/股，就可以按照 5.8 元/股去认购，经销商不占用资金，稳赚不赔。

经销商的收益是从哪里来的？第一是产品市场给的，市场靠业绩，业绩靠经销商。第二是股票市场给的溢价增值。产品市场和资本市场是互动的，经销商卖 H 酒业公司的产品，不仅可以获得产品利润的回报，还可以赚到股价的上涨回报。很多经销商都靠当年 H 酒业公司的期权和后来的定向增发股份赚了不少钱。

三、股权能够创新商业模式

现代管理学之父彼得·德鲁克曾经说过，当今企业之间的竞争，不是产品之间的竞争，而是商业模式之间的竞争。一种好的商业模式，对企业的发展是非常重要的。很多企业为了提高自己的竞争力，不断想方设法创新自己的商业模式，而股权在商业模式创新中起着非常重要的作用。

股权在商业模式创新中的作用主要体现在，通过运用股权各项权能的分

---

① 饶勇军：《股权思维》，机械工业出版社 2018 年版，第 178 页。

离设计，构建与企业相关的新的组织关系。根据我国《公司法》[1] 的相关规定，如果公司章程没有特别约定，各股东按照出资比例分享股权比例和公司利润；但有特殊目的时，可以为了特殊目的设计个性化的股权占比和利益分配结构。

譬如，一些连锁企业的企业主经常向我咨询一些问题，问得比较多的就是，如果做直营连锁，虽然企业好管理，但是发展速度比较慢；如果做加盟连锁，虽然连锁体系发展较快，但是由于加盟商不好管理，容易对连锁品牌造成损害。有没有一种新的模式既能让企业发展得比较快，又能规避加盟商不好管理的风险呢？我说有，那就是合作模式。即总部和加盟商共同投资，一起设立公司，加盟商以现金出资，负责门店选址、装修、地方资源和店铺的实际经营管理；总部用品牌、技术等出资，负责品牌发展的战略规划，品牌体系的升级、维护和技术培训等。

在合作企业注册资本中，一般来说，加盟商的现金出资占有的比重比较大，总部品牌技术作价所占比重相对较小。譬如一个注册资本为 100 万元[2]的公司，加盟商可能投资 80 万元，总部的品牌和技术也就作价 20 万元。如果按出资比例分享股权的话，总部只占 20%的股权，加盟商是大股东，占股 80%，属于加盟商控股。

由于连锁品牌属于总部所有，总部需要对品牌经营具有主导权。如果总部对公司没有控制权，就会从整体上影响连锁品牌的发展。另外，还有的连锁公司有上市的规划，这就需要在经营过程中实现与加盟店财务报表的合并，要求总部必须控股。因此，在分配股权时，不能是加盟商占股 80%，总部占股 20%。总部的持股比例一定要大于加盟商，实现控股，譬如股权比例可以设置为总部占股 51%，加盟商占股 49%。

之所以能够进行这样的设计，是因为我国《公司法》允许对出资比例、占股比例和利润分配比例作出特殊约定。虽然加盟商对企业的投资价值比较

① 为行文简洁，方便读者阅读，本书法律规范均使用简称，下文不再特别说明。

② 本书所涉金额，若非特别说明，均指人民币，下文不再特别说明。

大，总部投入折算价值相对较小，但一般来说，加盟商加盟的首要目的是挣钱，其他条件相对不是很在意。股权分配虽然总部占大股51%，加盟商占小股49%；但可以在公司章程中约定利润分配比例为总部20%，加盟商80%。因为利益没有受损，加盟商一般都会同意。再退一步，甚至可以按照总部15%，加盟商85%的比例进行利润分配，总部用一定的利益分配权换取企业的控股权，实现总部和加盟商的双赢。

总之，实务中，不论企业有什么特殊需求，或者要达到什么样的特殊目的，都可以通过不同的股权架构设计来实现，发挥股权在企业商业模式创新方面的重要功能。

四、股权是家族企业传承的工具

所谓企业传承是指把企业一代代传承下去，做到基业长青。俗话说“富不过三代”，家族企业的顽疾是所有权和经营权不分。在这种经营模式下，如果说第一代人是从艰苦环境的磨炼中脱颖而出，使企业初具规模的话，第二代则是因为自身所具备的头脑和技能把家族企业做大做强，发展持续稳定的；而“含着金汤匙”出生的第三代的身上很可能早已丧失了吃苦耐劳的基因，失去了在商海生存的搏斗能力，他们可能难以挑起振兴家族企业的大任，当然这里说的只是一种可能性。

这种难题可以通过股权架构设计来解决。“股权”思维下的企业传承的是企业家精神，要把企业的超越自我、挑战未来的优良传统一代代延续下去。

在股权机制下，所有权和经营权分离。家族有人才，就优先参与经营；没人才，就只参股，把企业交给有能力的团队经营。采用这套机制，家族企业永远可以寻找更有眼光有技能的团队参与经营，从而使企业得以健康延续下去。

第三节 企业股权架构设计的内容和方法

一、企业股权架构设计的内容

企业股权架构设计是一项非常复杂的工作，一般来说，其内容主要包括以下几个方面：

1. 股权比例的分配

公司管理权源于股权或基于股权的授权；公司决策权源于股权，同时又影响公司管理的方向与规模。有些投资者仅仅投资而不参与公司管理，也有些投资者同时参与公司管理。而股东只要有投资，就会产生一定的决策权利，差别只在于决策参与的程度和影响力的大小。

股权分配直接体现了股东投资的目的，影响股东的利益分配权和决策管理权。因此，股权分配是股权架构设计的重要内容。

2. 股东会、董事会职权及股东会会议通知的设定

我国《公司法》第三十七条、第四十六条对股东会、董事会的职权进行了列举式的规定，但同时也允许公司章程对其他职权进行规定。对于股东会会议的通知，《公司法》允许公司章程作出与其不同的规定。因此，企业进行股权架构设计时，可以根据自己的实际情况对股东会、董事会职权及股东会会议通知进行个性化的设定。

3. 表决权及表决方式的设计

表决权是股权所包含的一项内容，是股东行使共益权时表达自己意志的一项重要权利。我国《公司法》第四十二条规定："股东会会议由股东按照出资比例行使表决权；但是，公司章程另有规定的除外。"对于股东会的议事方式和表决程序，《公司法》第四十三条第一款规定："股东会的议事方式和表决程序，除本法有规定的外，由公司章程规定。"因此，企业进行股权架构设计时，可以根据自己的实际情况对表决权及表决方式进行个性化的设定。

4. 企业控制权的设计

企业控制权包括股权层面的控制权、董事会层面的控制权和企业经营管理层面的实际控制权。可以运用股权比例、投票权委托、一致行动人、优先股、分红股、AB 股、持股平台、金字塔结构、公司章程、董事会等各个股权设计工具设计企业控制权。

二、企业股权架构设计的方法

企业在进行股权架构设计时，应有整体观念和动态思维。一般情况下，一个企业的股权最终分为创始合伙人团队占有的股权、激励对象通过股权激励占有的股权和外部投资人占有的股权三大板块。有的还需要给外部专家顾问、上下游供应链等一些股权。企业在进行股权架构设计时，要对多个板块的股权做统筹安排，合理地进行战略规划。

任何一个企业的股权结构都不是固定不变的。股权比例不仅在创始合伙人团队、激励对象团队和外部投资人团队等各个板块之间进行变动，而且在每一个板块内部也是在随时变动着的。随着时间的推移，创始合伙人有进有出，股权激励对象有入职离职，职位有升有降；企业的融资也分为天使轮、A 轮、B 轮、C 轮等多轮进行。因此，企业的股权始终处在变动中，这就要求企业在进行股权架构设计时要有整体观念和动态思维。

除整体观念和动态思维外，还有一些具体的方法、步骤、公式等，在以后的章节中我们再详细阐述。

第二章　企业股权顶层规划

◎ 导读

企业的股权一般来说最终分为创业者持有的股权、投资人持有的股权和激励对象持有的股权等板块。至于每个板块分配多少股权，采取哪些持股方式，属于企业股权顶层规划的内容，它是进行各个板块股权架构设计的基础。本章用两节分别阐述企业股权顶层规划的必要性和具体方法。

第一节　企业股权顶层规划的必要性

所谓股权顶层规划，是指把股权架构提升到企业战略的高度，着眼于企业的长远发展，充分发挥股权的各项权能，合理分配不同板块的股权比例，科学设计持股方式，同时关注企业的控制权和法律、税务等核心关键点的行为。换句话说，股权顶层规划就是以企业的顶层设计为基础，以股权为纽带，联动企业发展的各项核心要素，包括但不限于人力资本、产业资源和金融资本等，形成系统的股权思维和行动方案，促进企业股权价值提升，保障企业长久发展。

企业之所以需要进行股权顶层规划，主要有以下两个方面的原因：

一、企业股权功能的多元化

企业股权功能的多元化，是指股权能够聚合企业发展所需要的各种资源。企业要生存发展，需要各种资源，例如，资金、技术、人才、市场、渠道、知识产权等等。这些资源都可以通过股权来获得。通过股权进行融资；通过股权吸引人才，留住人才，激励人才；通过股权打通渠道。

当我们跳出企业本身，用产业链甚至生态圈的思维来看待产业链上的合作伙伴时，股权的有效运用就是我们手中的一柄利剑。当我们希望扩大业务，提升业绩时，可以通过外部股权激励，把我们之前与渠道商、客户的交易关系升级为战略合作、股权合作关系，形成利益共同体；当我们希望业务向产业链的上下游延伸，扩大在产业中的话语权和掌控力时，可以通过股权，与上下游供应商以及它们的渠道商结成产业联盟；当我们希望打造生态圈时，可以通过并购重组、参股控股等各种股权运作方式，联合更多的资源，形成企业生态系统。

企业在不同的发展阶段都要善于运用外部资本助力企业发展。通过股权融资，企业释放部分股权给投资机构或投资人，投资机构或个人通过企业未来的上市、并购重组等方式退出获得收益。从广义上看，股权融资实际上就是企业在用股权激励外部资本。当我们用股权激励几个机构时，可能是天使投资或 VC（Venture Capital，风险投资）、PE（Private Equity，私募股权投资）；当我们用股权激励一系列机构时，可能就是新三板挂牌；当我们用股权激励社会广大民众时，那就是成功 IPO①。

此外，我们还可以用股权延续企业传承，创新商业模式等。

总之，股权价值功能的多元化，需要企业提前做好股权顶层规划。

二、企业不进行股权顶层规划的后果

企业不进行股权顶层规划，至少会出现以下三个方面的后果：

---

① IPO：Initial Public Offerings，即首次公开募股，指的是一家企业或公司（股份有限公司）第一次将它的股份向公众出售。

（一）浪费股权的价值

企业股权顶层规划好，能够最大限度地提升股权的价值，如股权融资。我们要提前规划好什么时间融资，融资多少，需要出让多少股权。

企业如果选择的融资时机不当，即不该融资的时候融资，不该多融资的时候多融资，都会浪费股权的价值，因为少融资意味着少出让股权。如果企业经营良好，越往后企业越值钱，出让同样比例的股权可以融到更多的钱。例如，企业初创时，如果出让 10%的股权可以融资 500 万元，则企业成熟时，出让 10%的股权就可能融到 5000 万元，甚至 1 亿元。

股权激励也是如此。如果没有一个好的顶层规划，随意在任何时间实施股权激励，不一定会取得好的效果。特别是在企业没有价值，或者企业价值得不到激励对象认可的时候实施，效果是非常差的。这无疑浪费了股权的价值。

（二）股权不够出让，所需资源聚合不起来

如果企业没有进行股权顶层规划，无序出让的话，股权有可能最终不够分配。企业后续所需要的资金、人才、渠道等都进不来。当创业者们不得不被动出让股权的时候，就非常危险了。特别是当企业现金流马上就要断裂时，若没有足够的股权进行融资的话，企业很可能马上就会倒闭。

（三）股权规划不好，引发股东控制权之争

企业不进行股权顶层规划的另一个不良后果就是导致股东之间的控制权之争，严重影响企业的业绩。

案例：合伙人不和竟然影响全年业绩

——M 公司未进行股权顶层规划①

2014 年 8 月 8 日，随着 M 公司一纸公告罢免公司创始人、执行董事兼 CEO（首席执行官）曹某某，公司又一次陷入困境。

---

① 朱星：《M 公司“内斗”恐拖累全年业绩》，载人民网，http：//finance.people. com.cn/n/2014/0818/c1004-25481905.html，最后访问时间：2021 年 12 月 18 日。

这已是M公司自创立以来第三次陷入高层争斗的纠纷之中。第一次创始人之间的股权纠纷，迫使公司引入外来资本；第二次创始人与资本方的纠纷，使公司面临供应商和经销商的集体抵制，当年业绩大幅度下滑；这一次，资方代表王某某和创始人曹某某间的争斗还在继续，已经导致部分工厂停产，日损失200万元。

公司董事长在接受采访时，承认已经做好“2014年业绩下滑的心理准备”。

王某某和曹某某都声称自己“爱公司”，并且认为只有自己“才能做好公司”，不过，两人关于公司控制权的争夺却将公司带向相反的方向。

本案例给予我们的深刻启示是，企业创始人曹某某没有做好股权规划，高层斗争不断，致使企业业绩出现大幅下滑，导致作为企业创始人的他被罢免执行董事及CEO，可见，做好企业股权顶层规划对企业的重要性。

第二节 企业应如何做好股权顶层规划

一、企业股权顶层规划的方法

（一）基于企业的顶层设计进行股权顶层规划

企业股权顶层规划不是凭空进行的，它必须建立在企业顶层设计的基础上。企业的顶层设计是企业对机会和战略、品牌和模式、产品和用户整体一盘棋的布局，站在战略高度塑造企业的愿景、使命和价值观，规划企业的未来发展。

将股权规划融入顶层设计中，通过股权平衡创始股东、经营团队和外部投资机构的关系。

要掌握企业的顶层设计，需要了解企业的具体情况：企业所处行业、企业所处发展阶段、企业发展的外部环境、企业的规模、企业在同行业中的地位、企业类型（资金型、资源型、人力型、混合型）、企业的定位、企业的使命、企业的愿景、企业发展的战略规划、企业的发展模式、企业发展的速度、企业发展所需要的各种资源及各种要素在企业中的地位和贡献大小、企业在不同时点上的营业额与利润额、企业的估值、企业需要出让多少股权及置换多少资源、企业是否有融资的需求、企业是否有股权激励的计划、企业是否有上市的计划、被激励对象个人的具体情况、是否需要运用股权聚合各种资源、是否需要运用股权创新商业模式等等。

每一个企业的顶层设计不同，股权顶层规划也不同。譬如，同样是融资，两个不同的企业各自需要融资的时间不同，轮次不同，融资数量不同，股权顶层规划就不同；又如，一个连锁企业，全国开店的速度不同，具体加盟的模式不同，股权顶层规划也是不同的。

再如，股权激励，企业需要拿出多少股权对激励对象进行激励，与企业的规模，盈利能力，人才在企业中的重要地位，人才本身的具体情况等都有关系。

深入了解具体企业的上述实际情况是进行企业股权顶层规划的前提和基础。

（二）采取“以终为始”的股权规划方法

企业发展是一个动态过程，企业一般都会经历初创期、成长期、成熟期和衰退期几个阶段。每一个阶段，企业的股权结构都是不同的。譬如，从创始人角度来说，创始人在企业发展的各个阶段所持有的股权比例是不断发生变化的。企业初创期，参与持有股权的主体较少，创始人一般会持有较多的股权，都会控股，相对控股或绝对控股。但随着企业的发展，各种资源的融合，创始人所持有的股权会不断被释放，很多企业上市后，股权过度分散，创始人持有的股权比例就变得非常低了。

创始人及其合伙人在企业发展的每个阶段需要持有多少股权，既能充分发挥股权的价值，又能确保创始人对企业的控制，要通过倒推的方式进行股权顶层规划，也就是“以终为始”的股权规划方法。

（三）预留股权池

一般来说，大多数企业在发展过程中都需要进行股权融资，也都需要对员工进行股权激励，企业的股权最终分为三个板块：创始合伙人持有的股权、投资人持有的股权和被激励员工持有的股权。有的还需要给各种外部专家顾问等资源方一定的股权。

这几个板块分别需要架构的时间是不同的。最先需要架构的就是创始合伙人团队的股权，这一块也是最重要的。如果这块股权架构不好，企业是无法往前发展的。至于员工团队的股权，主要是指股权激励，只有在合适的时间实施才会有效果；向投资人团队出让的股权，也是根据不同投资人投资的时间（天使轮、风险轮、A 轮、B 轮、C 轮等）分别出让的。时间点不同，企业估值不同，融入的资金和出让的股权比例也是不同的。其他资源也一样，根据其进来的时间和资源的价值来出让股权。

从内在逻辑和具体股权激励计划的设计来说，企业最先需要进行的是合伙人股权架构设计。根据合伙人是否把企业 100% 的股权一次性分配完毕，股权的演变有两种模式：一是合伙人把所有的股权一次性分完，将来需要出让股权时，各合伙人同比稀释或者按照合伙协议的约定出让；二是创业合伙人之间进行分配股权时，同时考虑其他几个板块，按照几大板块进行分配，该预留的先留出来，合伙人只分属于合伙人的那部分。其实这两种模式，其结果是一样的，最终每个板块该持有多少股权还持有多少股权，每位合伙人该持有多少股权也还是持有多少股权。为了方便操作，建议企业在进行股权顶层规划时，采取第二种模式，即设立股权池，预留一部分股权以备后用。

譬如，根据某企业的股权顶层规划，未来需要给员工团队 20% 的股权，给投资人团队 15% 的股权，给其他各种资源方 10% 的股权。那么合伙人团队最终持有的总股权比例就是 55%。几位合伙人在进行股权分配时就分这 55%，将剩余的 45% 作为股权池，以备后用。这种股权演变方法操作比较简便。

二、企业股权顶层规划的两个关键点

进行企业股权顶层规划应重点关注以下两个关键点。

（一）实现股权价值的最大化

当今社会已进入股权时代。股权不再仅仅是对员工进行股权激励的手段，而且成为公司聚合各种资源的战略工具。企业在进行股权顶层规划时，应着眼于最大限度地发挥股权的价值。

（二）确保创始人对企业的控制权

任何创始人都担心企业被动失控，都想牢牢掌握企业的控制权。只有牢牢掌握企业的控制权，才能坚守创业初心，让企业始终按照自己的想法发展。一旦失去对企业的控制，那么当初创办企业的目的很可能就会落空。因此，企业在进行股权顶层规划时，要重点关注创始人的控制权问题，科学、合理地做好股权比例、持股形式和表决权的安排。

第二部分

创业合伙人股权架构设计及实施

第三章　合伙人股权架构设计概述

◎ 导读

本章主要介绍合伙人的概念，股权对合伙人的重要性，合伙人股权架构设计的内容、时间，以及实务中合伙人在股权架构设计方面需要注意的各种问题，目的是为后面各章有关合伙人股权架构设计的学习做好铺垫。

第一节　股权是连接合伙人的重要纽带

一、合伙人概念解读

（一）合伙人的内涵

根据资本构成、责任形式和在法律上的地位，企业法定分类的基本形态包括独资企业、合伙制企业和公司制企业。对应这三种企业基本形态，我国分别制定了《个人独资企业法》《合伙企业法》和《公司法》。

根据《合伙企业法》第二条的规定，合伙企业是指自然人、法人和其他组织依照本法在中国境内设立的普通合伙企业和有限合伙企业。普通合伙企业由普通合伙人组成，合伙人对合伙企业债务承担无限连带责任。本法对普通合伙人承担责任的形式有特别规定的，从其规定。有限合伙企业由普通合伙人和有限合伙人组成，普通合伙人对合伙企业债务承担无限连带责任，有限合伙人以其认缴的出资额为限对合伙企业债务承担责任。

根据《公司法》第二条至第四条的规定，公司是指依照本法在中国境内设立的有限责任公司和股份有限公司。公司是企业法人，有独立的法人财产，享有法人财产权。公司以其全部财产对公司的债务承担责任。有限责任公司的股东以其认缴的出资额为限对公司承担责任；股份有限公司的股东以其认购的股份为限对公司承担责任。公司股东依法享有资产收益、参与重大决策和选择管理者等权利。

根据上述规定，“合伙人”一词与“股东”有着重大区别，二者在对象、承担的责任和适用法律等方面都是不同的：第一，在对象方面，合伙人是合伙企业的主体，股东则是专门针对有限责任公司和股份有限公司而言的。第二，在责任承担方面，普通合伙企业合伙人对合伙债务承担无限连带责任，有限合伙企业合伙人分为有限合伙人和无限合伙人，有限合伙人依据自己的出资承担有限责任，无限合伙人则要承担无限连带责任，而公司中的股东则是以出资额为限承担有限责任。第三，在适用法律方面，合伙人主要由《民法典》和《合伙企业法》规定其权利义务，而股东之间的法律关系则主要由《公司法》来调整。

但本书中的“合伙人”概念并非指《合伙企业法》中的“合伙人”，而是属于《公司法》中“股东”的一部分。

为什么本书把公司“股东”称为“合伙人”呢？有两个原因：

一是强调合伙人之间共同奋斗，背靠背、共进退的含义。从内涵角度来说，这里的“合伙人”是指具有相同价值观，为了共同的目标、利益深度绑定，共同设立和经营公司的合作者；是既有创业能力，又有创业心态，有3年至5年全职投入预期的人，是公司最大的贡献者与股权持有者。合伙人一定是公司的股东，但并不是所有的股东都可以称为合伙人，只有那些具备合伙人内涵的股东才是合伙人。仅仅投入一些资金、资源，本人不直接参与创业活动或者从事兼职工作的股东都不适宜做合伙人。

二是受电影《中国合伙人》的影响。《中国合伙人》讲述的是自20世纪80年代至21世纪初时代大背景下三个年轻人从学生时代相遇、相识，拥有同样的梦想到一起打拼事业，共同创办英语培训学校，最后功成名就、实现梦想的励志故事。该影片浓缩了一代创业者的成长历程，具有一定的时代意义。该影片中，英语培训学校的创始股东被称为合伙人，现实生活中，很多人也把公司股东，特别是创始股东称为合伙人，已经成为习惯。为了尊重这种习惯，本书也把公司里的“创始股东”称为“合伙人”。

（二）“合伙人”和“创始人”“联合创始人”“股东”几个概念的区别与联系

与“合伙人”经常一起出现的有“创始人”“联合创始人”“股东”等几个概念，而且这几个概念还比较容易混淆。为了让大家进一步掌握“合伙人”的含义，我们把这几个概念做一比较。

所谓“创始人”，英文 Founder，一般是指企业的开创者，事件概念的最先提出者，或事物缘起的人，通常是企业创设时期的发起人、所有人和创业时的核心主导，如新东方的创始人俞敏洪等。

所谓“联合创始人”，英文 Co-Founder，指企业初创时期的多个创业伙伴，并在企业创建过程中分别承担具体工作和一定的任务量，扮演过核心角色和关键作用的人。如谷歌创始人 Page 和 Brin、苹果的创始人 Jobs 和 Wozniak。

联合创始人在共同创建的项目或产品正式上线后其达到具备提供正常使用功能的情况下即使离开了企业，依然被视为联合创始人。创始人与联合创始人都属于合伙人，而且都属于创始合伙人，但合伙人不一定都是创始人或联合创始人。合伙人当然都是公司的股东，但股东并不一定是公司的合伙人。他们之间的关系如图2所示。

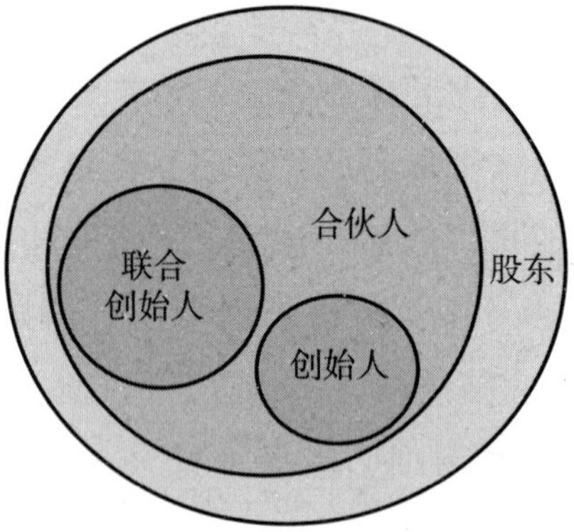

图 2 创始人、联合创始人、合伙人和股东之间的关系

二、合伙人的重要性

俗话说："一个篱笆三个桩，一个好汉三个帮。"现在已经进入合伙创业时期，单打独斗的时代已经过去。因为创业不容易，一个人的时间、精力、资金、资源、智慧都非常有限，很难具备公司发展所需要的所有要素，要想提高创业成功的概率，就要寻找价值观相同、资源互补的合伙人合作。因此，合伙创业就成为人们最佳的选择。

在企业中，合伙人的地位是非常重要的，主要表现在以下几个方面：

第一，合伙人是企业的所有者，对企业影响很大，选择好合伙人是创业的头等大事。合伙人的实力很大程度上决定了企业的实力，合伙人的素质在很大程度上影响企业的最终成就。合伙人是企业的基因，既决定了企业的当下，也决定了企业的未来。

第二，合伙人是企业最大的贡献者，也是主要参与股权分配的人。合伙关系或可以形象地比喻为一种"长期、深度绑定的婚姻关系"。合伙人一旦选定，一般来说，不管你喜欢不喜欢，他都会长期与企业相伴。商业文明的最高原则是股东（含这里的合伙人）权利神圣不可侵犯，不管他是通过什么方式获得的股权，既然他是公司股东，他的股权就不能无理由地被剥夺，包括不能以少数服从多数的原则予以剥夺。如果合伙人之间"分手"，企业必然伤筋动骨，尤其在当今诚信为本的时代，一旦选择了错误的合伙人，不仅难以建立真诚的合作关系，而且就连"分手"也会万般艰难。

因此，有著名投资人曾经在其演讲中着重强调了合伙人的重要性，他表示“合伙人的重要性超过了商业模式和行业选择，比你是否处于风口上更重要”①。

三、合伙人股权架构的重要性

虽然合伙已成为当今主要的创业模式，但事实上，合伙没那么容易。

合伙人是靠什么连接在一起的呢？合伙人之所以能走到一起，首先是因为在精神层面，志同道合，大家有共同的梦想，有共同的追求。如果没有精神层面的志同道合，不可能走到一起。但如果仅靠精神层面的共同梦想也是走不下去的，除精神层面的志同道合外，还要有物质利益上的共同追求。物质利益很重要的一个纽带就是股权（如图 3 所示）。

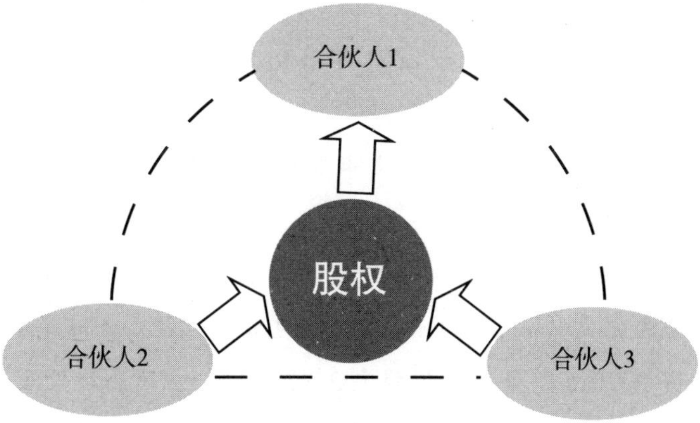

图 3　股权是连接合伙人的重要纽带

既然股权是连接合伙人的重要纽带，那么能否把合伙人之间的股权分配好，能否把合伙人之间的股权架构设计好就成了合伙人一起创业的前提和基础，也成了创业能否成功的关键要素。一个科学、合理的合伙人股权结构对企业具有重大价值，主要体现在以下几个方面：

第一，科学、合理的合伙人股权结构有利于维护企业和创业项目的稳定。合伙人是企业的发起者和主要经营者，科学、合理的股权结构能够明晰

① 徐小平：《合伙人的重要性超过了商业模式》，载投融界，https：//wapnews. trjcn. com/detail_200013. html，最后访问时间：2021 年 11 月 18 日。

合伙人之间的权、责、利，体现各合伙人对企业的贡献价值，能够长期、深度绑定合伙人，有助于维护企业和创业项目的稳定。

第二，科学、合理的合伙人股权结构有利于引进外部资金。企业在股权融资时，其股权结构是投资人考察的重点。只有股权结构科学、合理的企业，投资人才敢把资金投进来。

第三，科学、合理的合伙人股权结构有利于企业上市。进入任何资本市场，无论是新三板还是 IPO，都会考察企业的股权结构是否明晰、清楚、稳定。如果股权架构设计不科学、不合理，企业是无法上市的。

案例：公司股权架构设计成为上市的绊脚石

——某因音乐选秀节目成名的 C 文化公司 IPO 受阻①

深圳证券交易所官网创业板 2021 年第 9 次审议会议结果显示，C 文化公司未通过审议会议。

至于未通过审议会议的原因，上市委员会审议认为，C 文化公司在拆除红筹架构后，股权架构设计复杂，认定实际控制人的理由不充分、披露不完整，不符合《创业板首次公开发行股票注册管理办法（试行）》等相关规定。此外，C 文化公司在 2020 年 4 月对收购 M 文化传播公司产生的商誉进行追溯调整，并在 2016 年计提减值损失 3.47 亿元，上述会计处理未能准确反映公司当时的实际情况，不符合《注册管理办法》等相关规定。

深圳证券交易所上市审核中心在审核中重点关注了“发行人实际控制人的认定”和“M 文化传播公司商誉减值的会计处理”两个事项。

深圳证券交易所指出，C 文化公司历史上存在红筹架构的搭建、拆除情形，现有股权架构由映射红筹架构拆除前的结构形成，设计较为复杂。公司实际控制人包括 C 文化公司天津、田某、金某及徐某某，前述四方对公司实施共同控制。黎某某系 C 文化公司天津董事长、总经理、法定代表人，曾任发行人董事长。

---

① 《实控人认定存疑、巨额商誉会计处理不当，C 文化公司创业板 IPO 被否》，载金融界，http://stock.jrj.com.cn/2021/02/03170031843897.shtml，最后访问时间：2022 年 6 月 16 日。

而根据《共同控制协议》，发行人的共同控制人将稳定发行人控制权至上市后36个月。所以深圳证券交易所要求C文化公司发行人代表说明上市36个月后如何认定实际控制人，是否会出现控制权变动风险。深圳证券交易所还要求发行人代表说明在已经拆除红筹架构的情况下，共同控制人之一田某依然通过多层级有限合伙架构来实现持股的原因。

第四，科学、合理的合伙人股权结构有助于企业顺利决策。对于具有快速成长潜力的企业来说，合适的投资人的加入为企业的腾飞注入了强劲动力，但投资人作为股东进入公司后，创始人如何平衡和投资人之间的权利分配，如何使企业顺利决策，有时取决于融资谈判过程中与投资人的各种约定，但有时也取决于企业成立之初合伙人的股权架构设计。不科学、不合理的合伙人股权结构很容易使企业无法正常决策，直至被判决解散公司。

第二节　合伙人在股权架构方面存在的误区

虽然合伙人股权架构设计非常重要，但实务中因合伙人股权架构设计不好，导致企业失败的案例比比皆是。总结多年的实务经验，笔者把合伙人股权架构设计方面存在的问题概括为以下八种情况：

第一种情况是，认为企业初创时期，不需要进行股权架构设计，合伙人之间不需要进行股权分配，等企业发展起来再分；结果等企业发展起来，股权值钱了，股权分不下去，错过了股权分配的最佳时期。

案例：股权分配有最佳时期，错过难以再分配

——某公司错失股权分配良机，引发倒闭危机

几位合伙人都是好朋友，这个教育培训企业刚开始的时候，大家都只是拼命地工作，也没有分你股权多少，我股权多少，他股权多少，相互之间的责权利也不明确。

等企业发展起来后，不少投资人看上这个企业，纷纷表示愿意向其提供

资金。其中就有一家投资机构告诉他们，通过前期的尽职调查和公司的审议，他们公司的投资方案已经上会通过，表示第二天1000万元的投资款就能打到这个创业企业的账户上。

大家说，这个消息对创业者来说，是好消息还是坏消息？有的人可能会说当然是好消息啦，有了钱，不是能更好地发展企业吗？用钱来招聘人才，用钱来打通市场渠道，等等。是，对一般企业来说这是个好消息，但对于这个企业来说，它不是一个好消息，而是一个坏消息，因为它直接导致了这个企业的瞬间倒闭。

为什么呢？因为这个企业的合伙人股权架构没有提前做好，刚开始创业时，企业不值钱，大家也都没在意股权怎么分。现在投资资金马上就进来了，企业值钱了，股权也就有价值了，那么股权应该怎么分呢？你多少，我多少，他多少。明天资金就进来了，资金进来之前股权要分完，所以大家都别睡觉了，连夜开会分股权。在会上，大家都认为自己重要，自己的贡献价值大，都要求多分。吵来吵去，吵了一夜，第二天太阳都从东边出来了，股权也没分下去。每个人心里都不痛快，都窝火，一生气，大家做了一个令人倍感意外的决定——企业不做，注销。一个好好的企业就这样倒闭了。

当然，这是个非常极端的例子，但实务中类似的案例并不少。

第二种情况是，没有一个科学的分配依据，股权都是“拍脑门”分出来的。至于为什么这样分，为什么张三分得多，李四分得少，这样分配是否公平、合理，说不出个所以然来，导致部分合伙人不接受。

案例：公司股东分配股权莫“拍脑门”决定

——某公司分配股权缺乏科学依据引麻烦

一家做计算机软件、硬件销售的企业，三位合伙人找我给他们做股权架构设计，股权分配分了一年都没有分成，最后各奔东西。原因是每位合伙人都对股权非常在意，哪怕1%的股权也争来争去。我就问他们，公司股权怎么分，你们有一个初步的想法吗？其中一位合伙人就对我说，你看我们这样分是不是合理？张总36%，赵总33%，我31%。我问她是根据什么来分的？

她说根据年龄。张总 36 岁，占 36%，赵总 33 岁，占 33%，我 31 岁，就占 31%。

我第一次听说还有按照年龄大小来分的，当时感觉很诧异。但后来在思考这个问题的时候，我意识到这背后隐含的问题是，他们根本不知道应当怎么分，纯粹是“拍脑门”拍出来的。

第三种情况是，平均分配股权。平均主义看似一种最公平的方法，表现在合伙人股权架构设计上也是如此。每位合伙人不管角色定位，价值功能，都要求分得一样多。一个公司两个股东，各占一半，三个股东各占三分之一，四个股东各占四分之一，等等。实际上，这种分法不公平、不合理，很容易导致企业决策失灵和股东之间起争执。

第四种情况是，因为股东人数较多，导致股权分配过度分散。公司中没有大股东，都是小股东。每位股东对公司都不上心，都存在“搭便车”的心态，企业不可能发展好。

第五种情况是，从控制权角度来说，公司股权分配存在两种情况：一种情况是，创始人太在意企业控制权，不舍得分股权，浪费了股权的价值；另一种情况是，创始人在分配股权时，忽视了对控制权的设计，导致被踢出局。这两种情况在实务中都是很普遍的。

第六种情况是，合伙人在进行股权架构设计时，没有同时设计股权调整机制和股东退出机制，导致合伙人之间出现矛盾和纠纷时，无法顺利解决。

第七种情况是，因为企业初创，没有多余资金来招聘激励对象，一起创业的合伙人除投资做股东外，还为企业提供劳动服务。这样一来，他们与企业就形成了两种关系：一是股权关系；二是劳动关系。这本来是两种不同性质的关系，但如果实务中混淆会导致股权架构设计不合理。

第八种情况是，合伙人在进行股权分配时，只有口头约定，没有书面协议，导致出现纠纷时缺少解决的依据。

上述实务中创业合伙人在进行股权架构设计方面存在的八种误区是非常普遍的。由于这些问题的存在，导致企业从创立之初就埋下了隐患。

第四章 合伙人股权架构设计中的四大机制

◎ 导读

进入、分配、调整和退出四大机制是合伙人股权架构设计的核心内容，决定着合伙人股权架构设计的成败。本章分四节分别介绍合伙人的进入机制、合伙人的股权分配机制、合伙人的股权调整机制和合伙人的退出机制。

第一节 合伙人的进入机制

所谓合伙人的进入机制，包括两个方面的内容：一是选择合伙人；二是建立合伙关系。

一、如何选择创业合伙人

创业开公司最重要的工作是什么？我曾问过很多打算创业的人这个问题，得到的回答要么是“找客户”“做产品”，要么是“做营销”“找资金、找投资人”，很少有人回答“找人才”，回答“找合伙人”的更是凤毛麟角。

不知道大家发现了没有，找客户、做产品、做营销，这些工作都离不开人。只要有了人，特别是有了功能互补的合伙人，这些工作就都有人去做了。而且合伙人又是公司中最重要的人，不仅决定着企业发展的方向，而且还决定着企业发展的速度。企业的成败在很大程度上取决于是否选对了合伙人。

至于如何选择合伙人，根据多年的经验，我们总结出以下标准：

1. 既有创业能力，又有创业心态

创业是一件非常艰苦的事情，创业者必须具备一定的创业能力和创业心态。企业在初创时期，有可能“朝不保夕”，有可能需要面对资金周转不灵的问题，甚至还会面临企业亏损，仍不得不继续往里投钱的情形。在这些情况下，没有创业心态的合伙人就很容易产生抱怨，抱怨创业风险太大，还不如给别人打工稳定，从而萌生退伙的念头。如果他们真的中途退出企业，你就需要重新寻找合伙人，这必然会耽误企业业务的开展。因此，在选择合伙人时，除具备创业能力外，一定要看其有没有创业心态。

判断一个人是否有创业心态，主要看两点：一是看他是否有梦想、是否有承担创业风险的勇气；二是看他对所做的事情是否极度热爱，是否有吃苦耐劳的精神。创业需要激情，创业者要对自己所做的事情极度热爱、极度专注。通常来说，已经适应每天朝九晚五上下班生活的人，创业的意愿较小。

2. 愿意拿出至少 3 年至 5 年的时间和精力全职工作

从无到有，从小到大，企业是在所有合伙人一起努力相当长的时间后逐步发展起来的，需要全体合伙人投入大量的时间和精力，辛勤工作，努力拼搏。如果一个人不能长时间全职工作，则不具备做合伙人的条件。

3. 愿意拿低工资或者暂时不拿工资

任何创业都有风险，作为合伙人，应当具备风险意识，愿意承担一定的风险。创业初期，企业往往需要投入，没有产出，没有盈利，没有能力为创业者提供丰厚的劳动报酬。创业者应当愿意拿低工资或者暂时不拿工资而进行工作。如果一个人不论企业发展状况如何，都要求企业正常发工资，不愿意承担创业者应当承担的风险，那么他属于企业的早期员工，而不是创业者。

4. 合伙人之间优势互补

每位合伙人都能够独当一面，在创业过程中具有不可替代的地位。合伙人最重要的是各有专长、优势互补。只有各合伙人专注于自己擅长的领域，相互配合，才能带领公司走向成功。

除上述4个条件外，在选择合伙人时还要注意以下两点：

一是要认真考察其人品。人品好是成为贴心合伙人的先决条件，让人品不好的人成为合伙人，无异于为自己埋下了定时炸弹。

二是合伙人要有分歧底线。从某种意义上说，“分歧”是创业团队的灵魂。有分歧只是说明大家的看法不同，或看问题的角度不同，着眼点不同。既然看法不同，就要深入交流，这样才能更好地理解彼此的想法。通过交流，彼此可以更全面地认识所讨论的问题，弥补个人认识的不足。但有分歧并不代表可以无休止、无底线地争吵和对抗。而是不管怎么争吵，也不会提出离开或散伙，大家一定要把这件事做下去；即使意见再不一致，也不会有人按照自己的想法擅自行动，最后实在不能达成一致，就按决策机制民主决策。

以上只是选择合伙人的一般标准，或者说最低标准，现实生活中，许多公司都有个性化的选择合伙人的标准和方法。

二、一般情况下不适宜做创业合伙人的四类人

根据上述选择合伙人的标准和条件，通常来说，下列四类人不适宜做创业合伙人：

（一）资源承诺者

在创业早期，很多创业者可能需要借助很多资源起步，这个时候最容易给早期的资源提供者过多股权，把资源提供者变成创业合伙人。但资源入股通常面临的问题是：（1）资源的实际价值不好评估；（2）资源的实际到位有很大变数；（3）很多资源是短期阶段性发挥作用；（4）对于价值低的资源，没必要花大量股权去交换；对于价值高的资源，资源方也不愿意轻易导入。

因此，对于资源提供者，可优先考虑选择项目合作，利益分成的合作方式，而不是长期股权绑定。即便是股权合作，正确的做法也应是先与资源方建立连接关系，事先约定股权兑现的前提条件，待条件成就时，再向资源方交付相应的股权。

（二）兼职人员

一些企业热衷于聘请一些所谓的专家、名人为企业做顾问或名义顾问，

或找一些技术精英，让他们加入企业成为股东，兼职为企业工作。这些顾问、名义顾问和兼职人员可能既没有投入多少时间，也没有承担创业风险。股权收益与他们对创业项目的参与度、贡献度严重不匹配。这会导致全职合伙人心理失衡。

因此，对于不全职参与创业的顾问和兼职人员，最好按照企业外部顾问标准发放少量股权（股权源于期权池），而不是按照合伙人的标准配备大量股权。

（三）天使投资人

创业投资的逻辑是：投资人投大钱，占小股，用真金白银买股权；创业合伙人投小钱，占大股，通过长期全职服务于公司赚取股权。简言之，投资人只出钱，不出力。创始人既出钱（少量钱），又出力。因此，天使投资人不应按照合伙人标准低价获取企业股权，购买企业股权的价格应当比合伙人分配股权的价格高。

但在现实生活中，投资人按照合伙人分配股权的价格购买企业股权的现象屡见不鲜，特别是在开始组建团队创业时，创始团队和投资人往往根据现金出资比例分配股权，投资人不全职参与创业或只投入部分资金，却占有企业过多股权，成为公司大股东；而集中全力创业的合伙人却因为没有资金投入或者投入的资金很少，而成了小股东，甚至变成了单纯为企业打工的劳动者。这种做法会导致合伙人丧失创业的积极性，影响企业的整体发展。因此，天使投资人不适合做合伙人。

（四）早期员工

通常情况下，早期员工既没有创业能力和创业心态，又不愿意冒创业的风险，不具备做合伙人的条件。

三、选择合伙人的途径和方法

选择合伙人的途径和方法主要包括以下几点：

（一）按功能需要选择合伙人

选择合伙人，最能考验创始人对创业方向的思考深度。创始人首先要考虑企业未来的商业模式和核心业务节点，然后再考虑支撑商业模式的合伙人团队的组成。只有按照企业发展的功能需要选择的合伙人团队才是最符合企业实际的。如果一个产品研发销售企业有两位合伙人，那么最好是一位合伙人主内，负责产品研发，一位合伙人主外，负责市场和销售；如果是多位合伙人组成的团队，则可按照不同的职能来寻找，譬如产品、研发、运营和市场等。

（二）从熟人中寻找合伙人

创业者的人脉圈子，往往决定了其事业的高度。血缘、地缘、业缘，同乡、校友、同僚、战友等，都是形成人际交往圈子的重要因素。之前曾有创始人学着《中国合伙人》的口吻说，千万别和最好的朋友合伙开公司。这句话绝对正确吗？在创业初期，基本上还处于“三无”状态的时候，除了你的同学、同事、亲属、同乡，其他素不相识的人愿意和你一起创业吗？好朋友不能合伙创业，难道陌生人就能合伙创业？新东方三驾马车就是好友合伙创业的典型事例。因此，从熟人中寻找合伙人是一条比较好的途径，至少在创业初期是。

（三）通过熟人推荐合伙人

任何人的人脉资源都是有限的，如果在自己熟悉的人脉圈中找不到合适的合伙人，通过熟人推荐合伙人也是一条不错的途径。因为有熟人牵线搭桥，彼此之间具有一定的信任基础，省却了不少沟通和建立信任关系的成本。

（四）校友是比较理想的合伙人

在各种人脉圈子中，校友圈子显得比较特别。有人说，世界上能够产生最好的朋友的地方是学校和战场。这种说法是有一定道理的。新东方的创始人俞敏洪就主张大学生一定要学会交友，为未来创业准备伙伴。① 在他看来，上大学第二件重要的事是交友。“大学交友的核心内容是要跟人学会相处，中国的大学宿舍里住 6 个人，这对学生是极其有益的。如果一个人大学四年

① 《俞敏洪：学生时代能为创业做什么准备》，载中国网，http://finance.china.com.cn/news/gjjj/20141008/2711641.shtml，最后访问时间：2021 年 10 月 12 日。

能和宿舍里的同学相处得非常好，就培养了一辈子与人相处的能力，也培养了做生意的能力。因为做生意就是与人相处。”这些同宿舍的同学很有可能也是未来创业的伙伴。

事实上，很多一起创业的合伙人都是大学同学，新东方三驾马车、携程四君子、复旦五虎就是很好的证明。

四、合伙人之间应当如何建立良好的合伙关系

合伙人之间应当如何建立良好的合伙关系，很难有一个统一的或者权威的观点，但我们认为要建立良好的合伙关系，至少应做到以下三点：

（一）合伙人之间要善于谈利益，提前把股权分配好

人与人之间长期共事，既要有软的交情，又要有硬的利益。做股东不是新媳妇上轿，不能太过于讲面子。投资公司是为了盈利，不在乎钱的股东不是好的合作伙伴。合伙创业既是一种“共创、共担、共享”的创业精神，也是一种长期利益的深度捆绑关系。因此，合伙人开始合作的时候，利益问题就要大胆谈，公开谈，谈清楚，谈明白。股权结构背后反映的是创业公司生存、发展可以对接的各种资源，诸如团队、技术、资本、渠道等。在合伙人团队成立之初就要拟定一个公司股权结构，一切按照公司化管理运营，等到注册成立公司时，按照当初规定好的股权结构进行股权分配，并且白纸黑字写清楚。否则，一旦公司做大，再进行股权分配就非常困难了，每个人应当分多少，很难达成一致意见。合伙人之间就会因为股权分配问题产生纠纷。

（二）合伙人之间要“先恋爱，后结婚”

合伙人必须在问题发生时懂得问自己能做什么，而不是互相推诿；必须充分信任和尊重彼此，有承担风险的能力。甚至你的合伙人会比你老婆更懂你，不用太多交流，一个动作，一个眼神，尽在其中。[①] 因此，合伙人之间需要“先恋爱，后结婚”，要经过充分的相互磨合，否则会造成“请神容易，送神难”的恶果。

---

① 《周鸿祎：好的合伙人会比老婆更懂你》，载海报新闻网，http：//w.dzwww.com/p/214553.html，最后访问时间：2021 年 12 月 13 日。

案例：寻找合伙人莫草率

——陌生人未经磨合，无法正常经营公司

贾某某在一次出差的火车上结识了王某某，二人聊得很投机，可谓志同道合，于是二人一拍即合，决定共同投资设立一个经营教育培训的公司。贾某某出资510万元，占有公司51%的股份，王某某出资490万元，占有公司49%的股份。贾某某担任公司董事长和法定代表人，王某某担任公司总经理。刚开始，二人对问题的一些看法和观点还比较一致，但随着公司的发展，二人逐渐出现了分歧，很多观点都相左，有时甚至为了一点小事吵得不可开交。贾某某感觉到王某某思想落后、心胸狭窄，并不是自己要找的合伙人，但二人却不容易分开。因为王某某提出了比较苛刻的条件，如果要让他离开公司，贾某某必须以王某某投资款三倍的价格购买王某某的全部股份。贾某某很难接受这样的条件。尽管二人不适合一起创业，但也只能这样磕磕碰碰地凑合着。

（三）合伙人之间要事先签订好合伙协议

绝大多数人做事都喜欢遵循“情、理、法”的思维习惯，先讲感情，再谈是不是合理，把法律放在最后。很多创业团队都没有签订合伙协议的习惯，认为只有埋头苦干，把事情做成才是最重要的。一般而言，能够一起创业的人，基本上都是好同学、好朋友、好哥们儿，认为相互之间好商量，没有谈不成的事情。但恰恰是这种错误的理念，导致很多纠纷的发生。人的心理都是趋利避害的，在看不到利益的时候，觉得什么都无所谓，当利益出现的时候，则一切都变得有所谓。

合伙协议不仅是对合伙人之间彼此权利义务的保护和规范，更是对创业项目的保护。因此，创业团队应当遵循“法、理、情”的思维习惯来做事，先讲法律，在法律的框架内再讲理和情，一定要充分重视合伙协议的签署，否则会影响合伙关系。

第二节　合伙人的股权分配机制

合伙人股权分配是合伙人股权架构设计中非常重要的一个环节，科学、合理的股权分配可以明晰合伙人之间的权、责、利，牢牢地把合伙人长期绑定在一起，使合伙人为了共同的目标，背靠背、共进退，共同战斗；能够体现各合伙人对公司的贡献，以及合伙人可以获得的利益和权利，有助于维护企业和创业项目的稳定；有利于引进资金；有利于合伙人掌握企业控制权；有利于企业上市。那么，应当如何进行合伙人股权分配呢？

一、合伙人股权分配的公平原则、依据和方法

（一）合伙人股权分配的公平原则

所谓公平原则，是指坚持贡献与回报的一致性，使每位合伙人获得的股权比例与其对公司作出的价值贡献相匹配。贡献多的合伙人多占股权，贡献少的合伙人少占股权，每位合伙人从心里感到公平、合理，从而实现合伙人之间的长期稳定合作。如果合伙人之间股权分配不公平、不合理，相互之间就会产生矛盾和纠纷，从而影响企业的发展。

（二）合伙人股权分配的依据

股权根据什么来分才公平呢？根据多年的经验，我们认为，唯有根据每位合伙人对公司的贡献价值来分配股权才公平合理。贡献价值大的人多分，贡献价值小的人少分，没有贡献价值就不分。离开了贡献价值所进行的股权分配，都是拍脑门来分的。这样一来，评估每位合伙人对企业的贡献价值，就成为合伙人股权分配的前提条件。

需要强调的是，这里所说的贡献价值并不仅仅指资金的价值。实务中存在一种观点，认为分配股权只能按照每个人现金出资的多少来分配。这种观点是错误的，它忽视了其他要素对企业的贡献。因为设立和经营一家企业需要很多要素，如资金、技术、人力、知识产权、市场、渠道等等。只要某个

要素是企业所需要的，某位合伙人予以提供，就是对企业的贡献。对他们的贡献价值都要进行评估。只要这一贡献价值没有其他回报方式，就都要参与股权的分配。

（三）合伙人股权分配的具体方法

合伙人股权分配的具体方法用公式表示就是：

每位合伙人的股权比例 =每位合伙人的贡献价值 ÷ 全体合伙人总的贡献价值

根据上述公式，只要评估出每位合伙人向企业提供的各个要素的价值，那么就能评估出每位合伙人对企业的贡献价值。只要将每位合伙人的贡献价值评估出来，所有合伙人总的贡献价值也就计算出来了。根据上述公式就能计算出每位合伙人应当分得多少股权。因此，合伙人股权分配的关键环节是如何评估每位合伙人对公司的贡献价值。

（四）合伙人股权分配应考虑的要素

创业需要投入各种要素。创业时，不同的企业，各合伙人投入的创业要素是不同的，有的提供资金，有的提供场地，有的提供技术，有的提供销售渠道，有的提供融资资源，等等。那么如何来评估这些不同性质的要素的贡献价值大小呢？有没有一种方法，可以在同一维度上量化呢？有，这个统一维度就是货币或者说现金。下面我们就具体说明如何统一用货币对合伙人投入的各种要素进行估值。

1. 工作时间

工作时间的投入是合伙人对公司最重要的贡献。合伙人投入的时间价值可以按照人才市场上通常的工资标准来估算。譬如，以某位合伙人的学历和职业背景，在类似的工作岗位上，其他企业通常会给他开多少工资。以创业企业“本应给某位合伙人发放但却没有发放”的工资作为其对企业的投入。这个工资就是他投入的时间的价格。

假如按照市场行情，某位合伙人的人力资本的价格是月收入 2 万元，如果他不要一分钱的工资，那么就等于他为企业投入了价值 2 万元的人力资本。

这2万元就是他对企业的人力贡献价值。相应地，如果他领了5000元的月薪，那么他的贡献价值就以1.5万元计算。

2. 现金

现金对于初创企业来说非常重要。企业发展壮大之后，很多投资人愿意对其进行投资是很正常的事情，因为那个时候，企业的发展前景比较明朗，投资的风险很小，但在初创阶段，企业的前景不定，并没有太多人愿意向其投资时，资金对企业来说就意义非凡。如果某位合伙人能够对企业进行现金出资，这个价值是非常大的。实务中，合伙人的现金出资一般按其实际金额进行计算。如以500万元的现金出资，其评估价值就为500万元。

3. 实物资产

实务中，合伙人向企业提供实物资产的情形也非常多，如办公家具、机器设备等。合伙人向企业提供实物资产，通常可以视为现金投资。因为实物资产实际上是用现金购买来的，是现金的另一种表现形态。实物资产必须是创业企业所需要的资产。实物资产可以按照其新旧程度进行价值的折算。如果是全新的或者买来时间很短、几乎没怎么折旧的实物资产，可以按其购买价来计算；如果实物资产已经用过一段时间，则可以根据实际情况进行适当的折价。譬如，某位合伙人向企业提供的一辆用于接待的小轿车是刚买的，可以按照其购买价格80万元评估其贡献价值，但如果用过两年，则可以打八折，按照64万元估值；如果已经用过五年，则可以按照三折估值24万元。

4. 办公场地

合伙人可能会向创业企业提供办公地点、仓库、店铺等创业企业经营所必需的场地。如果创业企业急需这些场地，合伙人不提供的话，创业企业就不得不去租。在这种情况下，合伙人向创业企业提供场地，实际上等于向企业提供了相当于租金的资金。创业企业应付但没付的租金，就是合伙人对创业企业的投资。

5. 创业点子

所谓创业点子，就是创业的思路或者创意。有时候一个好的创业思路会产生一个伟大的企业。那如何来评估创业点子的价值呢？我们说，创业点子，如果仅仅是一个初步的想法，基本上是没有多大价值的。但如果在创业项目启动前，某位合伙人已经对这个创业点子进行了完整的思考，进行了一系列的试错，形成了成熟的商业计划，或已经开始了初步的尝试，开发出了初步的技术方案乃至原始产品，那么这种成熟的创业规划对企业来说是非常有价值的。

从最初的创意到成熟的创业规划，在创业开始之前，合伙人已经为此独自默默地投入了大量的先期工作。通常市场上会为这些先期工作付出多少工资，这个工资就是合伙人对创业企业的投资。

6. 专有技术/知识产权

合伙人向创业企业提供的知识产权、专有技术，其价值较上述因素更容易评估。目前我国知识产权已形成成熟的交易市场。如果合伙人用知识产权、专有技术的所有权入资，按照交易市场的价格来进行评估就可以。但如果合伙人不愿意把知识产权、专有技术转入创业企业，只是授权创业企业使用，那么知识产权许可使用费就是合伙人对企业的贡献价值，可以按照企业“应支付但未支付”的许可使用费评估其价值。

除知识产权、专有技术外，有的时候，合伙人还会把其开发或运营得差不多的网站、APP①、SNS② 账号等提供给企业使用，可以通过专业运营人员了解这些产品的基本市场价格。

7. 人脉资源

有时候创业企业需要一些特定的人脉资源，譬如，企业需要借用人脉帮助变现产生收入，或者建立重要的合作伙伴关系，或者进行融资，等等。如果有的创始合伙人能提供这样的资源，就是对企业的贡献。那么其贡献价值如何评估呢？

对于资源的价值不能抽象地进行评估，必须结合其带来的功能价值进行

① APP：主要指安装在智能手机上的软件，完善原始系统的个性化，是手机完善其功能，为用户提供更丰富的使用体验的主要手段。

② SNS：全称 Social Networking Services，即社会性网络服务，专指旨在帮助人们建立社会性网络的互联网应用服务。也指社会现有的已成熟普及的信息载体，如短信 SMS 服务。

评估。譬如，如果合伙人提供的资源是为公司带来销售收入，那么公司可以按市场行情向其支付销售提成。如果没有支付，则可以将“应支付但未支付”的销售提成金额视为合伙人的人脉资源对企业产生的价值；同理，如果合伙人提供的资源是为企业融资，那么企业应按照财务顾问的市场行情向其支付佣金。如果没有支付，就应当以企业“应支付但未支付”的佣金额估算该人脉资源的贡献的价值。

除上述几种比较常见的要素外，某些合伙人可能还会提供其他要素。不论什么要素，只要是创业企业所需要的，合伙人提供了，如果没有通过其他形式给付对价的话，则都应根据其估值参与股权分配。

下面我们举例具体说明如何评估每位合伙人向企业提供的各个要素的价值，如何根据贡献价值分配股权。

假定张某、王某、李某和赵某四位合伙人一起创业，做定制酒业务。张某向公司出资现金 200 万元，提供办公场地 300 平方米，不参与公司的实际运营；王某向公司出资现金 50 万元，担任公司 CEO，全职经营公司，不拿工资；李某向公司提供机器设备一套，提供资源销售渠道，担任公司 CFO（首席财务官），全职，不拿工资；赵某对公司的贡献价值是，做定制酒的创意是他提出的，他还向公司提供了一个经营用的注册商标，全职参与公司经营，拿全额工资每月 1 万元。请问四位合伙人应各分多少股权？

要想根据前述股权分配方法做好合伙人的股权分配，我们先要分别评估出每位合伙人的贡献价值。

我们先分别看一下每位合伙人向公司提供了几种要素，分别评估每位合伙人的每个贡献要素的价值。只要将每位合伙人的每个贡献要素的价值评估出来，再将各个要素价值相加，就能计算每位合伙人对公司的贡献价值；同样，把每位合伙人对公司的贡献价值相加，就能计算出所有合伙人对公司的总贡献价值。每位合伙人的贡献价值除以所有合伙人总的贡献价值，得出的数值就是每位合伙人应当分配的股权比例。

张某向公司提供了两个贡献要素：一是现金 200 万元；二是 300 平方米的办公场地。张某出资 200 万元的现金价值，我们可以把其价值定为 200 万元；

假如张某向公司提供的300平方米的办公场地都是公司所必需的，我们可以根据市场价来评估出特定位置的300平方米的办公场地的租金金额。

这样，张某提供的两个要素的价值就都评估出来了，他的贡献价值也就估算出来了。

王某也提供了两个贡献要素：一是现金50万元，这个非常明确。二是人力投入。即担任CEO，全职经营公司，不拿工资，说的是提供的工作时间。假如根据市场行情，他的月收入应是2万多元，他一分钱工资也不拿，那么就等于他帮创业公司省了2万元的工资成本，或者说创业公司赚到了价值2万元的人力投入。这个2万元就是他对公司的人力贡献的价值。相应地，如果他领了5000元的月薪，那他的贡献就只剩下每月1.5万元了。简单地说，就是以创业公司“本应该发给他，但是没有发给他”的工资作为他的投入，这样王某的贡献价值就估算出来了。

李某向公司提供了三个贡献要素：机器设备、人脉资源和工作时间。工作时间和机器设备的价值也比较好评估，如果是新买的设备，可以按照他的购买价格来计算，如果是旧的，可以进行折价估算。

根据前述人脉资源价值的评估方法，假如李某的人脉资源可以帮公司销售产品600万元，按照公司销售提成的规则提出销售额的5%，则李某应提成30万元。假如李某没有提成这30万元，则可以看作他对公司的投入。

赵某向公司提供了三个要素：创意、注册商标和工作时间。按照前述评估方法，赵某的各项要素的价值也能评估出来。赵某的工作时间能够折算股权吗？不能。因为他领取了全额工资，其工作时间的贡献价值已经得到回报，所以不能折算股权，赵某可以折算股权的贡献要素是两个：创意和注册商标。

四位合伙人，每位合伙人的贡献价值都已经计算出来了，四位创业合伙人总的贡献价值也就计算出来了，每位合伙人应当分配的股权比例也就计算出来了。假定张某向公司提供的现金估值为200万元，办公地点租金折算为50万元；王某向公司提供的现金估值为50万元，其提供的工作时间假定年薪为50万元；李某向公司提供的机器设备价值评估为50万元，其资源价值为销售提成30万元，其年薪为20万元；赵某向公司提供的创业点子价值为30万元，商标使用权价值为20万元。根据合伙人股权分配的公式，四位合伙人的股权比例如表1所示：

表1　四位合伙人各自的股权分配比例

姓名	贡献要素及单项价值（单位：元）	贡献价值（单位：元）	价值比例	占股比例
张某	200万现金、办公地点折算50万	250万	50%	50%
王某	50万现金、年薪50万	100万	20%	20%
李某	设备50万、销售提成30万、年薪20万	100万	20%	20%
赵某	创业点子30万，商标使用权20万	50万	10%	10%
合计	—	500万	100%	100%

（五）合伙人股权分配可考虑的其他要素

合伙创业时，合伙人之间的股权分配除依据其提供的工作时间、现金、场地、知识产权、专有技术、销售渠道、融资资源等基本价值要素外，还应考虑召集人的身份、为企业迈出第一步作出贡献者、合伙人在企业的任职、全职工作与兼职工作的区别以及个人信誉等价值因素，按照下列方法进行分配。

假设，甲、乙、丙三人合伙创业，初始分配股权时，每人均分100份股权，即甲、乙、丙三位合伙人的股权基数均为100，符合下列条件的价值因素提供者则可以另外增加如下相应的股权。

1. 召集人

如果某个初创企业的联合创始人都是由某位合伙人牵头召集起来的，那么这位合伙人就是召集人。尽管这位合伙人可能是CEO，也可能不是CEO，但如果是他召集了大家一起来创业，他就应该多获得一部分股权。如果按照开始分配股权时每个合伙人分得100个股权单位的基数来计算，那么这个召集人就可以另外获得5个单位的股权。

2. 为企业迈出第一步的价值贡献者

创业项目迈出第一步最难，因为最需要资金。如果某位合伙人为创业项目开辟了一个难以复制的滩头阵地，为企业探索出发展的方向，建立起市场的信誉，这些都有利于企业获得投资或贷款。那么这位合伙人就可额外获得5个至25个单位的股权。究竟是几个单位的股权，取决于这位合伙人的贡献对企业获得投资或贷款有多大的作用。

3. CEO

一般来说，一个好的CEO对公司市场价值的作用要大于一个好的CTO（首席技术官），所以担任CEO职务的人应该多获得5个单位的股权。虽然这样可能并不绝对公平，因为CTO的工作并不见得比CEO更轻松，但在对企业市场价值的作用上，CEO确实更重要。

4. 全职创业者

如果有的合伙人全职工作，而有的合伙人兼职工作，那么全职合伙人更有价值。因为全职合伙人工作量更大，而且在项目失败时冒的风险也更大。因此，所有全职工作的合伙人都应当增加200个单位的股权。

5. 信誉

如果企业的目标是获得投资，创业团队有某位特定合伙人，他的信誉能够为创业项目做背书，成为投资成功的保障，基本上消除了“创业阶段”的所有风险。那么这位合伙人可能比创始人更有投资价值，最好让他在这个阶段获得更多，可以增加50个至500个单位的股权，甚至更多。

二、现代创投企业的股权分配方法

前面我们是从一般意义来阐述合伙人的股权分配，实际上在实务中进行合伙人股权分配时，还应考虑企业的类型。不同类型的企业，股权分配的规则是不同的。从股权分配角度，企业的基本类型可分为三大类：资金驱动型、资源驱动型和人力资本驱动型。资金驱动型企业按照每位合伙人出资的多少分配股权；资源驱动型企业要充分体现资源的价值；人力资本驱动型企业主要应体现人力的价值。

现代创投企业大都属于轻资产行业，一般来说，人力资本的价值比较大。因此，创投企业在进行合伙人股权分配时，应充分考虑人力资本的价值，把资金占股比例限定在一定范围内。人力资本驱动型企业进行合伙人股权分配时，可以参考以下规则：

启动资金在50万元以内的，资金股合计不超过总股权的10%；启动资金在100万元以内的，资金股合计不超过总股权的20%。

譬如：三位创业合伙人张某、李某和王某一起设立公司进行某项技术研发，属于人力资本驱动型企业。公司注册资本100万元，张某出资50万元，李某出资30万元，王某出资20万元。另外，三位合伙人都向公司提供人力资本。

假设张某的人力资本价值贡献占比45%，李某占比10%，王某占比25%，则三人的股权比例如表2所示：

表2　张、李、王三人的股权分配比例

姓名及职务	出资额（单位：元）	资金股	人力股	合计
张某（CEO、技术）	50万	10%	45%	55%
李某（CFO）	30万	6%	10%	16%
王某（技术）	20万	4%	25%	29%

这里需要提醒大家的是，企业的股权分配理论只是提供了一个相对科学的股权分配方法，但很难精确计算每个合伙人具体的贡献价值。因此，合伙人股权分配只能算大账，做模型，统一合伙人股权分配的标准，让合伙人感觉到相对公平合理，股权不出现致命的结构性问题。如果算小账的话，恐怕十年八年都没办法计算精确。因为从心理学角度讲，几乎每位合伙人主观上都会夸大自己的贡献价值，很难完全客观评估各自的贡献度。

三、合伙人投入要素价值评估的浮动

有时候，各种投入要素在创业初期的迫切性、稀缺性是不一样的，最迫切、最稀缺的要素可以在评估的基础上适当放大其价值。譬如，对绝大多数创业者来说，创业初期最需要的可能是钱。如果需要出力、出时间，大不了辛苦点，工作时间长一点，都能把需要的工作量做出来；但对于资金来说，是无论如何也做不到无中生有的。因此，在对资金要素进行估值的时候，不

一定只按资金的实际金额计算其价值，可以将其估值放大，譬如说可以按投资额的两倍计算其贡献价值。

案例：企业估值有浮动

——某创业公司出资估值向上浮动

某个创业项目中，孙某、钱某和李某三人共同创业。孙某出力，负责业务整体规划；钱某出力，主要负责事务性工作；李某出钱。

第一年三人都不领工资。如果人才市场雇用孙某这样资历的人从事孙某在创业公司所做的工作，应该付给孙某的年薪是 42 万元；钱某在人才市场的此职务年薪是 18 万元；孙某和钱某都拿不出钱来，李某可以提供 20 万元的现金。由于创业项目很缺钱，大家都同意李某提供的资金按其两倍进行估值，即估值 40 万元。三位合伙人的总投入为 100 万元。那么，孙某、钱某和李某三位合伙人的股权比例应分别为 42%、18%和 40%。

第三节　合伙人的股权调整机制

一、合伙人股权调整的必要性

为什么合伙人股权需要设计调整机制呢？前面我们说过，股权分配的依据是贡献价值。每位合伙人应当分配多少股权和他们的贡献价值是一致的。但企业在发展的不同阶段，每位合伙人的贡献价值是不断发生变化的。譬如，在企业初创时期，企业发展的前景有赖于最先进的技术，技术合伙人的贡献价值最大。随着企业的发展，产品需要大规模推向市场的时候，销售合伙人的贡献价值就会变大。随着企业的进一步发展，企业的人员大幅增多，企业管理就变得非常重要，这个时候管理合伙人的贡献价值就变得非常大。

每位合伙人的贡献价值发生变化了，他们所分得的股权就应当随着贡献价值的变化而进行调整，只有这样才能持续遵循股权分配的公平合理原则。如果不随着贡献价值的变化调整股权比例，股权分配就会由之前的公平合理变为不公平、不合理。

另外，在企业初创期，参与企业股权分配的要素很多，包括资金、人力、知识产权、房屋使用权、机器设备、各种资源等等。在这些要素中，有些要素的价值是确定的，譬如说现金、知识产权、房屋使用权、机器设备等，只要完成出资，完成出让手续，这些要素对企业的贡献价值就已经实现；但对于人力和资源要素来说，最初分配股权时，其贡献价值是预估的。这个预估的价值最终可能和实际实现的价值并不一致。实际价值有可能高于预估价值，也有可能低于预估价值。

案例：预先设置股权调整机制，防范股东纠纷

——合伙人股权争议不断

譬如说，某位合伙人以人力资本出资，按照年薪 50 万元，四年出资 200 万元的估值，给了他 20%的股权。但这位合伙人很有可能干了两年就不干了，当时是按照四年的人力资本 200 万元给他 20%股权的，结果他只干了两年，他的实际贡献价值就是 100 万元，他持有的股权比例就要往下调，如调到 10%。若不进行调整，其他合伙人就会心理不平衡。

参与股权分配的资源要素也一样，当时预估的价值和后来实际的价值也可能不一致。例如，有位合伙人承诺通过他的资源渠道能够给公司带来 5000 万元的销售额，根据这个贡献价值，给了他 10%的股权，但最终结算时，他的资源只给公司带来了 2000 万元的销售额。如果不对他的股权进行调整的话，就会出现股权分配不公平、不合理的情形。

既然每位合伙人对企业的贡献价值是不断变化的，股权调整也就是必然的。如果贡献价值发生变化，却不调整股权比例，就违背了公平合理原则，合伙人之间就会出现矛盾和纠纷，企业就会经营不下去。

总之，企业股权在分配完成后，随着企业的发展是需要不断进行调整的。企业在进行股权架构时，一定要把股权的动态调整机制设计好。否则企业内部就会出现问题。

李先生与他的两位好朋友合伙开了一家公司，做远程医疗业务。他这两位朋友一个姓张，一个姓王。

公司注册资本500万元，李先生是大股东，出资300万元，加一些资源，占有公司55%的股权，张先生出资150万元，占有25%的股权，王先生出资50万元，加上一些网络资源，占有公司20%的股权。

公司刚开始设立的时候，三个股东合作得也挺好，可过了一段时间，李先生和张先生就对王先生占有公司20%的股权提出了异议，认为王先生的网络资源价值并不像王先生说的那样大，李先生和张先生二人商量，想把王先生的股权降为10%，但王先生说什么都不干。于是，三个人发生了争执，经常吵架。

这个案例涉及股权调整问题。因为没有预先设计调整机制，导致后来合伙人之间因股权分配产生矛盾。

二、如何设计合伙人的股权调整机制

设计合伙人股权调整机制主要表现为预留股权池和动态评估每位合伙人的贡献价值两个方面。

（一）预留股权池

合伙创业时，企业往往习惯于把股权一次性分配给合伙人，但合伙人的贡献却是分期到位的。股权在初始分配时，由于企业刚刚成立，每位合伙人对企业有多大贡献，还没有经过实证。谁占多少股权，只能根据预估的每个合伙人对企业的贡献价值进行分配。但预估有时是不准确的，很容易造成股权分配与实际的贡献价值不一致。因此，合伙人在进行初始股权分配时，不要一次性把股权全部分完，要预留一定的股权池，为后期股权比例的调整留出空间。譬如一个三人合伙创业的公司，三位合伙人开始分股权时不要把100%的股权一次性全部分掉，而是先分100%中的一部分，如先分60%，剩下的40%等到能够最终确定三个人各自的实际贡献价值时再进行分配，作为对开始分配的股权比例的调整。

必要时，甚至应从企业发展的整体角度，统筹规划创业合伙人团队的股权、外部投资人团队的股权和激励对象团队的股权等几大板块。先把将来需要出让给投资人的股权和对激励对象进行激励的股权预留出来，只分配属于合伙人的那部分股权。假定合伙人占总股权比例的70%，预留20%的股权将来作融资用，预留10%的股权将来作股权激励用。合伙人之间分配股权时，可以先分配属于合伙人的70%中的60%；等到能够确定三人各自的实际贡献价值时再分配70%中另外的40%，作为对初始分配股权的调整。这样就能避免合伙人之间因创业初期预估贡献价值不准确产生的矛盾。

（二）贡献价值动态评估方法

股权调整的依据也是每位合伙人的贡献价值，那么如何评估每位合伙人的贡献价值呢？

在这些贡献要素中，有的贡献要素是可以通过可量化的数据来评估的，比如销售额、融资额等，但有的贡献要素是不容易通过可量化的数据来评估的。对于可量化数据的要素，应根据量化数据来评估。对于不可量化数据的要素，可以通过召开合伙人会议的方式进行评估。在合伙人会议上，每位合伙人介绍自己的工作情况，其他合伙人分别为其打分，然后进行平均，得出的结果就是其对公司的实际贡献价值。因为每位合伙人往往都会认为自己的贡献价值大，通过其他合伙人打分的方式，得出的贡献值一般来说是比较客观的。为了排除一些特殊要素，根据合伙人的具体情况，可以规定所有合伙人的打分中，去掉一个最高分，去掉一个最低分，将剩余分数进行平均，这样得出的结果更客观。

第四节　合伙人的退出机制

虽然刚开始创业时，合伙人都有长期的合作愿望，但有些合伙人出于各种各样的原因退出合伙的情形不在少数。只有设立科学的退出机制，合伙人有进有退，企业股权结构才能形成一个完整的闭环。若企业缺少退出机制的设计，当某些合伙人想要退出时，无据可循，就会产生股权纠纷。因此，设计合伙人退出机制非常重要。

一、合伙人退出的类型

创业合伙人之间不能长期深入绑定，中途退出的情形主要有以下三种：

一是合伙人的正常退出，即合伙人根据公司法或者公司章程的规定自由退出公司。

二是强行退出。创业不容易，一个创业项目一般往往需要全体合伙人全力以赴，共同努力好几年的时间才能经营好。创业者们往往都不希望任何一位合伙人提前退出公司。但现实情况是，不可避免地，有些合伙人可能因各种原因强行退出。

三是强制退出。所谓强制退出是指合伙人本身不愿意退出公司，但其他合伙人通过合伙人决议强制其退出公司，剥夺其作为股东的资格。强制退出一般发生在合伙人因重大过错或违反公司章程给公司造成重大损失的情形下。

二、合伙人的股权成熟机制

不同退出类型的机制各不相同，我们这里重点介绍如何设计合伙人强行退出情形的退出机制。

设计好合伙人强行退出的机制，就是要设计好股权的成熟机制。所谓合伙人股权成熟机制，是指从离职合伙人手中收回股权的安排。具体做法是先把股权分给合伙人，然后分批成熟。合伙人离职时，尚未成熟部分的股权，公司可以低价回购。这种机制既有效防范了合伙人中途离职的风险，又能够激励每位合伙人朝着同一个目标共同奋斗，创建一个成功的公司，合理地平衡了留守合伙人和离职合伙人之间的利益。

合伙人股权成熟机制分为期限模式和目标模式两种。所谓期限模式是指合伙人股权按期限分批成熟。譬如，成熟期设定为四年，第一年是合伙人的最短服务期限。如果合伙人把全部工作时间都投入创始公司，在工作满一年后，可以一次性成熟其全部股权的四分之一，即25%；如果合伙人干满两年离开公司，他就可以带走50%的股权，剩下的50%股权由公司以极低的价格回购；如果合伙人干满三年离开公司，他就可以带走75%的股权，剩下的

25% 股权由公司以极低的价格回购；如果合伙人干满四年离开公司，他所持有的 100%的股权都已成熟，他都可以带走。

所谓目标模式是指合伙人股权按照阶段性完成的目标分批成熟。这种模式下，合伙人股权的成熟不与他的服务期挂钩，而与他的绩效挂钩。譬如，一个产品研发企业，合伙协议可以约定某些负责研发的特定合伙人产品测试版发布时，成熟一部分股权；产品正式版发布时，继续成熟一部分股权；2.0 版本发布时，再成熟一部分股权。如果合伙人在产品测试版发布之前离职，他的全部股权都没有成熟，企业可以对他的全部股权进行回购。

总之，创业公司可以根据自己的实际情况，综合考虑作为股权成熟阶段性目标的事项，譬如，可以把目标设定为实现 A 轮融资时，股权成熟一部分；或者设定为网站活跃用户达到什么数量时，股权成熟一部分；或者设定为店铺开到第多少家时，股权成熟一部分；也可以设定为企业连续 3 个月或几个月的月均营业收入达到某一标准时，股权成熟一部分；等等。

需要注意的是，目标模式下的目标设定一定要明确，如果各方对目标的理解不一致，就很可能会在目标是否已经实现的问题上发生争议。

三、运用股权成熟机制应注意的问题

运用股权成熟机制，应注意以下几个问题：

1. 股权成熟机制要尽可能早地设置。合伙人之间在创业初期就要设定股权成熟机制，并签署好书面协议，最迟也不能晚于企业开始赚钱或完成第一轮融资时设置。因为如果企业的股权已经值钱，再想让准备离职的合伙人同意设定这样的机制就非常困难了。

2. 要做好成熟期的计算。成熟期计算的规则是：

（1）兼职的期限不计入成熟期。只有合伙人在开始全职为创业企业工作时，才能开始成熟期的计算。如果某位合伙人前半年兼职创业，后半年全职加入企业，那么其前半年的时间是不能计入股权成熟期的。

（2）已经工作的期限视为已成熟。如果企业准备采取合伙人股权成熟机制，在签订协议之前，合伙人就已经开始全职为创业企业工作了，他已经完成的工作时间在签协议时就可以立即成熟。

(3) 投钱不用成熟。合伙人投钱入股获得的股权不需要设定成熟机制。譬如，某位合伙人占公司 50%的股权，其中 10%的股权是因为他投入了 10 万元获得的，那么对这 10% 的股权就不需要设定成熟机制。因为这笔钱在投入公司时，其对企业的贡献价值就已经兑现了。

3. 企业初创时期，最好先采用合伙人股权代持模式，由创始人代持其他合伙人的股权进行工商注册，等到合作稳定后再转到其他合伙人名下。这样能减少公司初创期因合伙人离开导致的频繁股权变更带来的麻烦。

4. 注意回购方式的选择。根据我国《公司法》的相关规定，回购股东的股权被视为公司减资。相比一般的股权变更，公司减资程序更为复杂，更耗时耗力。实践中，也可采用由留守合伙人向离职合伙人回购股权的方式。如果留守合伙人人数众多的话，可事先指派其中一人出面回购并由其代持，但所有权属于全体留守合伙人共有。

5. 合理确定股权价格。确定股权价格应考虑两个因素：一是退出价格基数；二是溢价或折价倍数。在某位合伙人退出企业时，留守合伙人既可以按照退出合伙人股权购买价格的一定溢价回购，或者按照其可分配的企业净资产或净利润的一定溢价回购，也可以按照企业最近一轮融资估值的一定折扣价回购。至于选取哪个退出价格基数，不同商业模式的企业会存在差异。譬如，某互联网公司上市时虽然估值 300 亿美元，但企业资产负债表并不太好。如果按照合伙人退出时可参与分配企业净利润的一定溢价回购，就会出现合伙人干了若干年，退出时净身出户的情形。如果按照企业最近一轮融资估值的价格回购，企业又会面临很大的现金流压力。因此，对于具体回购价格的确定，需要分析企业具体的商业模式，既让退出的合伙人分享企业成长的收益，又不让企业有过大的现金流压力，还应预留一定的股权调整空间。

6. 设定高额违约金条款。为了防止出现合伙人退出企业但却不同意企业回购股权的情形，可以在合伙协议中设定高额的违约金条款。

7. 注意约定特殊情况下的合伙人退出条款。合伙人应对离职、退休、死亡、丧失民事行为能力等特殊情况，以及是否保留股权或由他人受让股权、继承股权进行明确约定。如果要保留股权，则应对股东的表决权、知情权、盈余分配权、股权转让等是否受到限制作出明确约定。

除此之外，还应考虑一些合伙人的过失、过错行为。譬如泄露客户名单、泄露企业技术秘密，与企业存在同业竞争，违规进行关联交易，私自以企业资产对外进行担保，擅自向企业借款，肆意处分企业重大无形资产，挪用、侵占企业资金等。在发生上述情况时，对侵权合伙人所持有的股权归属或权利限制应作出明确约定。无论采取股权转让还是股份回购方式处分股权，价格都应约定清楚、得当，包括如何确定企业净资产，无形资产如何评估、由谁评估。约定按照原值收购股权的还应考虑其法律有效性，合情、合理、合法地决定“花落谁家”。

第五章　科学股权结构和合伙人股权架构设计的陷阱

◎ 导读

企业股权结构科学与否直接关系着企业能否长期发展和顺利决策。实务中经常有企业在股权架构设计方面陷入各种误区和陷阱。本章主要阐述科学的股权结构是怎样的，以及在股权架构设计方面往往存在哪些陷阱。

第一节　科学股权结构

一、科学股权结构的参考标准

现实中没有绝对完美或者绝对正确的股权结构。不同行业的企业、企业发展的不同阶段，需要的股权结构是不同的。什么是好的股权结构，没有统一的标准，但在一般情况下，比较合理的股权结构应当具备以下几个特点：

1. 股权结构简单明晰。股权结构不能太复杂，企业治理结构清晰，各股东之间的责权利明确。

2. 股东之间资源互补。

3. 股权分配公平合理。

4. 企业有核心股东，在企业中拥有较大的股权比例。这里所谓拥有较大的股权比例既排除了“433”“532”这样的股权结构，也并非指“90∶10”“95∶5”这样一股独大的股权结构，而是指企业中有一个持有股权比例适度大于二分之一或大于三分之二的股东。

二、核心股东股权结构

所谓核心股东股权结构，是指企业必须有一个核心股东，占有多数股权，是企业真正的主人，同时在表决权方面具有比较大的话语权，使企业能够顺利决策。

核心股东股权结构属于科学股权结构的内涵之一，也是投资人重点关注的内容。投资人在选择投资项目时，非常在意企业里有没有核心股东。如果没有核心股东，投资人无论如何也不会投资。因为他们知道，没有核心股东的企业等于无主的企业，没有人会像对待自己的孩子一样对待企业，他的投资很可能会打水漂。他们也知道，这样的企业很难形成有效的决策，企业的发展也会受到重大影响。

那么，核心股东应当持有企业的多少股权呢？根据我国《公司法》的相关规定，股东（大）会是公司最高的决策机构，股东（大）会在对公司事项进行表决时，一般事项需要经过二分之一以上表决权的简单多数通过，重要事项则需要经过三分之二以上表决权的多数通过。因此，企业在合伙人之间进行股权的初始分配时，核心股东的占股比例应在二分之一以上。

三、如何才能当上核心股东

核心股东在企业中既享有比较多的经济利益，又掌握着企业的控制权。因此，很多合伙人都想成为企业的核心股东。

案例：核心股东地位的“诱惑”

——某面包烘焙企业经营者对其担任的职务格外“用心”

一位技术出身的朋友和另一个人一起经营面包烘焙企业。前者出资了10万元，那人出资了90万元。因为出资数额相差比较大，这位技术出身的朋友认为自己抢着当董事长不合适，但又不想在地位上差距很大，就在企业职务上动起了心思。于是咨询了很多关于“地位”的问题，譬如说，“我任什么职务才能和董事长地位差不多呢?”“法定代表人和董事长哪个官大?”“总裁、CEO、总经理哪个称呼显得更牛啊?”“法定代表人，再加上总裁应该和董事长的地位差不多吧?”等等。

这些问题在一定程度上说明他公司治理知识的匮乏，不过这也反映出了当前合伙创业的大背景下部分创业者的心态。

那么如何才能当上核心股东呢？一般来说，企业里的核心股东都是企业的创始人。只有具备创业能力的创始人才能成为企业里的核心股东。因此，想成为企业里的核心股东，首先要使自己具备以下素质：

1. 具有卓越的战略眼光

了解行业、了解市场，具有制定业务发展战略目标的能力，能够描绘企业未来的愿景；能适应快速的、大规模的市场变化，能展望5~10年的形势，并以全新的指导方针领导企业。

2. 准确的决断能力

即从众多的决策方案中选取满意方案的能力，以及危急时刻或紧要关头当机立断的决断能力。这是进行科学决策的关键能力，误选、漏选会使企业产生重大损失或使公司与成功失之交臂。

3. 具有高情商

情商主要体现在三个方面：一是被人充分相信的能力；二是关注别人感受的能力；三是让利于公的心态。只有将这三种能力和心态结合起来，才能将团队成员比较长久地凝聚起来。要有人情味，总能考虑别人的痛处，把企业的收益与激励对象的生活福利联系在一起，使企业与全体职工形成一个不可分离的整体。在部下、同事、上司、关系单位以及在主顾之间营造一种令人满意的气氛，像磁铁一样有吸引力，有领导才能。

4. 能够突破思维定式

要善于打破原有的思维定式，不断创新。在风险可控的情况下，要勇于尝试，不墨守成规。做事时，随时问自己有没有更好的办法，相信没有事情不能做得更好。要头脑灵活，有预见性的洞察力，有果断的判断、勇敢的实践和坚韧不拔的毅力，有旺盛的进取精神和独创精神。

除上述几点外，核心股东还要有博大的胸怀和高尚的道德品质，诚实守信，勇担责任；做事有长远打算，坚韧，具有较强的抗压能力。

总之，想成为企业的核心股东，就要首先使自己具备这些素质。

第二节　常见的合伙人股权架构设计的陷阱

企业在进行合伙人股权架构设计时，稍不留心就会掉入各种各样的陷阱。实务中在企业股权架构设计方面常见的陷阱有以下几个：

一、平均分配股权的陷阱

平均分配股权可能是大家最容易掉入的陷阱，主要表现为，公司只有两个股东时，各占50%的股权；公司有三个股东时，股权比例为33%、33%、34%；公司有四个股东时，各占25%的股权；等等。这种平分股权背后的原因主要有两个：一是误认为完全平均是最公平、最皆大欢喜的一种分配方式。特别是亲友、同学之间一起创业分股权时，不好意思你多我少，或者我多你少，大家一样多最好。二是有的公司平分股权，问题的症结不在于技术环节，而在于平分股权背后的团队组成，是由各方的实际地位决定的。譬如，“曹操+刘备+孙权”合伙创业模式中，公司没有清晰、明确的老大，股权分配时，很难说谁多谁少，谁少了都不会同意；但如果是“刘备+关羽+张飞”的合伙创业模式，就不会平均分配股权了，刘备做大股东，关羽和张飞都不会说什么。

从公司法的角度看，平分股权是一种要谨慎采用的股权分配方式，对公司的发展有害无益，其结果轻则导致公司决策失灵，贻误发展良机，重则导致公司解散、倒闭。因此，平均分配股权被列为股权分配的第一大陷阱。

案例：企业从鼎盛到创始人出局，股权架构是重中之重

——M影视公司争夺公司控制权，企业股权架构成经典

M影视集团在业内具有很高信誉。其前身是X广告发展有限公司。从2009年开始，M影视集团进行集团化架构调整并对资源进行整合，最终成立了北京M影视集团文化传媒股份有限公司（即前述M集团），成为一家涉投资制作影视、演艺经纪、广告、新媒体、院线等多领域运营的娱乐传媒公司。旗下拥有X传媒广告公司、X影视文化发展公司、X影业公司、X影院投资公司、X演艺文化公司、X科技发展公司等，业务范围涵盖文化产业的各个领域。M影视集团秉承高品质、大制作的理念，以铸造优质品牌为目标，汇聚精英，一度发展成跨媒体、多元化的娱乐传媒公司，成为影视业影响力非常大的品牌。

其商业版图中有两家核心公司——M影视公司、H公司。这样一个极具发展潜力的公司却倒在了公司的股权架构上。我们先大致梳理一下M影视公司的历史发展过程。

1. 公司成立

M影视公司核心创始人为李某、李某姐和李某妹三兄妹。李某担任公司董事长，李某姐掌管财务和人事，李某妹负责广告，妹夫担任电视剧总经理。

2. 股权融资与对赌失败

2011年3月22日，M影视公司获得X文化公司领投的7.5亿元投资。融资时，除主体投资协议外，X文化公司还与M影视公司实际控制人李某、李某姐及李某妹签署了一份《投资补充协议》，约定：若M影视公司未能在2013年12月31日之前实现合格上市，则X文化公司有权要求M影视公司的实际控制人李氏三兄妹中的任何一方一次性收购其所持有的全部M影视公司股权。

由于M影视公司未能在2013年12月31日之前实现合格上市，触发了股权回购条款。按照当初的投资约定，李某兄妹三人须回购投资方X文化公司的股权，投资款4.5亿元，加上2亿元的利息，扣除其他费用，最后折合人民币6.35亿元。

3. 李某去世及姑嫂相争

2014 年 1 月 2 日，M 影视公司创始人李某意外死亡。李某死亡后，为了争夺公司控制权，姑嫂之间展开了大战。先是李某去世 20 天后，李某的妻子金某于 2014 年 1 月 24 日上任公司董事长兼总经理。再是 2014 年 11 月，李某姐联合 X 文化公司上演了一出罢免李某遗孀金某 M 影视公司董事长职务、夺取公司控制权的“年度大戏”。经股东大会及董事会讨论决定，公司法定代表人由金某变更为李某姐，任命李某姐为公司董事长。

4. 高管离职

金某担任董事长时，为稳定人心，曾承诺给核心团队加薪，但被一手掌管人事权和财务权的李某姐拒绝，就连李某生前曾允诺授予核心成员的股份，李某姐也拒绝兑现。在这场争斗中，几乎所有人当时都站在了金某一边，但仍未能阻止局面的崩溃。无奈之下，M 影视公司的核心人物相继离职，7 个分公司总经理级别的负责人走了 5 个，只剩下了李某妹及其丈夫，连当时一直被业内称为 M 影视公司“左脑”、熟谙资本运作的副董事长钟某某也宣布离职了。

5. 仲裁

X 文化公司刚刚联手李某姐把董事长金某罢免不到半个月，2014 年 10 月 31 日，就向中国国际经济贸易仲裁委员提起了仲裁，要求李某姐、李某妹及李某的遗孀金某回购他们持有的 M 影视公司的股份。按照当初的投资约定，M 影视公司上市失利后，须回购投资方 X 文化公司股权，加上投资款 4.5 亿元，利息 2 亿元，扣除其他费用后，折合人民币 6.35 亿元。

2014 年 11 月 18 日，裁决结果出炉：要求李某姐、李某妹、金某及其他李某遗产继承人履行股份回购义务，一次性收购 X 文化公司持有的 M 影视公司的全部股份，支付股权转让款 6.35 亿元。[①]

6. 股权拍卖，创始人出局

经历了一系列变故的 M 影视公司每况愈下，风光不再。原来占据中国影

---

① 《M 影视公司的陨落：创业者与资本对决的悲歌》，载金融界，http://biz.jrj.com.cn/2018/01/08192723914472.shtml，最后访问时间：2021 年 12 月 13 日。

视行业重要地位的核心业务影视制作近乎瘫痪，李某姐妹根本无力支付这笔巨资。2017 年法院对李某姐、李某妹持有的 M 影视公司股权进行了拍卖，创始人三兄妹出局。[①]

M 影视公司之所以出现这样的变故，主要有以下几个方面的原因：

1. 公司灵魂人物李某的去世

2014 年 1 月 2 日，M 影视公司创始人李某骤然因病离世，引发姑嫂大战，造成公司内耗，是导致 M 影视公司由盛到衰的重要因素。

2. 与资本对赌的失败

M 影视公司与资方 X 文化公司的对赌失败触发了股权回购条款，也是 M 影视公司由盛到衰的重要原因之一。

3. M 影视公司股权结构不合理

M 影视公司由盛到衰的根本原因还是在于 M 影视公司不合理的股权结构，主要表现为：

（1）股权分散，三位创始人股权平均，没有核心股东，三人共同控股模式存在不稳定因素。

从股权架构分析，M 影视公司股东 37 人，H 公司持有 45.33%的股权，是最大股东。H 公司由李某三兄妹全资持有，其中李某妹持股 50%，李某姐持股 16.67%，李某持股 33.33%。此外，李某直接持有 M 影视公司 3%的股权，而李某姐和李某妹则分别持股 5.2%和 4.4%。[②] 创始人李某直接和间接持有的 M 影视公司股权加起来不足 20%，低于其姐妹的股权比例。三人合计持有 M 影视公司大约 58%的股权，形成了三人共同控股的模式，核心创始人李某对公司不具有单一控制权。

在该等持股模式下，对 M 影视公司的管理，至少需要李某姐与李某妹或李某中的任一方达成一致意见。李某妹虽具有一票否决权，但仍无单方决定权，M 影视公司的股权控制结构极易陷入僵局。其他股东如 X 文化公司等，

① 《R 投资公司拍得 M 影视公司股权》，载人民网，http：//capital.people.cn/n1/2017/1013/c405954-29584897.html，最后访问时间：2021 年 12 月 12 日。

② 李泳昕、曾祥霞：《中国式慈善基金会》，中信出版社 2019 年版，第 266 页。

仍具有对M影视公司的相对控制权，可以通过联合其他股东，对公司的重要事项进行一票否决。

（2）控制权不清晰，决策不顺，导致屡次错失良机

这家影视行业明星公司，即使在李某意外去世后，X文化基金也曾准备以36亿元估值接盘，却最终因为价格没谈拢而作罢。随后，M影视公司步入下行道，但依然有传媒公司开价30亿元并购，但最终因M影视公司股权结构混乱、股东各怀心思、决策层意见不统一而放弃。李氏三兄妹的股权最终被拍卖不到1.55亿元，造成了M影视公司的悲剧。①

（3）股权代持导致公司股权结构不稳定，股权激励不能兑现，核心骨干离职

M影视公司股权架构中的第二个致命缺陷在于股权代持。② 据悉，在X文化公司这家企业中，李某有部分股权由李某妹代持，此外用于公司管理层股权激励的股权也由李某妹代持。

遗憾的是关于股权代持双方没有书面协议，这导致李某去世后李某的遗孀金某无法继承李某被代持的这部分股权并被李氏姐妹联合X文化公司罢免了董事长职位，最终被赶出管理层。同样，当金某想要落实管理层的股权激励以鼓舞士气的时候，李某妹拒不承认股权激励的存在而导致曾某某等核心人才绝望出走。金某曾经试图遵照李某遗愿引进X文化基金，她认为这是唯一可以挽救M影视公司的机会，可是由于代持导致的股权结构不清晰等问题，这一努力最终失败。

股权代持的风险除股权被代持人侵吞外，还可能因为遭遇代持人配偶、继承人、债权人的追索而导致股权结构不稳定。股权代持的风险可以通过详细的代持合约提前规避，此外股权信托也是值得考虑的解决方案。

总之，要从M影视公司这个案例中吸取的教训太多了。这场创业者和投资人联袂上演的大戏中，没有任何一方是赢家。对于企业创始人来说，企业

---

① 《M影视公司的陨落：创业者与资本对决的悲歌》，载金融界，http：//biz. jrj. com. cn/2018/01/08192723914472. shtml，最后访问时间：2021年12月13日。

② 李梦：《律师：如何挽救失蹄的M影视公司？股权架构存致命缺陷》，载新浪财经，https：//finance. sina. com. cn/review/sbzt/2018-02-01/doc-ifyremfz2945166. shtml，最后访问时间：2021年12月6日。

如同自己的孩子，孩子夭折，企业创始人会感到虽生犹死般的痛；对于资本方来说，投资一个企业如同母鸡孵化小鸡，小鸡没有孵化出来，鸡蛋业已破碎，真是令人懊恼不已。

这个案例应该成为一部永远的教科书，虽然导致M影视公司最后结局的原因很多，但创业合伙人之间股权分配过于平均，没有单一的控股股东，影响了企业的顺利决策是关键因素。

二、核心创业者持股比例过低，股权过于分散的陷阱

所谓核心创业者持股比例过低，股权过于分散，是指一个企业的股权分散掌握在较多的股东手里，最大股东的股权比例也只有20%、30%的情形。这种股权结构的最大弊端，一是企业很难进行股权融资，因为很多投资者并不看好股权过度分散的企业；二是即使企业能够融到资，随着融资轮次的增多，合伙人的股权也会被稀释到很低，导致创始人丧失对企业的控制权；三是由于股权过于分散，没有人能够真正控制企业，容易造成决策时相互扯皮和“搭便车”的心态。企业股权越分散，股东人数越多，控制成本越高，“搭便车”的心态越严重。

案例：股东“人满为患”，企业陷入经营困难

——某电脑公司股权过度分散

一家经营电脑及外部设备的企业，从零起步，已经运作了近十年。开始是两个股东，一大一小，两个人互相配合，业务做得也不错。后来为了做大做强，经过几次增资扩股，包括给有能力的职业经理人配股，变成了7个股东。其中最大的股东占有30%的股份，最小的两个股东各占5%的股份，中间有两个占股20%的股东，两个占股10%的股东。大股东任执行董事兼总经理，其他股东分任企业不同的职务。企业即便是小事情也难以作出决定。

有一次，企业讨论中秋节全体激励对象去团建，行政部经理（外聘的一个小女孩）为了这件事，哭了好几场，最终也没有协调好。原因就是这些股东（他们在企业里面都被称为“×总”）意见不统一。负责财务的股东认为预算太高，企业这么做不值；负责产品的股东认为预算太少，要玩就玩得像

样一点；负责销售的股东根本就不同意去，认为现在正是拿单的时候，不宜耽误时间。

就这样，这家企业在做决策时，经常出现大家要么不表态，要么无关痛痒地进行表态，要么作出相反的表态，担任总经理的大股东的意见时常遭到否决，导致这家开始发展还不错的企业，最终走上了下坡路。

三、外部股权过多的陷阱

“传统投资”模式，我们可以理解为股东出钱，按出资比例持股，以获得企业分红为目的，合伙人控制权受投资人占股比例的影响。而现代“创投模式”则是投资人出大钱占小股，以赚取企业股权巨额增值溢价为目的，企业合伙人仍然是企业大股东，对企业具有控制权。

但如果现代创投企业也按照传统投资模式分股权，给外部投资人股权太多的话，就会影响企业的发展。譬如，一个注册资本 100 万元的现代创投企业，创业者在初期筹措资金时，向亲戚借了 40 万元，给了亲戚 40% 的股份。若往后企业运营得越来越好，即使几百万元都不算什么的时候，那时再看着最初只投入 40 万元的人按 40% 的股份分取大量红利的话，创业者的心态一定会失衡。

因此，不能给予非全职参与创业的外部投资人或者其他资源股东过多的股权，必须始终维护创业者在企业中的大股东地位。

第六章 创始人控制权保护

◎ 导读

很多企业创始人为了实现心中的梦想，都非常重视企业控制权。创始人如何控制企业是企业股权架构设计的重要内容之一。本章重点阐述创始人掌握企业控制权的各种具体方法。

第一节 创始人掌握企业控制权的重要性

企业控制权设计对于中早期的企业来说是非常重要的。创始人在企业成长过程中扮演着很多角色，其中，最重要的角色通常是决策者。当企业面临这样或那样的问题时，创始人要及时作出各种决策。如果企业控制权设计不当，会造成非常严重的后果，创始人有可能被踢出企业。

案例：创始人因丧失企业控制权而出局

——Y电商平台股权被过度稀释①

2008年，于某和刘某某创立了Y电商平台，公开信息显示，当时的启动资金是创始团队的几百万元，不久就融到了2000万元的资金。2009年，金

① 《Y电商平台走进W连锁超市 创始团队“土崩瓦解”》，载人民网，http://it.people.com.cn/n/2015/0720/c1009-27328279.html，最后访问时间：2021年12月19日。

融危机来袭，VC（风险投资）不再投资电商。至2009年10月，Y电商平台已无钱可烧，这也让困境中的Y电商平台开始与P集团接洽。

2010年5月，P集团出资8000万元，收购Y电商平台80%的股权。当时一下子收购80%的股权，P集团有自己的打算：企图整合一个信息平台来构建医药健康产业链，通过Y电商平台完成其医药信息网的建设。谁料最终营销效果与预期相去甚远，Y电商平台最终没能成为P集团的电商平台。

于是，一年后，P集团将17.7%的股份出售给W连锁超市。2011年年底，在Y电商平台的发展势头之下，W连锁超市以Y电商平台的股权增发方式，将持股比例扩至控股地位。不过，这项收购的获批，让Y电商平台与W连锁超市双方经历了9个月的漫长等待期。

2012年8月14日，商务部正式批准W连锁超市收购Y电商平台33.6%股权的经营者申报，这意味着W连锁超市持有Y电商平台的股份达到了51.3%，已实现控股。而于某和刘某某的股权被稀释至11.8%。

自2012年2月20日W连锁超市控股Y电商平台以来，内部整合一直持续，人力资源、财务、法务部门逐渐由W连锁超市团队接任。

另据知情人士向媒体透露，于某与W连锁超市之间存在对赌协议。但从Y电商平台去年的业绩来看，于某并没有取得成功。

这点从当年1月初Y电商平台公布业绩时可以看出。当时，于某并没有公布最核心的销售和利润数据。面对媒体的提问，于某给的理由是："这是因为Y电商平台为了尊重战略合作伙伴W连锁超市，所以不公布任何关于交易和运营的数据。"

于某还对外公布了Y电商平台2013年的销售额：实现了115.4亿元的销售业绩。于某同时发布了2014年Y电商平台五大战略：品类扩张、移动业务加速、区域拓展、商务模式创新及大数据应用。

业界普遍的看法是，Y电商平台与控股股东W连锁超市之间存在很大分歧，合作貌合神离。W连锁超市需要业绩体现，而Y电商平台却为了扩张市场仍在不断烧钱，双方经营理念相悖。

于某和刘某某自当年年初便开始频繁被传离职，但每次都被迅速否认。5月初，CTO韩某、市场部副总裁程某某等多位创业元老陆续离职后，有关Y电商平台创始人于某离职的消息再次在坊间流传。

随着W连锁超市对人事的调整，于某、刘某某离职已经成为铁定事实。

P集团和W连锁超市，一开始就是奔着控制权来的。投资人通常分为财务投资人和战略投资人两种。风险投资基金属于典型的财务投资人，他们投资的主要目的是通过股权投资溢价退出，获取财务收益，通常不直接参与被投资企业的经营管理，也不会要求控制被投资企业。

战略投资人通常和被投企业处于同一行业、相近行业或处于同一产业链的不同环节，主要考虑自身产业链的战略布局。因此，战略投资人通常会加强对被投资企业股东会与董事会的控制，深度介入被投企业的经营管理。

Y电商平台于某团队弹尽粮绝之际启动融资，投资方P集团投资的目的是想利用Y电商平台的医药资源促进其健康险的发展，Y电商平台成为P集团产业布局下的一颗棋子。于某团队将80%的股权转让给P集团，实质是将企业的控制权拱手相让。

在获得股权溢价的同时，于某团队的身份也由企业的合伙人变成了职业经理人。P集团发现产业链整合未达到预期效果时，将其控制权转让给W连锁超市退出变现，也是必然结果。Y电商平台的控制权变成P集团和W连锁超市之间的博弈游戏，起点已经决定了终点。

第二节 控制权与控股权、绝对控股与相对控股

一、控制权与控股权

控制权与控股权是两个既有联系又有区别的概念。所谓控股权，是指控股股东所享有的权利。所谓控股股东，是指其出资额占有限责任公司资本总

额50%以上或者其持有的股份占股份有限公司股本总额50%以上的股东；或其出资额或者持有股份的比例虽然不足50%，但依其出资额或者持有的股份所享有的表决权已足以对股东会、股东大会的决议产生重大影响，是取得公司决策权的股东。

根据上述定义，取得控股股东地位的方式有两种：一是直接占股达50%以上；二是直接占股虽然没有达到50%，但其可以通过联盟形成控股局面。

控股权不等于控制权。一般情况下，创始合伙人要控制企业，最简单、最直接和最有效的办法就是控股，掌握公司控股权就能掌握企业控制权。但在特殊情况下，如果公司治理结构设计不当，小股东也可能控制公司，持有较多股权的大股东却掌握不了企业的控制权；相反，即使没有掌握企业控股权的创始人，也可以通过各种工具的运用掌握企业的控制权。

二、绝对控股与相对控股

控股分为绝对控股和相对控股两种情形。根据我国《公司法》的相关规定，股东会会议作出修改公司章程、增加或者减少注册资本的决议，以及公司合并、分立、解散或者变更公司形式的决议，必须经代表三分之二以上表决权的股东通过。

股东大会作出决议，必须经出席会议的股东所持表决权过半数通过。但是，股东大会作出修改公司章程、增加或者减少注册资本的决议，以及公司合并、分立、解散或者变更公司形式的决议，必须经出席会议的股东所持表决权的三分之二以上通过。

也就是说，控股股东持有的股权比例达到表决权的三分之二以上，就可以单独对股东会决议的一切事项进行决策。这种情况为绝对控股。

持有的表决权比例在三分之二以下的控股股东，虽然可以决定或影响一般事项的表决，但无法单独对修改公司章程，增加、减少注册资本，公司合并、分立、解散或者变更公司形式作出决议，这种情况就叫相对控股。

第三节 创始人控制企业的12种方法

创始人控制企业有12种方法，下文具体阐述。

一、持股比例

持有企业比较大的股权比例，成为企业控股股东是创始人掌握企业控制权的最基本的方法，也是最稳妥的办法。

如前所述，根据我国《公司法》的相关规定，股东会进行表决时，一般事项需要股东所持表决权的过半数以上赞成才能通过；重大事项的表决，譬如，增加或减少注册资本，公司合并、分立，修改公司章程等，需要股东所持表决权的三分之二以上的多数赞成才能通过。公司股东会在对某些事项进行表决和决策的时候，如果某股东能够持有二分之一以上表决权，就能够相对控制公司；如果其能够持有三分之二以上表决权，就能够绝对控制公司。

与绝对控股相对应，34%则成为重大事项否决权的股权比例。这不难理解。如果某股东掌握了公司34%的股权，则其他股东的全部股权加起来，最多也只有66%，达不到三分之二，股东会对重大事项进行表决时，只要他不同意，决策就根本通过不了。

案例：由重大事项一票否决权引发的争议

——三家企业合并困难重重

企业B（个人独资企业）是一家进行石灰石矿开采的企业，后来在当地政府的主导下，和另外两家开采石灰石矿的个人独资企业A公司和C公司进行了以扩大规模为目的的合并。三家公司合并为一家新的公司，原三家公司的投资人成为新公司股东。通过谈判，三家大致各占新公司三分之一的股权。确定具体股权份额的时候，围绕固定资产、原有矿藏储量、现有市场份额、今后可能的贡献等因素，经协商一致，股东A股权份额为32%，另两个股东B和C各占34%。

新公司刚成立运作不到三个月，股东之间就发生了激烈的冲突。其中不仅有行政捆绑产生的弊端、股权平衡导致的问题，更有公司治理结构设计的问题。

原来，新公司的章程是从网上下载的所谓标准文本，规定重大事项经持有三分之二以上股权的股东同意决定。股东A很快发现，三人中，股东B和C都拥有重大事项一票否决权，只有他自己没有。也就是说，B和C只要取得一致，便可以决定任何事项。而A自己提出的重大事项，联合B或者C两人中的任何一人，都只有66%的股权比例，达不到三分之二，必须说服B和C一致同意才行。当初让股权（从1/3减至32%）的时候，A想到的只是比他们少两个百分点的分红，没想到会在公司控制上出现这样的结果。于是A要求重新谈判。虽然这种结果不是B和C当初有意谋取的，但B和C也因为这意外的特权而暗自得意，不肯答应重新谈判。A负责公司的生产，而且合并时是带着一批人进入新公司的，于是就在工作中处处与B和C闹别扭，严重影响了公司运作。

后来，我们协调企业重新设计表决权，才得以化解各方矛盾。

二、“一致行动人”

（一）“一致行动人”的含义

我国《上市公司收购管理办法》将“一致行动”定义为，投资者通过协议、其他安排，与其他投资者共同扩大其所能够支配的一个上市公司股份表决权数量的行为或者事实。

由此可以看出，一致行动人相当于在公司股东会之外又建立了一个有法律保障的“小股东会”。每次在股东会表决或者协议约定事项时，有关各方可以在“小股东会”中先讨论出一个唯一对外的结果，然后再在股东会上表决或决定事项是否进行。简单来说就是抱团一致对外。

（二）上市公司对“一致行动人”的自动认定

上市公司的一致行动人和非上市公司的一致行动人在界定上有一定的差别：非上市公司中的一致行动人需要有约定；但根据中国证监会的监管规则，

在某些情形下，上市公司中即使没有约定也会被自动认定为“一致行动人”，譬如，投资者之间有股权控制关系，投资者受同一主体控制等，都会被自动认定为“一致行动人”。

（三）通过协议形成的“一致行动人”

非上市公司中的一致行动人必须有约定，一般要签署书面的一致行动人协议，当然上市公司也可以自由约定。这个协议的内容非常灵活，不同的公司，当事人可以根据自己的实际情况自由安排一致行动人协议的内容，但只要签署了就对当事人具有约束力。下面我们简单列举一致行动人协议的内容。

范例 1：签约股东在股东会进行重大决策（表决权、提案权、提名权等）时保持一致；不能形成统一意见时，按照所代表的股权大小计算，少数股权数服从多数股权数，以合计持有发行人表决权的半数以上的意见作为一致行动的意见，各方须按该意见行使股东权利。

范例 2：该协议自双方签署后生效，至发行人首次公开发行股票并上市交易 36 个月届满后失效。如果协议双方进行充分沟通协商后，对有关公司经营发展的重大事项达不成一致意见，双方在股东大会上对该等重大事项共同投弃权票。

范例 3：股东大会召开当月的 10 日前，各方应通过协商就需要决策的事项达成一致，并在股东大会上发表该一致意见。如进行充分沟通后，对会议议案表决未能达成一致意见，各方按人数的简单多数进行表决，并按多数方意见在股东大会对该等议案发表一致意见。如出现赞成票和反对票相同的情形，各方同意××多一票表决权。

一致行动人协议中往往还约定一致行动人的期限，以及违反协议需承担的违约责任等内容。

上市公司的一致行动人协议和非上市公司的一致行动人协议的解除，也有区别。解除非上市公司的一致行动人协议，可以单方面发出解除通知，但上市公司的一致行动人协议的解除，要履行公告、披露等手续。

总之，法律对一致行动人协议的内容没有限制，当事人可以根据实际情况灵活约定。

三、投票权委托

投票权委托，又叫代理投票。代理投票制度是专门针对上市公司的小股东设计的一项制度。在上市公司中，小股东由于股份少，股东会上自己的意见难以得到有效的支持，而且又散居在全国乃至全球各地，参加股东大会将付出巨额的交通、食宿费用等成本和较多的时间。因此，很多小股东往往选择放弃参加股东大会。如果将众多小股东的投票权集中在一起行使，将是一股不容忽视的力量。代理投票制度正是在这样的逻辑背景下设计出来的。

通过代理投票制度，可以将小股东的投票权集中起来，有效地影响公司决策，对大股东、董事会、监事会和经理人进行制约。

通过投票权委托增加创始人的话语权，可以作为创始人控制公司的一种手段。不过这里要强调的是，委托投票制度仅适用于股份有限公司。我国《公司法》仅对股份有限公司的委托投票制度作出规定。《公司法》第一百零六条规定："股东可以委托代理人出席股东大会会议，代理人应当向公司提交股东授权委托书，并在授权范围内行使表决权。"有限责任公司不在其列。原因在于有限责任公司的股东基本上在同一个地方，而且人数不超过 50 人，不像上市公司那样小股东分散在全国各地，出现小股东不来参加股东会的情况比较少。

也许有人会问，当创始人持股比例比较小的时候，通过一致行动人的方式控制公司不就行了吗？为什么还要运用投票权委托呢？投票权委托和一致行动人这两种手段有什么区别？

"一致行动人协议"和"股东委托投票"均属于委托代理行为，也都是委托人承担民事后果，但它们之间还是有区别的，一致行动人协议的授权期限更长，股东会的委托代理人可以是临时的。

在股权比较分散且几个股东股权比例比较接近的情况下，一般会选择几个股东绑定形成一致行动人，但如果股权比例比较高的一方股东是纯粹的财务投资人的话，往往不愿意被绑定，在这种情况下就只能采用委托投票这种方式。

四、持股平台

持股平台是指某些股权参与主体不直接持股主体公司，而是通过一个平台来间接持有主体公司的股权。这个用于间接持股的平台就是持股平台。

实务中常见的持股平台有有限合伙企业、有限责任公司或股份有限公司。实务中采用比较多的是有限合伙企业。根据《合伙企业法》的规定，有限合伙企业由普通合伙人执行合伙事务，有限合伙人不执行合伙事务，不得对外代表有限合伙企业。主体公司大股东一般在持股平台有限合伙企业中担任普通合伙人，也可以由主体公司大股东授权代理人、高管或其他可靠的人担任普通合伙人执行合伙事务。小股东作为持股平台的有限合伙人，他们不是主体公司的直接股东，可以根据《合伙企业法》和有限合伙协议的规定取得财产份额的收益权，但无权直接参与主体公司的股东会，也不可以直接在主体公司行使股东权利。这种持股方式只是让小股东共享主体公司利润，对主体公司股东会决策没有任何影响。这样创始合伙人就达到了用较少的出资控制合伙企业，进而掌握主体公司表决权的目的。

有限合伙持股平台往往适用于以下情形：

1. 钱权分离度极高的创始人股东

对于一些资金密集型的行业，VC/PE 在公司发展中起到了至关重要的作用，属于举足轻重的股东。如果创始人预判自己及管理团队的持股比例会被稀释得非常低，基于对控制权的需要，可以采取该种有限合伙架构，并尽可能让投资人或激励对象通过有限合伙企业间接持有主体公司股权，创始人自己则作为有限合伙企业的普通合伙人。

2. 有短期套现意图的财务投资人

如果投资人投资后有短期套现计划的话，可以考虑有限合伙企业架构。做 GP（普通合伙人）虽然可以掌握有限合伙企业的表决权，但需要对有限合伙企业承担无限连带责任。实务中不少创业者为了规避这个风险，往往先成立一个有限责任公司，自己成为有限责任公司的股东，用这个公司做有限合伙企业的 GP。

五、股权代持

（一）股权代持的含义

所谓股权代持，又称委托持股、隐名投资或假名投资，是指实际出资人与他人约定，以他人名义代实际出资人履行股东权利义务的一种股权或股份处置方式。

股权代持涉及隐名股东和显名股东。所谓隐名股东，是指没有登记为公司股东，甚至没有以股东名义行使股东权利的实际出资人；而显名股东则是指实际不享有股权却登记为公司股东的人。隐名股东和显名股东可能是自然人，也可能是法人或其他组织。

（二）产生股权代持的原因

产生股权代持的原因很多，主要有以下几种情形：

第一种：方便工商登记。进行工商登记或者变更，需要全体股东签字。有的公司实际投资人太多，将众多人的股份集中在少数几个人身上，便于完成工商登记程序。

第二种：基于法律对有限责任公司股东人数的限制。我国《公司法》第二十四条规定，有限责任公司的股东人数应为50人以下。因此，在投资人超过50人的情况下，部分投资人不得不采取隐名投资的方式，相互之间将自己的股权“挂靠”在其他股东的名下。

第三种：基于法律关于股权转让的限制。我国《公司法》第七十一条第二款规定，股东向股东以外的人转让股权，应当经其他股东过半数同意。因此，部分股东向股东以外的人转让股权时，为规避该条款的规定，采取股权代持的方式，相互之间协商不在股东名册及工商登记上进行变更登记。

第四种：基于法律对投资领域、投资主体等方面的禁止性规定。前者如部分境外投资者为规避我国关于外商投资公司的准入制度，以隐名出资方式进入一些关系国计民生的领域；后者禁止会计师事务所、审计师事务所、律师事务所、资产评估机构作为投资主体向其他行业投资设立公司等，使得这些特殊主体只能以隐名方式投资，产生股权代持。

第五种：投资者基于自身情况或商业需要的考虑。部分投资者存在害怕“露富”的心理，不愿公开自身经济状况，或本人存在尚未清偿的债务担心债权人追索，以他人名义出资并进行登记；或基于认识上的偏差，认为是否进行工商登记或公司内部登记无关紧要。部分投资者由于不符合合作对方对合作伙伴的要求，只能依附于符合条件的显名股东，作为隐名投资人进行投资。

（三）通过股权代持控制企业

不论什么原因导致的股权代持，除一些具有违法性质的股权代持外，都能达到股权代持的目的，创始合伙人都能够通过股权代持掌握企业的控制权。

股权代持一般都会签署《股权代持协议》，当事人可以在代持协议中约定不同的委托事项、委托范围，以及委托人授予代持人的代持权限。若要体现股权代持的公司控制权功能，在协议中必须约定：委托人授权公司创始人有权代表委托人自由行使表决权。

下面我们就通过一个《股权代持协议》范例相关内容看一下如何约定代持人的表决权。

第一条 委托内容 甲方自愿委托乙方作为自己对有限公司（以下简称“公司”）人民币______万元出资［该等出资占公司注册资本的______%，（以下简称“代持股份”）］的名义持有人，并代为行使相关股东权利，乙方愿意接受甲方的委托并代为行使该相关股东权利。

第二条 委托权限 甲方委托乙方代为行使的权利包括：由乙方以自己的名义将受托行使的代持股份作为在公司股东登记名册上具名、在工商机关予以登记、以股东身份参与相应活动、代为收取股息或红利、出席股东会并自由行使表决权，以及行使公司法与公司章程授予股东的其他权利。

注意，协议中约定代持人出席股东会自由行使表决权的内容是核心，是关键。这里特别强调一下“自由”两个字，是根据代持人的意愿进行表决的。如果约定为根据委托人的旨意进行表决，股权代持就丧失了作为创始人掌握公司控制权的功能。

六、优先股

优先股是相对于普通股而言，主要指在利润分红及剩余财产分配的权利方面优先于普通股。优先股是公司的一种股份权益形式，持有这种股份的股东先于普通股股东享受利润分配，通常为固定股利。

（一）优先股与普通股的区别

1. 优先股相对于普通股可优先获得股息。如果公司在年度内没有足够现金派发优先股股息，则普通股是不能分发股息的，因为优先股股息是固定的。当然，根据权利义务相一致原则，当公司获得优厚利润时，优先股也不会获得超额利润。

2. 剩余财产优先分配权。当公司解散或破产时，优先股股东具有剩余财产的优先分配权。只有全面发放了优先股股东的固定股息后，剩余的财产才能由普通股股东进行分配。

3. 优先股的表决权受到限制。优先股股东一般没有选举权和被选举权，对公司的重大决策也无投票权。只有在某些特殊情况下才可以享有有限表决权。譬如，当股东会讨论与优先股股东利益有关的事项时，优先股东才具有表决权。

4. 普通股股东具有优先购股权。在公司发行新股时，为了防止持股比例被稀释，普通股股东可优先购买与持股数量相当的新股，优先股股东不具有这种权利。

（二）我国关于优先股的试点

我国于2013年才开始试点优先股。2013年11月30日，我国发布了《国务院关于开展优先股试点的指导意见》，对优先股作出明确定义，并对优先股股东的权利和义务作出明确规定。

根据上述规定，优先股是指依照公司法，在普通种类股份之外另行规定的其他种类股份。其股份持有人优先于普通股股东分配公司利润和剩余财产，但参与公司决策管理权受到限制。

该指导意见对优先股的发行和交易也作出相应规定。优先股的发行分为公开发行和非公开发行。公开发行的发行人限于证监会规定的上市公司，非公开发行的发行人限于上市公司和非上市公众公司。上市公司包含注册地在境内的境外上市公司，非上市公众公司，如新三板挂牌公司。优先股应当在证券交易所或者国务院批准的其他证券交易场所交易或转让。

《优先股试点管理办法》规定的上市公司发行优先股的条件包括：

1. 上市公司应当与控股股东或实际控制人的人员、资产、财务分开，机构、业务独立。

2. 上市公司内部控制制度健全，能够有效保证公司运行效率、合法合规，财务报告可靠，内部控制有效，不存在重大缺陷。

3. 上市公司最近三个会计年度实现的年均可分配利润应当不少于优先股一年的股息。

4. 上市公司最近三年现金分红情况应当符合公司章程及中国证监会的有关监管规定。

5. 上市公司报告期不存在重大会计违规事项。

6. 上市公司发行优先股募集资金应有明确用途，与公司业务范围、经营规模相匹配，募集资金用途符合国家产业政策和有关环境保护、土地管理等法律和行政法规的规定。

7. 上市公司已发行的优先股不得超过公司普通股股份总数的百分之五十，且筹资金额不得超过发行前净资产的百分之五十，已回购、转换的优先股不纳入计算。

8. 上市公司同一次发行的优先股，条款应当相同。每次优先股发行完毕前，不得再次发行优先股。

如果上市公司是公开发行的，还应当符合以下情形之一：

1. 其普通股为上证 50 指数成份股①。

2. 以公开发行优先股作为支付手段收购或吸收合并其他上市公司。

3. 以减少注册资本为目的回购普通股的，可以公开发行优先股作为支付手

---

① 成份股：又称“指数股”，通过对股票市场上一些有代表性的公司发行的股票价格进行平均计算和动态对比后得出的数值被称为股票价格指数。

段，或者在回购方案实施完毕后，公开发行不超过回购减资总额的优先股。

上市公司公开发行优先股应当在公司章程中规定以下事项：

1. 采取固定股息率。

2. 在有税后可分配利润的情况下必须向优先股股东分配股息。

3. 未向优先股股东足额派发股息的差额部分应当累积到下一会计年度。

4. 优先股股东按照约定的股息率分配股息后，不再同普通股股东一起参加剩余利润分配。

发行对象为境外战略投资者的，还应当符合国务院相关部门的规定。

非上市公众公司非公开发行优先股应符合下列条件：

1. 合法规范经营。

2. 公司治理机制健全。

3. 依法履行信息披露义务。

因为优先股是限制表决权的，创始人为了掌握公司控制权，在发行股份的时候，就可以向其他人发行一些优先股，自己持有尽可能多的普通股。这样创始人就能够牢牢掌握公司的控制权了。

不过需要注意的是，我国《优先股试点管理办法》只规定了上市公司和非上市公众公司可以试点发行优先股。对于有限责任公司，法律没有明确规定。但有限责任公司可以根据《公司法》的规定，适当调整股权的表决、分配等方式。这种做法也能达到类似优先股的效果。

七、AB 股

AB 股制度就是双重股权制度，是一种特殊的股权架构。它不同于传统公司法“一股一权”的原则。在该构架下，公司可以发行两种股份，A 股和 B 股。

AB 股制度最早产生在 20 世纪 20 年代的美国。当时在一些互联网创新型公司中，创始人最能把握新技术的脉搏。互联网公司通常在公司发展前期对资本投入需求较大，经历多次股权融资后，创始人团队的持股比例被大大摊薄，投资人往往掌握了公司控股权。依“资本多数决”原则，投资者很可能无法采取有利于创新公司成长的最佳策略。不同投票权的安排能有效地让持股比例已被大幅摊薄的创始人团队在持股比例大大降低的情况下，仍然掌握对公司的控制权，有利于确保公司的长远利益。

AB 股制度下，发行的股票具有以下三个特点：

1. 股票分为 A 股和 B 股两类，每类对应的投票权不同。B 类每股的投票权一般是 A 类的 N 倍（通常为 10 倍）。

2. 两种股票的持有人不同。持有 A 股的一般是公众投资者，二级市场①过来的人比较多。持有 B 股的一般是创业者、高管、公司激励对象和早期投资人。

3. 两类股票不能随意转化。B 股经过一定的程序可转化为 A 股，但 A 股的持有者无法将 A 股转换成 B 股。

AB 股制度实质上是一种通过分离现金流和投票权而对公司实施控制的有效手段。这种安排能够确保公司的创始人和高管通过拥有更高的投票权对股东大会的决策产生决定性的影响，从而确保对公司的控制权。

J 网络销售平台经过历次融资，其创始人持股虽低于一些基金等 PE 资本合计持有的 65.72%，但通过 AB 股不同投票权设置，其创始人及高管的投票权为 86%，可保持控制地位及战略经营的持续性。②

J 网络销售平台的 AB 股制度是这样设计的：

1. 普通股分为 A 类和 B 类两类，其创始人持 B 类，每 1 股拥有 20 票投票权；其他投资人持 A 类，每 1 股拥有 1 票投票权。③

2. A 类上市交易，B 类不上市交易。

3. A 类在任何时候均不可以转换为 B 类；B 类可随时自由转换为 A 类。

4. B 类转让给非联属人士时，则自动转换为 A 类。所谓联属，是指直系或其控制的实体。

---

① 二级市场也称证券流通市场、次级市场，是指对已经发行的证券进行买卖、转让和流通的市场，在二级市场上销售证券的收入属于出售证券的投资者，而不属于发行该证券的公司。

② 齐雁冰：《J 网络销售平台 IPO 创始人持股 23.7% 投票权 86%保持控制地位》，载人民网，http://it.people.com.cn/n/2014/0210/c1009-24314208.html，最后访问时间：2022 年 1 月 2 日。

③ 《J 网络销售平台上市 AB 股是看点 创始人：最怕内部增长失控》，载人民网，http://it.people.com.cn/n/2014/0523/c1009-25055421.html，最后访问时间：2022 年 1 月 3 日。

5. 当其创始人不再担任 J 网络销售平台董事兼 CEO 或其他特定情况时，其持所有 B 类将自动转换为等量的 A 类。

6. A 类及 B 类就所有呈交股东投票的事项一并投票。普通决议，出席的简单多数通过，特殊决议，出席的 2/3 通过。

目前我国只有在科创板上市的公司才可以采用 AB 股制度。按照科创板规则，AB 股制度被称为表决权差异安排，也就是“特别表决权”。

我国《科创板首次公开发行股票注册管理办法（试行）》第四十一条规定，存在特别表决权股份的境内科技创新公司申请首次公开发行股票并在科创板上市的，发行人应当在招股说明书等公开发行文件中，披露并特别提示差异化表决安排的主要内容、相关风险和对公司治理的影响，以及依法落实保护投资者合法权益的各项措施。保荐人和发行人律师应当就公司章程规定的特别表决权股份的持有人资格、特别表决权股份拥有的表决权数量与普通股份拥有的表决权数量的比例安排、持有人所持特别表决权股份能够参与表决的股东大会事项范围、特别表决权股份锁定安排及转让限制等事项是否符合交易所有关规定发表专业意见。

根据《科创板上市公司持续监管办法（试行）》第七条第一款的规定，科创公司应当在公司章程中规定特别表决权股份的持有人资格、特别表决权股份拥有的表决权数量与普通股份拥有的表决权数量的比例安排、持有人所持特别表决权股份能够参与表决的股东大会事项范围、特别表决权股份锁定安排及转让限制、特别表决权股份与普通股份的转换情形等事项。公司章程有关上述事项的规定，应当符合交易所的有关规定。第三款规定，交易所应对存在特别表决权股份科创公司的上市条件、表决权差异的设置、存续、调整、信息披露和投资者保护事项制定有关规定。

AB 股特别适合那些具有高成长性且需要大量融资的公司，如果公司要在国内科创板或者国外允许 AB 股的交易所上市，就可以考虑采用这种 AB 股的方式来控制公司。

八、分红股

分红股属于虚拟股权的范畴，本质上是公司激励对象与公司股东之间关于部分股权收益让渡的“再分配协议”，是一种“合同权益”，而非公司法意义上的股权。分红权不在工商管理部门进行登记，不具有法律意义上的股权性质，享有分红权的激励对象并不能因此而取得“公司股东”的身份，而且一般会随着其离职而丧失该资格。

分红股不具有表决权，不会影响创始人对公司的控制。因此，实务中公司在做股权激励时，运用分红股进行激励的比较多。如果创始人想让其他人分享公司发展的成果，又不想削弱自己对公司的控制权，运用分红股激励模式是一个不错的选择。

为了避免产生歧义，我们在实务中运用分红股进行股权激励时，最好在协议里明确界定“分红股”的含义。特别是在创始人要把这种股权形式作为掌握公司控制权手段的时候，一定要在协议中明确约定，被激励对象所持有的分红股，只有分红权，没有表决权。这样分红股才能具有作为公司控制权工具的作用。

九、金字塔股权结构

金字塔股权结构也叫金字塔持股结构，是指企业实际控制人通过间接持股形成一个金字塔式的控制链，最终实现对该企业的控制。

在这种持股结构下，企业控制权人控制第一层企业，第一层企业控制第二层企业，以此类推，通过多层次的控制链条取得对目标企业的最终控制权。金字塔结构只是一种形象的说法，其实就是多层级、多链条的集团控制结构。

金字塔股权结构的控制权是通过层级来实现的。所谓层级是指终极控制人和目标公司之间的控制链条所包含的控股层数须满足大于二的条件。

这个结构中的主体分为三种，最上面的是实际控制人，中间的是持股平台，最下面的是目标公司。

金字塔持股通过层级实现了所有权结构的纵向延伸，层级是区别于单层持股模式的重要特征。层级还具有权力和利益传导机制的重要作用。通常情况下，层级越多，终极控制股东的隐蔽性越强，集团结构可能越复杂，可能发生的利益输送行为也就越不容易被发现。

通过金字塔结构的控制关系，虽然实际控制人出资的数量非常有限，但因为每一链条上都出现控制权和现金流量权的分离，他却能牢牢控制整个企业集团。在集团内部的每个决策点上都可以实现大股东控制。

如何通过较少的出资，实现以金字塔结构控制较大注册资本公司的目的，下面试举一例。

T公司注册资本100万元，如果T公司只有王老板一个股东，意味着王老板一个人要出资100万元；但王老板想要用较少的出资就能掌握T公司的控制权，该怎么办呢？

根据《公司法》的规定，只要持有公司半数以上的股权就可以控制公司，于是王老板就找了一个股东W，这样T公司就有了两个股东，王老板占股51%，W占股49%。这就意味着王老板出资51万元，就能控制T公司。

这51%的股权，如果不是王老板个人持有，它是以王老板控制的公司持有的话，那王老板连51万元也不用出。

假如C公司也是两个股东，王老板占股51%，又找了一个Z股东，占股49%。这样就意味着王老板出资26.01万元，就能控制C公司。

在C公司里，王老板这51%的股权也不是他个人占有，他是以他具有控制权的B公司持有的，在B公司里，他持有51%的股权，又找了一个Y做股东持有49%，这样王老板只出资13.26万元就可以了。

同样，王老板在B公司的持股也不是以他个人名义持有的，而是以他控股的A公司持有的，A公司也有两个股东，王老板占股51%，股东X占股49%。这样王老板出资6.76万元就掌握了A公司的控制权。

这样通过层层控制，王老板仅以区区6.76万元就掌握了对注册资本为100万元的T公司的控制权，其股权架构如图4所示。

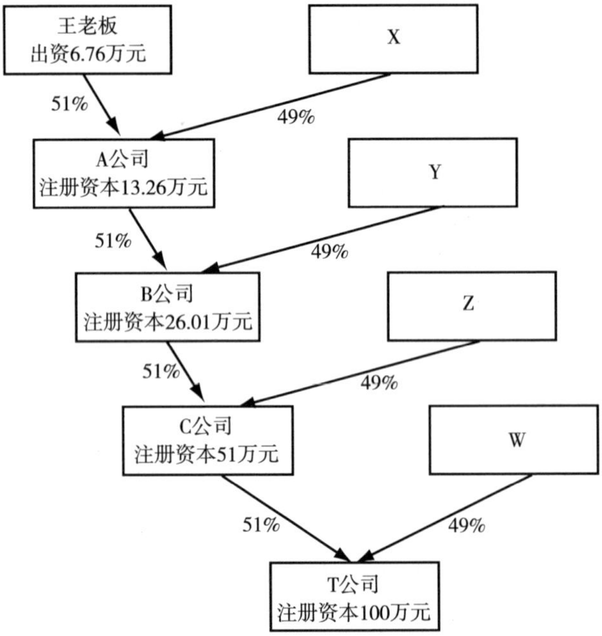

图4　利用金字塔股权架构控制目标公司

实务中，运用金字塔股权架构控制企业集团的案例很多。企业家们完全可以根据自己企业的实际情况灵活搭建金字塔股权结构，实现以小博大，最终掌握企业集团的控制权。

十、董事会控制

股东会虽然是公司里的最高决策机构，但开会次数毕竟不多，每年的定期会议和临时会议加在一起，也就那么几次。公司的日常经营决策主要是由董事会来完成的。而且董事会还掌握着股东会的召集权和经理的聘任和解聘权。董事会是公司治理中的重要组织机构，谁掌握了董事会，谁就掌握了对公司的控制权。

根据我国《公司法》的相关规定，有限责任公司董事会，其成员为 3 人至 13 人（股东人数较少或者规模较小的有限责任公司，可以设一名执行董事，不设董事会）。

股份有限公司董事会，其成员为 5 人至 19 人。

董事会的职权包括：（1）召集股东会会议，并向股东会报告工作；（2）执行股东会的决议；(3）决定公司的经营计划和投资方案；(4）制订公司的年度财务预算方案、决算方案；（5）制订公司的利润分配方案和弥补亏损方案；(6）制订公司增加或者减少注册资本以及发行公司债券的方案；(7）制订公司合并、分立、解散或者变更公司形式的方案；(8）决定公司内部管理机构的设置；(9）决定聘任或者解聘公司经理及其报酬事项，并根据经理的提名决定聘任或者解聘公司副经理、财务负责人及其报酬事项；(10）制定公司的基本管理制度；(11）公司章程规定的其他职权。

董事会会议应有过半数的董事出席方可举行。董事会作出决议，必须经全体董事的过半数通过。董事会决议的表决，实行一人一票。因此，要想控制董事会，占有董事会的多数席位就非常重要。

要想占有多数董事席位，就要掌握董事的提名权和罢免权。如果没有提名或罢免董事的权利，就无法控制董事会。

在初创期，公司创始人团队最好能占有三分之二以上的董事席位，即使后来公司完成股权融资，投资人进来后，创始人团队占有的董事席位也要在二分之一以上。只有这样，才能掌握对董事会的控制权。

除董事席位，董事会的职权和表决权事项的设计也非常重要。我国《公司法》只概略式地规定了董事会的职权及表决方式，而每个公司的实际情况总是千差万别的，公司在确定董事会的职权和表决权事项时，一定要紧密结合本公司的实际情况。

十一、公司章程控制

前面所阐述的掌握公司控制权的方法虽然也大都会在公司章程中有所体现，但这里所说的公司章程控制，特指上市公司创始人如何运用公司章程来防范市场上的恶意并购，从而保持创始人掌握公司控制权的一种方法。

证券市场上上市公司的收购行为是优化资产结构、发挥证券市场资源配置作用的重要渠道。上市公司的收购又称“接管”，是法人或自然人在证券市场上公开收购某一公司的股份而获得对该公司控制权的行为。由于收购通常涉及公司控制权的转移，因而对目标公司各种利益主体都有不同程度的影响，对目标公司董事会成员的影响最为严重。

收购有“善意收购”和“恶意收购”之分。所谓“善意收购”一般是指出于扩大市场份额、加强竞争能力，由收购公司与目标公司董事会协商一致而实现的收购；而所谓“恶意收购”一般指收购公司利用目标公司经营不善、出现问题、股市下跌的机会，在未与目标公司董事会进行任何接触的情况下，在市场上进行操作，实现对其的收购或控制，并最终对其进行改组的行为。一些国家现在把在股票二级市场上未与其他公司协商而对其他公司进行收购兼并的行为称为“猎鲨”，把从事这种事情的人称为“猎鲨者”，这就使得这种所谓的“恶意收购”具有浓浓的“血腥味”。收购与反收购实质上是对公司控制权的争夺。

在恶意收购中，被收购公司的原管理者在公司改组之后一般会被“炒鱿鱼”。因此，上市公司的原控制方必然会作出一定的反击，以阻碍收购的完成。上市公司的原控制方一般会在公司章程中设置一些条款来阻止恶意收购方的收购。

比较常见的包括在章程中提高恶意收购特殊决议事项表决比例，设置金色降落伞、驱鲨剂和毒丸计划条款，等等。

（一）提高恶意收购特殊决议事项表决比例

我国《公司法》第一百零三条第二款规定了“修改公司章程、增加或者减少注册资本的决议，以及公司合并、分立、解散或者变更公司形式的决议，必须经出席会议的股东所持表决权的三分之二以上通过”。有关上市公司章程除确认了法律的上述规定外，还针对恶意收购方实施恶意收购提出的议案等事项，进一步将表决比例提高至股东大会出席会议的股东所持表决权的四分之三及以上。

这条规定是为了防止少数大股东滥用股东权利对公司造成不利影响而设置的。公司通过章程对自身的决议方式作出更高标准的约定，可视为对“资本多数决”的强化。如果恶意收购者要想控制公司，必须持有更多的股权比例，这种约定就在一定程度上起到了反恶意收购的作用。

（二）在章程中约定金色降落伞条款

所谓金色降落伞，是指在公司与高级管理层（包括董事、监事及高级管理人员）之间的补偿条款，通常是指在公司控制权发生变更、管理层遭解聘时触发的公司经济补偿义务。金色降落伞在美国的公司并购实践中被普遍使用，随着中国的公司并购市场逐渐活跃，金色降落伞也受到越来越多公司的关注。其功能主要在于维持公司管理层稳定、留住精英人才，同时具有反收购的作用。

常用的金色降落伞条款如："在发生公司被恶意收购的情况下，任何董事、监事、总裁或其他高级管理人员在不存在违法犯罪行为，或不存在不具备所任职务的资格及能力或不存在违反公司章程规定等情形下，于任期未届满前被终止或解除职务的，公司应按该名董事、监事、总裁或其他高级管理人员在公司任职年限内税前薪酬总额的十倍（或五倍）给付一次性赔偿金。"从而阻却恶意收购人的收购行为。因为收购的代价太大，从而使收购方放弃收购。

（三）驱鲨剂条款

驱鲨剂条款是指公司为防御其他公司的敌意收购而采取的一种正式的反接管手段。董事会可以预先召开股东大会，在公司章程中设立一些条款，增加收购者获得公司控制权的难度。即在公司章程中设置"反并购措施"。这类条款被称为"驱鲨剂条款"。

案例：公司章程中"驱鲨剂条款"的反收购功能

——B 集团两措施防收购①

随着 W 集团控制权的纷争愈演愈烈，一些上市公司也开始以 W 集团为前车之鉴，通过修改公司章程防范恶意并购的"野蛮人"。2016 年 6 月 29 日，B 集团的股东大会高票通过了公司章程的修改议案，新章程显示，"外来者"获得公司控制权后，要罢免管理层需付出更大的"代价"，同时提高了董事局成员的准入门槛，相关举措引起了监管层的关注。业内人士分析，随着上市公司反恶意收购意识的提高，或有越来越多股权架构较为分散的上

① 《多家上市公司设卡防范"野蛮人"修改章程成捷径》，载人民网，http：//finance. people. com. cn/n1/2016/0701/c1004-28517200. html，最后访问时间：2021 年 10 月 8 日。

市公司通过多途径防范被收购。

同年6月29日，B集团在股东大会上通过了一项议案，对公司章程的修改获得高票通过，值得注意的是，其在新修订的章程中加入了两项反恶意并购条款。随着W集团股权争夺战陷入胶着，B集团此举被解读为警惕那些来势汹汹的外来者。

B集团公司章程新加入的两个条款被业内称为“金色降落伞”和“驱鲨剂”。事实上，设置相关条款并非过度反应。B集团在回复深圳证券交易所问询函时称，修改公司章程是为防止恶意收购给公司的正常生产经营活动带来混乱。更重要的是，B集团的股权结构相对分散，容易成为举牌目标。

B集团一季报显示，报告期末，该公司的第一大股东X控股公司持股比例仅为11.91%，第二大股东X投资管理公司的持股比例为5.57%，股权结构松散。根据6月30日收盘价计算，该公司总股本为15.92亿股，总市值为218.1亿元，这就意味着，外来者只需要获得超过1.896亿股，即投入约26亿元，就有可能成为其第一大股东。

此外，不少公司也存在类似反收购的条款。如规定，当发生公司被并购接管的情形时，在公司高管任期未届满前如确需终止或解除职务，必须得到本人的认可，且公司须一次性支付其相当于前一年年薪总和十倍以上的经济补偿。

不过，上市公司通过修改公司章程防御“外来者”也引起不小争议，有声音认为，上市公司修改规则会限制股东权利，损害股东利益。监管层对上述行为也较为谨慎，不少公司在启动章程修改时，都受到有关监管机构方面的关注和问询。

(四)“毒丸计划”

“毒丸计划”是由美国著名的并购律师马丁·利普顿于1982年提出的，正式名称为“股权摊薄反收购措施”。当一个公司一旦遇到恶意收购，尤其是当收购方占有的股份已经达到10%到20%的时候，创始人为了保住自己的控股权，就会大量低价增发新股。目的就是让收购方手中的股票占比下降，也就是摊薄股权，同时也增大了收购成本，让收购方无法达到控股目的。

案例：公司章程中“毒丸条款”的反收购功能

——W 集团通过“毒丸计划”实现反收购①

在资本市场，收购和被收购是再正常不过的事，大公司可收购小公司，小公司也可收购大公司，可以股权转让，也可通过资本收购。前提是，没有违反法律和市场规则的行为。但在资本市场，还有一种被称为“野蛮”收购的行为，亦即利用风险极大的高杠杆，或带有某种恶意目的的收购行为。B 集团收购 W 集团就是一个非常典型的案例。

2015 年 7 月 10 日，B 集团首次举牌 W 集团，B 集团旗下 Q 寿险公司通过二级市场耗资 80 亿元买入 W 集团 A 股约 5.52 亿股，约占 W 集团 A 股总股本的 5%。

2015 年 8 月 26 日，B 集团股权首次超越 H 集团，当日，Q 寿险公司等两家公司通知 W 集团，截至当天，两家公司增持了 W 集团 5.04%的股份，加上此前的两次举牌，B 集团合计持有 W 集团 15.04%的股份，以 0.15%的优势，首次超过 20 年来始终位居 W 集团第一大股东的 H 集团，成为 W 集团第一大股东。后来 B 集团又增持 W 集团股权至 22.45%。

早在 B 集团持股 W 集团 10%股份时，王某就曾对姚某某明确表示不欢迎 B 集团成为第一大股东。W 集团方面采取了比较强有力的“护盘”行动，希望通过增发股份、吸引新的战略投资者，实施“毒丸计划”，大大稀释收购方的股权，将 B 集团逼退，达到保护控股地位的目的。但在 B 集团步步紧逼，控股权达到 22.45%之际，按照现有章程，很难抛出毒丸计划。

根据现有的法律规定，如若要实施毒丸计划，W 集团需要在董事会层面审议通过修改现有公司章程的议案，再提交至股东大会进行审议。但鉴于 B 集团已经位居第一大股东，持股 22.45%，远超第二大股东 H 集团 15.29%的持股比例，因此即便在董事会上抛出这一计划，在股东大会层面上通过的胜算也并不大。

---

① 谭浩俊：《W 集团“毒丸计划”能逼退 B 集团吗?》，载人民网，http://finance.people.com.cn/n1/2015/1221/c1004-27953255.html，最后访问时间：2021 年 12 月 5 日。

十二、公司事实控制

前面所阐述的都是创始人通过法律行为掌握公司的控制权，是以法律来保障的。除上述手段外，还有一种事实上的公司控制。这种事实上的控制主要是指控制法定代表人职位、公司公章和公司营业执照。哪一方占据法定代表人的职位、控制公章和营业执照，则标志着哪一方实际控制了公司。

因为股东会、董事会层面对公司的控制是以法律为保障的，谁违反了股东会、董事会的表决规则，侵害了权利人的权利，可以通过向法院提起诉讼追究侵权人的法律责任。但这种事实控制毕竟是对公司的间接控制，而不是直接控制。事实控制必须合法，才能最终起到控制的作用。

（一）控制公司法定代表人职位

在中国的法律框架下，法定代表人通常由公司董事长或总经理担任，法定代表人在法律规定的职权范围内，直接代表公司对外行使职权，法定代表人的职务行为代表公司的行为，相应法律后果由公司承担。因此，要想事实上控制公司，就必须占据法定代表人这个职位。

（二）控制公司公章

商务实践中，大家也特别注重公章的法律效力。盖上了公司的公章，就代表了公司的意志，能够直接约束公司。实践中，凡是以公司名义发送的信函、公文、合同、介绍信等材料，一般都会要求加盖公司公章。如果没有加盖公章的话，一般都不会认可文件具有法律效力。

如果失去对公章的控制，在实践中会遇到很多麻烦，解决起来也会耗费很多时间和成本。我国现行法律并没有规定公章应该由谁掌握，在大多数要求取回公章的诉讼中，法官一般认为，公章的管理属于公司的自治范畴，在公司章程和股东会未明确公章如何管理的情况下，人民法院不能确定由谁管理。只有公司章程中有明确规定，或者公司股东会作出决议确定了公章由哪一方持有，法院才会判决支持哪一方取回公章。

（三）掌握公司营业执照

营业执照是公司或组织具有合法经营权的凭证。就像身份证一样，很多场合下都需要用身份证证明自己的身份。同样，公司办事，基本上也都会被要求出示营业执照。

总之，创始人要想事实上控制公司，就要掌握公司的公章、营业执照和法定代表人职位。

当然，这里也强调一下。这种情况也只是对于传统公司来说，只要掌握公司的公章、营业执照和法定代表人职位，就能事实上控制公司。因为传统公司的主要资产是资金和固定资产，资金在银行账户，固定资产是公司买来的、登记在公司名下的。只要掌握了公司的营业执照和公章，就能够取出公司账号里的钱，就能够使用公司的固定资产。因此，只要占据了公司代表人的职位，掌握了公司营业执照和公章，就控制了公司的资产。

但现代高新技术企业的核心资产是数据、代码、域名、微博账号、微信账号、APP、品牌知名度，是想法和商业模式，是客户资源。这些都是拿着公章也控制不了的。作为企业中更为重要的资产——人，是绝非掌握了公司公章就能够控制住的。要想控制人，必须运用控制人的方法，如给激励对象提供做事的机会，赚钱的机会，成长的机会，发展的机会，充分尊重人才的利益，尊重人才的尊严，并非控制了企业法定代表人的职位，掌握了公司公章和营业执照就控制得了的。只有掌握了产品、资源和人，才能事实上控制企业。

以上 12 种掌握控制权的方法，并非每个企业都适用，也并非每个企业都同时需要这 12 种控制方法。企业可以根据自己的实际情况选择适用其中一种或几种方法，来确保创始人对企业的控制权。

第七章 中小股东权益保护

◎ 导读

中小股东由于持有比较少的公司股份，在公司中的表决权比较弱小，其合法权益容易受到大股东的侵害。如何保护中小股东的合法权益不仅是我国公司立法的重要内容，而且是企业股权架构设计中的重要内容。本章从不同的角度分别介绍中小股东合法权益的含义，大股东侵害中小股东合法权益的手段，以及我国公司立法和企业股权架构设计对中小股东合法权益保护的问题。

第一节 中小股东权益保护概述

一、中小股东的含义

中小股东是指在公司注册时，出资额所占比例较小或者持有公司较少股份数额，不能参与公司的相关事务决策或者不能有效行使股东权利的股东。中小股东又被称为“少数股东”。

二、中小股东权益的内容

虽然我国《公司法》并未对中小股东的具体权益进行详细的列示，但根据我国《公司法》的相关内容，中小股东的权益至少包括以下几个方面：

1. 股东知情权

股东知情权是指公司股东了解公司信息的权利。知情权是一个权利体系，其分别由财务会计报告查阅权、账簿查阅权和检查人选请求权三项权利所组成。股东知情权是实现其他权利的前提和基础。

2. 股东分红权

股东分红权没有一个法定的概念，一般是指股东基于公司股东资格和地位依法享有的请求公司向自己分配利润的权利。股东分红权是公司股东依法享有的一项重要的财产性权利，是股东权利体系的核心内容。

3. 股东（大）会召集权

股东会议召集权是指股东认为有召开股东会的必要时，按照法律规定提请董事会召集会议，以及在董事会不同意该提议时，依法召集股东会的权利。股东的会议召集权，包括召集会议提议权和直接召集权。

4. 股东提案权

股东提案权是指股东可以向股东大会提出供大会审议或表决的议题或者议案的权利。该项权利能够保证少数股东将其关心的问题提交股东大会讨论，有助于提高少数股东在股东大会中的主动地位，起到对公司经营的决策参与、监督与纠正作用。

5. 累积投票权

累积投票权是指在股东大会选举两名以上的董事或监事时，股东所持的每一股份拥有与当选董事或监事总人数相等的投票权，股东既可以用所有的投票权集中投票选举某一人，也可以分散投票选举数人，按得票多少依次决定董事监事人选的表决权制度。累积投票权制度的意义在于限制大股东或控股股东对董事、监事选举过程的控制与操纵，有利于保护中小股东的利益。

6. 公司解散请求权

股东解散公司请求权，是股东因自身权益受损而依法请求法院解散公司的法定权利。

7. 异议股东股份回购请求权

异议股东股份回购请求权，是指在特定的情形下，对公司股东（大会）

会议决议持反对意见的股东所享有的一种要求公司“以合理公平的价格收购自己股份”的权利。

《公司法》赋予了小股东解散公司的请求权，属于公司小股东维护其合法权益的一种司法救济权利。

8. 股东直接诉讼权

股东直接诉讼是指股东为了自己的利益而基于股份所有人地位向其他侵犯自己利益的人提起的诉讼。此处侵犯自己利益的人包括股东所在的公司及董事或其他股东。

9. 股东代表诉讼权

股东代表诉讼又称为股东派生诉讼，是指当公司的合法权益受到不法侵害而公司却怠于起诉时，为了保护公司的整体利益，公司股东以自己的名义代表公司提起的诉讼。股东代表诉讼的意义在于中小股东可以在特定情况下直接代表公司进行诉讼，以防在大股东或其代理人滥用权利损害公司利益时没有救济途径，致使公司利益遭受损失，从而损害中小股东权益的情形出现。

三、中小股东权益保护的必要性

“法律面前人人平等”，在公司中，无论大股东还是中小股东，从法律地位上讲，都是平等的。公司制度奉行资本多数决的原则，大股东通过资本的表决取得对公司的控制权。这种现象本身并不违反社会所认可的公平正义理念。但由于少数股东不像多数股东那样总是在公司中占据着控制支配地位，其利益总是暴露在控制股东的权利之下，随时有可能受到控制股东根据自身的经济利益所作出的决策以及其他不正当交易的侵害，相对处于弱势地位的中小股东的合法权益需要得到保护。

同时，对中小股东权益予以特别保护，有助于更好地体现法律的公平正义，达到股东实质上的平等。公司是股东共同利益的有机载体，只有作为弱者的中小股东权益得到了保障，公司整体利益和大股东的利益才能最终得以实现。

第二节　大股东侵害中小股东权益

一、大股东侵害中小股东权益的两大类型

大股东对中小股东的侵害，分为大股东直接对中小股东的侵害和大股东通过公司管理层对中小股东的侵害两大类型。

大股东直接对中小股东的侵害主要表现为大股东滥用其表决权为中小股东出席股东（大）会设置不合理的条件，任意罢免或者阻挠中小股东担任高管职务，任意决策和实施公司的重大事项，通过关联交易增加大股东的收益，减少大股东的风险和损失等。

大股东通过公司管理层对中小股东的侵害主要表现为违反法律或者规章故意拖延或者拒发股利，向董事或者控股股东担任的高管支付不合理的高额报酬和福利，用公司财产为控股股东提供优惠贷款或者高价租其财产，对中小股东隐瞒公司的相关信息等。

二、大股东侵害中小股东权益的具体表现

（一）大股东利用法人治理结构不规范侵害中小股东的权益

各国公司立法试图设计一套内外相互制衡、完善的法人治理结构，但由于公司权利在权力机构、决策机构、监督机构中难以科学、合理地分设，因此理想、规范的法人治理结构难以形成，公司监督机构在保护公司权益，特别是中小股东权益上尚难尽如人意。我国公司治理结构与这种理想的、学理上的治理结构也存在一定差距，如果公司大股东交叉任职，权力将难以制衡。即使设立独立董事，但由于产权不明，高层管理人员与独立董事很容易形成高层共谋，造成公司决策缺乏公正性保障，反倒给大股东侵害公司和中小股东权益提供了便利条件。当大股东利用公司作出有损中小股东权益的决策时，中小股东难以“揭开公司面纱”，找到保护自身权益的有效途径。

（二）大股东利用资本多数决原则侵害中小股东权益

资本多数决原则是股东平等原则的必然要求，每个股东都是平等的，

但并非每个股东对公司的权力都是一样的。由于大股东拥有较多的股份，拥有较大的表决权。按照这一原则，持股最多的股东的意见就是公司的意见。在这种情况下，如果没有另外一个权力对抗制约大股东的权力，那么这个权力极有可能通过公司而被滥用，其结果必然会侵害中小股东的合法权益。

（三）大股东利用关联公司转移公司资产侵害中小股东权益

由于商业的发展和经济活动的多样化，公司间的合并、分立或公司的集团化促使不同公司间的联系越来越紧密，股份有限公司之间由于控股、兼并等行为可能出现利润的分享，公司间的依附等情况。虽然关联公司各自都是独立的法人公司，它们之间进行经济交易自然要计价收费，但由于二者之间有关联关系，一方可以控制另一方，或同被第三方控制，它们之间的交易作价属于公司集团内部的转让定价，这种交易作价可以由公司集团控制。因此出现了公司利用与其他公司间的关联关系转移利润或债务，从而损害中小股东权益的现象。例如，大股东利用其在股份有限公司中的支配地位，通过高价收购或低价销售的方式，将公司的利益转移到与自己有关联的公司，从而导致对其他股东利益的侵害。

案例：大股东利用关联公司转移公司资产

——H汽轮机公司、高某华等公司关联交易侵害中小股东权益案[①]

诉讼主体H汽轮机公司与高某华、程某关于公司关联交易损害责任纠纷一案先后经过了一审、二审和再审。

再审法院结合双方提供的证据，经过审理就关联交易方面的如下焦点作出认定：

① 参见西安H汽轮机有限公司、高某华等公司关联交易损害责任纠纷再审民事判决书，案号：(2021)最高法民再181号，载中国裁判文书网，https://wenshu.court.gov.cn/website/wenshu/181107ANFZ0BXSK4/index.html?docId=8c54bfc1cc564743b2eeadfe0116d5a4，最后访问时间：2022年5月30日。

1. H汽轮机公司与Q公司之间的交易是否构成关联交易的问题

鉴于本案双方当事人对H汽轮机公司与Q公司之间的交易系关联交易均无异议，根据《公司法》第二百一十六条第四项关于“关联关系，是指公司控股股东、实际控制人、董事、监事、高级管理人员与其直接或间接控制的企业之间的关系，以及可能导致公司利益转移的其他关系”的规定，H汽轮机公司和Q公司之间的交易构成关联交易。原审判决关于案涉交易性质的认定并无不当，法院予以确认。

2. 案涉关联交易是否损害H汽轮机公司利益的问题

高某华、程某是否履行了披露义务。披露关联交易有赖于董事、高级管理人员积极履行忠诚及勤勉义务，将其所进行的关联交易情况向公司进行披露及报告。根据H汽轮机公司《公司章程》第三十六条关于“董事及公司经营层人员不得自营或者为他人经营与本公司同类的业务或者从事损害本公司利益的活动。从事上述业务或者活动的，所有收入应当归公司所有。董事及公司经营层人员除公司章程规定或者股东会同意外，不得同本公司订立合同或者进行交易。董事及公司经营层人员执行公司职务时违反法律、行政法规或者公司章程的规定，给公司造成损害的，应当依法承担赔偿责任”的规定，本案高某华、程某作为董事及高级管理人员，未履行披露义务，违反了董事、高级管理人员的忠诚义务。根据《公司法》第二十一条关于“公司的控股股东、实际控制人、董事、监事、高级管理人员不得利用其关联关系损害公司利益”的规定，高某华、程某的行为不仅违反H汽轮机公司《公司章程》的约定，亦违反上述法律规定。

经过审理，再审法院认为案涉关联交易价格不符合市场公允价格，H汽轮机公司关于高某华、程某将本可以通过市场采购的方式购买相关产品转由向Q公司进行采购而增加购买成本，H汽轮机公司所多付出的成本，损害了H汽轮机公司权益的主张，有事实和法律依据。

最终，再审法院作出如下判决：

一、撤销陕西省高级人民法院（2020）陕民终777号民事判决及陕西省西安市中级人民法院（2017）陕01民初469号民事判决；

二、高某华、程某于本判决生效之日起十五日内向H汽轮机公司赔偿损失7064480.35元；

三、驳回西安H汽轮机公司的其他诉讼请求。

本案中，被大股东高某华实际控制的H汽轮机公司，与同样被高某华控制的Q公司发生了大量不正当关联交易，损害了H汽轮机公司及其他小股东的合法权益，H汽轮机公司通过诉讼的方式维护了自己的合法权益，同时也间接维护了公司其他中小股东的合法权益。

第三节 通过股权架构设计保护中小股东权益

一、我国《公司法》保护中小股东权益的措施

所谓保护中小股东权益，是指在公司中处于劣势地位的中小股东相关权益与大股东相关利益发生冲突时，在不违背公平原则和贯彻公司法股份平等基本原则的前提下，出台的一系列保护中小股东合法权益的运作机制。相应措施的出台一方面是为了缓和中小股东和大股东之间的矛盾，另一方面也是为了推动我国公司相关法制的完善和国民经济的良性发展。

为有效防止损害中小股东权益的行为，我国《公司法》对保护中小股东合法权益作出了一些规定，主要包括事前防范和事后救济两类措施。

（一）保护中小股东权益的事前防范措施

我国《公司法》规定了股东知情权、质询权，股东对股东大会召开的请求权、召集权、提案权以及关联交易表决权的回避等保护中小股东利益的措施。如我国《公司法》第九十七条就规定了股东知情权。股东有权查阅公司章程、股东名册、公司债券存根、股东大会会议记录、董事会会议决议、监事会会议决议、财务会计报告，对公司的经营提出建议或者质询。股东行使知情权、质询权是股东表达其真实意思的基础，也只有在掌握公司真实情况的基础上，才能防患于未然，把对中小股东合法权益的损害降至最低。

又如《公司法》第十六条规定了关联交易的表决权回避制度。

公司向其他公司投资或者为他人提供担保，依照公司章程的规定，由董事会或者股东会、股东大会决议；公司章程对投资或者担保的总额及单项投资或者担保的数额有限额规定的，不得超过规定的限额。

公司为公司股东或者实际控制人提供担保的，必须经股东会或者股东大会决议。

前款规定的股东或者受前款规定的实际控制人支配的股东，不得参加前款规定事项的表决。该项表决由出席会议的其他股东所持表决权的过半数通过。

若没有该制度，公司大股东或实际控制人就可以轻易地把公司资产转移或滥用股东权利谋取私利，将严重损害中小股东的权益。

（二）保护中小股东利益的事后救济措施

虽然我国《公司法》对保护中小股东权益作出了诸多规定，但仍然有缺失的地方，需要进行事后救济。保护中小股东权益的事后救济措施主要指中小股东的诉权，当其合法权益遭受大股东侵害时，可以通过诉讼来寻求救济。如前所述，中小股东的诉权包括直接诉讼权和代表诉讼权。

我国《公司法》第一百五十二条规定，董事、高级管理人员违反法律、行政法规或者公司章程的规定，损害股东利益的，股东可以向人民法院提起诉讼。

根据该规定，股东（大）会、董事会的会议召集程序、表决方式违反法律、行政法规或者公司章程，或者决议内容违反公司章程的，以及董事、高级管理人员损害股东利益的，股东可以自身名义向法院起诉。

而在董事、监事、高级管理人员或其他主体损害公司利益时，股东的诉权受到一定的限制，股东只能首先请求董事会（执行董事）或者监事会（不设监事会的监事）起诉；当董事会（执行董事）或者监事会（不设监事会的监事）拒绝、迟延起诉，或者情况紧急时，股东亦可直接以自己的名义向法院起诉。

我国《公司法》第一百五十一条第一款对股东派生诉讼作出了详细规定。董事、高级管理人员有本法第一百四十九条规定的情形的，有限责任公司的股东、股份有限公司连续一百八十日以上单独或者合计持有公司百分之一以上股份的股东，可以书面请求监事会或者不设监事会的有限责任公司的监事向人民法院提起诉讼；监事有本法第一百四十九条规定的情形的，前述股东可以书面请求董事会或者不设董事会的有限责任公司的执行董事向人民法院提起诉讼。

《公司法》第一百四十九条规定，董事、监事、高级管理人员执行公司职务时违反法律、行政法规或者公司章程的规定，给公司造成损失的，应当承担赔偿责任。

《公司法》第一百五十一条第二款规定，监事会、不设监事会的有限责任公司的监事，或者董事会、执行董事收到前款规定的股东书面请求后拒绝提起诉讼，或者自收到请求之日起三十日内未提起诉讼，或者情况紧急、不立即提起诉讼将会使公司利益受到难以弥补的损害的，前款规定的股东有权为了公司的利益以自己的名义直接向人民法院提起诉讼。

《公司法》第一百五十一条第三款规定，他人侵犯公司合法权益，给公司造成损失的，本条第一款规定的股东可以依照前两款的规定向人民法院提起诉讼。

股东代表诉讼的意义在于中小股东可以在特定情况下直接代表公司进行诉讼，以防大股东或其代理人滥用权利损害公司利益时没有救济途径，致使公司利益遭受损失，相应损害中小股东权益的情形出现。

案例：保护中小股东利益的事后救济措施

——姚某球、杜某华等与葛某强损害股东利益案①

姚某球、杜某华、朱某林作为上诉人因与被上诉人葛某强损害股东利益责任纠纷直接以自己名义起诉，要求确认被上诉人葛某强对其他股东存在侵权行为应承担侵权责任。其上诉的事实与理由是：一审认定事实和适用法律均错误，上诉人的股东个人利益已经实际受到损害，主要涉及对股东决策权的损害，小股东可以直接作为原告起诉大股东或者公司高管。上诉人一审诉

① 参见姚某球、杜某华等与葛某强损害股东利益责任纠纷二审民事裁定书，案号：（2020）苏08民终1677号，载中国裁判文书网，https：//wenshu. court. gov. cn/website/wenshu/181107ANFZ0BXSK4/ index. html? docId=3b63edade6024c489182ac1500b12a0c，最后访问时间：2022年2月26日。

请是确认被上诉人应当承担侵权责任，并没有股东自益权涉及的股东财产性权利受损内容，一审的说理和推定背离公司法关于股东直接诉讼的规定，把上诉人诉请的损害股东利益责任纠纷说成损害公司利益责任纠纷。

二审法院认为，《公司法》第二十条第一、二款规定，公司股东应当遵守法律、行政法规和公司章程，依法行使股东权利，不得滥用股东权利损害公司或者其他股东的利益；公司股东滥用股东权利给公司或者其他股东造成损失的，应当依法承担赔偿责任。该法第一百五十二条规定，董事、高级管理人员违反法律、行政法规或者公司章程的规定，损害股东利益的，股东可以向人民法院提起诉讼。根据上述规定，当股东自身权益受到直接侵害时，其可提起股东直接诉讼。从上诉人的诉讼主张来看，上诉人认为被上诉人作为公司大股东及高管，未依照合法程序召开股东会，擅自作出的经营决策行为损害了其股东权益，上诉人以被上诉人滥用控股股东地位损害其权益为由提起本案诉讼，应属于股东直接诉讼，因此，上诉人具有程序意义上的诉权。至于上诉人所主张的损失为股东权益直接受损还是因公司权益受损而导致的股东权益间接受损的问题，属于实体审查范围，人民法院应对能否支持上诉人提出的诉讼请求作出实体审理和裁判。

二、我国《公司法》保护中小股东权益的局限性

我国《公司法》规定了中小股东享有的各种合法权益，以及保护这些权益的措施。

（一）《公司法》保护股东知情权的局限性

我国《公司法》虽然规定了股东的知情权，一定程度上奠定了股东行使其他权利的基础，但对知情权的规定存在一定的局限性，主要表现在以下两个方面：

1. 股东知情权的范围

在长期的司法实践以及公司的日常经营实务中，股东知情权制度中最有争议的莫过于股东知情权的范围，而所谓的范围争议集中表现在公司的会计凭证作为公司股东能否查阅。我国《会计法》规定，会计账簿包括总账、明

细账、日记账和其他辅助性账簿；会计凭证包括原始凭证和记账凭证。这就表明会计账簿是根据会计凭证制作的。

由于会计账簿是以会计凭证作为制作根据，并且会计凭证的制作必须依据实际的经营业务事项，这直接反映了公司经营核心，由此可以看出会计凭证的重要性。编制会计凭证的原始凭证内容不得随意涂改，即使有错误也只能由公司更正。会计凭证是公司经营状况的最真实反映，再者作为公司股东特别是中小股东往往很难通过会计账簿了解公司的真实经营状况，而会计凭证作为制作会计账簿的原始数据，不但造假难度高，真实性可靠性也比会计账簿高得多，所以在股东查阅权中加入会计凭证查阅，能够提高股东获得公司信息的真实性与全面性。

2. 股东行使知情权的费用

我国《公司法》中没有明确地阐述股东在查阅公司经营材料的过程中所产生的费用问题。股东行使查阅权时必然会有相关费用的产生，如果仅规定由公司承担查阅费用，难免会出现一些股东滥用知情权，频繁查阅造成公司财务负担，不便于公司正常经营；但如果仅规定费用由查阅股东自行承担，又难免为股东行使知情权造成阻碍，无形之中打消了股东行使知情权的积极性，这显然不符合知情权制度设立的初衷。

（二）《公司法》保护股东分红权的局限性

起初，“资本多数决”原则产生是为了保证出资更多承担更多风险的股东获得更大的表决权，意在体现股权平等，但是随着大股东失去信义后变得异化了，由形式上平等变成了大股东压榨中小股东的工具。在对是否进行分红意见表决时，大股东的表决权会吸收小股东的表决权，造成小股东意志与其财产利益的实际脱离。此时，“资本多数决”原则已经弊大于利地引起了多数资本对少数资本的剥削和压迫。

我国《公司法》只提出了股东拥有分红权，当股东的分红权，尤其是小股东的分红权遭到侵害时，股东如何提起诉讼。《公司法》第七十四条规定的股份回购请求权制度，给了小股东退出具有营利性公司的选择，但并没有从根本上解决问题。一方面，退出营利性公司对小股东来说本来就是不利的选择；另一方面，根据该规定，公司只有在连续 5 年盈利且连续 5 年不分红时才能适用，在这样的条件下，小股东的利益是很难完全依赖司法途径得到保护的。

（三）《公司法》关于关联交易表决回避制度的局限性

关联交易的机会容易把握在控股股东手中，不正当的关联交易容易损害公司和小股东的权益。目前，对关联交易，各国法律普遍规定了表决回避制度。我国目前仅对上市公司有表决权回避制度的规定，对非上市公司则没有。《公司法》对表决回避制度的规定限于第十六条公司为股东或者实际控制人提供担保的情形，对容易侵害公司和小股东利益的关联交易失于规范，不能不说是一个缺憾。

三、通过股权架构设计保护中小股东权益

为了弥补《公司法》在保护中小股东合法权益上的缺陷，可以通过股权架构设计来保护中小股东的合法权益，体现在《创业合伙协议》和《公司章程》等法律文件中，就是根据企业的实际情况设计一些个性化的条款。

譬如，关于股东知情权，可以在《创业合伙协议》和《公司章程》中约定："股东行使知情权不仅可以查阅财务账簿，而且可以查阅原始记账凭证；根据查阅结果，有问题的，查阅、复制费用由公司承担；没有问题的，查阅、复制费用由行使知情权的股东承担。"另外，关于股东查账的程序，查账的时间、地点和方式，如果能在事先的约定中加以明确会省却很多麻烦。

关于股东分红权，可以在《创业合伙协议》和《公司章程》中约定强制分红条款。譬如，可以约定："公司利润分配注重对股东合理的投资回报，利润分配政策保持连续性和稳定性。公司可以采取现金、股票或现金与股票相结合的方式分配股利，可以进行中期利润分配等。"

还可以约定"在公司当年实现盈利时，公司董事会应根据公司的具体经营情况和市场环境，制定利润分配预案报股东会批准。原则上公司每年分配的利润不低于当年实现的可分配利润的 20%；并且任何连续三个会计年度内以现金方式累计分配的利润不少于该三年实现的年均可分配利润的 30%（百

分比可以根据实际情况具体设定）”。

关于中小股东股权回购权。根据资本多数决原则，在股东会议上，持有公司多数资本的大股东可以通过行使多数表决权，强行实施支配公司资本计划决议。而这个决议可能会损害中小股东的合法权益，有些股东会对决议持有不同的意见。如果这个决议没有明显违反公司章程或者依照商业判断的基本原则，对公司来说又是必需的，法院难以对此进行否决。因此，在进行股权架构设计时，就可以通过《创业合伙协议》和《公司章程》赋予异议股东的股份收买请求权，使其权利免遭侵害。

除上述措施外，还可以通过股权架构设计约束、防范大股东做出对中小股东不利的转移公司资产、对外投资、对外担保、恶意增资等行为。

总之，《创业合伙协议》和《公司章程》是合伙人股权架构设计落地实施的重要文件，为了弥补《公司法》对中小股东权益保护的不足，可以通过设计特别条款来保护中小股东的合法权益。

第八章　合伙人股权架构中的其他重要问题

◎ 导读

合伙人股权架构设计的主要内容除四大机制、科学股权结构、股权架构设计的陷阱、创始人对公司的控制权和中小股东权益保护外，公司注册资本、公司法定代表人、同股同权与同股不同权、股权关系和劳动关系、股权与婚姻继承、企业股权架构设计中的税收等也都是非常重要的内容，本章分四节分别予以介绍。

第一节　公司注册资本和法定代表人

一、公司注册资本

（一）我国《公司法》对公司注册资本的规定

注册资本是指公司在登记管理机构登记的资本总和。有限责任公司、发起设立的股份有限公司和募集设立的股份有限公司关于注册资本的规定是不同的。

有限责任公司的注册资本为在公司登记机关登记的全体股东认缴的出资额。法律、行政法规以及国务院决定对有限责任公司注册资本实缴、注册资本最低限额另有规定的，从其规定。

股份有限公司采取发起设立方式设立的，注册资本为在公司登记机关登记的全体发起人认购的股本总额。法律、行政法规以及国务院决定对股份有限公司注册资本实缴、注册资本最低限额另有规定的，从其规定。

股份有限公司采取募集方式设立的，注册资本为在公司登记机关登记的"实收股本总额"。以募集方式设立的股份有限公司的注册资本仍应当经过验资机构验资。股份有限公司采取募集方式设立的，发起人认购的股份不得少于公司股份总数的35%。

（二）关于注册资本的认知和实践

虽然我国《公司法》对公司注册资本有明确规定，但实践中还是有不少人并不了解注册资本，甚至还有很多误解。经常有人问，我和朋友一起设立一个公司，注册资本多少合适呢？是注册多点好，还是少点好？还有的人认为注册资本认缴就是可以不缴，注册资本额越大越好。

案例：注册资本变更有条件

——H能源技术公司诉B市工商行政管理局A分局行政纠纷案①

H能源技术公司成立于2010年4月23日，公司股东为陈某和陈某某两人，法定代表人为陈某。公司成立时注册资本为50万元，后增资为148万元。陈某于2015年3月多次到A工商分局处咨询公司注册资本增资事宜，申请将H能源技术公司注册资本变更登记为987654321万元。2015年3月26日，A工商分局受理了H能源技术公司的书面申请。同日，A工商分局经审查认为，投资人没有作出理性的认缴承诺，为维护市场交易安全和正常的市场秩序，决定不予登记。

H能源技术公司于2015年5月11日向法院提起诉讼，请求判令A工商分局履行法定职责，将H能源技术公司注册资本由148万元变更登记为987654321万元。

---

① 参见H能源技术公司诉B市工商行政管理局A分局行政判决书，案号：（2015）一中行终字第2022号，载中国裁判文书网，https：//wenshu. court. gov. cn/website/wenshu/181217BMTKHNT2W0/index. html？pageId=6e11d6126a0d68e4e9edf14809b62226&s8=04，最后访问时间：2022年5月30日。

法院认为，根据《公司法》的规定，工商行政管理部门是公司登记机关，具有公司登记的法定职权。A 工商分局有权受理辖区内公司的变更登记申请并作出决定，对符合条件的公司登记申请予以登记，对不符合条件的公司登记申请不予登记。本案中，H 能源技术公司申请将公司注册资本由 148 万元变更登记为 987654321 万元，其理由在于国务院批准了《注册资本登记制度改革方案》，决定在我国实行注册资本认缴登记制。而陈某表示要认缴出资额 987654321 万元是因为该数字涵盖了所有阿拉伯数字，数字圆满而完整。应当认识到，公司注册资本的认缴登记制是我国进一步放松对市场主体准入的管制，降低准入门槛，优化营商环境，促进市场主体加快发展的一项重要改革举措。但同时也应当注意到，有限责任公司的股东要以其认缴的出资额对公司承担责任，公司股东要对缴纳出资情况的真实性、合法性负责。根据《公司法》第二十七条和第二十八条的相关规定，股东应当按期足额缴纳公司章程中规定的各自所认缴的出资额，对作为出资的非货币财产应当评估作价，核实财产，不得高估或者低估作价。陈某表示其认缴的出资主要以其知识产权出资，而其提交的两项实用新型专利并未经有权机关评估作价，现有证据无法证明该两项实用新型专利的价值可能达到 987654321 万元，也不能证明陈某可以以其认缴的出资额对公司承担责任。A 工商分局在受理 H 能源技术公司变更注册资本登记的申请后，经审查决定对 H 能源技术公司的变更申请不予登记，是依法履行职责的行为。其不予登记的决定符合《公司法》的相关规定，与我国注册资本登记制度改革的方向亦不相悖。H 能源技术公司法定代表人陈某没有正确认识注册资本认缴的责任，没有理性地作出认缴承诺，对于 H 能源技术公司关于注册资本变更登记的请求，不予支持。综上所述，H 能源技术公司申请 A 工商分局履行法定职责的理由不成立，根据《行政诉讼法》第六十九条，判决驳回 H 能源技术公司的全部诉讼请求。

H 能源技术公司不服一审判决，向二审法院提起了上诉。二审法院经审理，最终驳回其上诉请求，维持一审判决。

有限责任公司的股东需要按照其认缴的出资额、股份公司的股东需要按照其认购的股份承担有限责任，即注册资本的大小依然决定了公司的资金实力和可以对外承担民事责任的能力。这里需要注意，实行注册资本认缴制并非意味着股东仅在实缴资本范围内承担责任。

譬如一个公司注册资本5000万元，全体股东首期实缴了1000万元；公司注销时，公司所有的资产对外清偿债务后，还有3000万元的债务没有清偿。这个时候，股东需要掏多少钱偿债？3000万元。如果还欠4000万元呢？要掏4000万元，因为注册资本还差4000万元，如果还欠5000万呢？还是要掏4000万元。

如果公司注册资本是1000万元，全体股东已经出了1000万元，且没有否认公司独立承担责任的情形下，公司还不上的债务是不需要股东偿还的。

因此，公司注册资本额并非越大越好，注册资本额越大，股东出资责任就越大。注册资本登记时切记量力而行，匹配自己的当期资金能力或可预期资金能力，能为未来的资本运作和经营运行减轻压力就好。

二、法定代表人

法定代表人是指依法律或公司章程规定代表法人行使职权的负责人。

（一）法定代表人的含义和地位

公司法定代表人对内处于公司管理核心地位，对外代表公司，以公司名义对外实施的行为是公司行为，该行为的法律后果由公司承担。法定代表人代表公司对外从事一些活动时，一般的做法是加盖公司公章，同时法定代表人签字。公司法定代表人在公司的经营范围内，在职权范围内签署的合同即使没有加盖公章也是有效的。

（二）担任法定代表人的条件

公司法定代表人并非任何人都可以担任的，必须符合一定的条件。我国《市场主体登记管理条例》第十二条规定，有下列情形之一的，不得担任公司、非公司企业法人的法定代表人：（1）无民事行为能力或者限制民事行为能力；（2）因贪污、贿赂、侵占财产、挪用财产或者破坏社会主义市场经济秩序被判处刑罚，执行期满未逾5年，或者因犯罪被剥夺政治权利，执行期满未逾5年；（3）担任破产清算的公司、非公司企业法人的法定代表人、董事或者厂长、经理，对破产负有个人责任的，自破产清算完结之日起未逾 3 年；(4) 担任因违法被吊销营业执照、责令关闭的公司、非公司企业法人的法定代表人，并负有个人责任的，自被吊销营业执照之日起未逾 3 年；(5) 个人所负数额较大的债务到期未清偿；(6) 法律、行政法规规定的其他情形。

根据上述规定，凡是具有以上情形之一的，都不能担任公司的法定代表人。另外，根据我国《公司法》第十三条的规定，公司法定代表人依照公司章程的规定，由董事长、执行董事或者经理担任。其他人是不能担任的。

(三) 法定代表人可能存在的法律风险

通常而言，法定代表人根据法律、法规和公司章程的规定，以公司名义所从事的行为，即视为公司的行为，应由公司承担相关法律责任。换句话说，在一般情况下，法定代表人个人并不会因其代表公司、履行职务的行为而承担法律责任。但由于法定代表人的特殊身份和职责，在某些特殊情况下，特别是在其违反法律、法规和公司章程规定，或违反忠实、勤勉义务时，承担相应的民事、行政或刑事责任。

1. 法定代表人的民事责任

我国《民法典》第六十一条第二款规定："法定代表人以法人名义从事的民事活动，其法律后果由法人承受。"通常理解，公司的法定代表人以公司名义从事的经营活动，属于履行职务的行为，由此产生的相关民事责任均由公司承担责任，法定代表人个人并不会因其职务行为而需对外承担民事责任。但如果法定代表人因故意或过失而给公司造成损失，可能需要其对该损失承担赔偿责任。

2. 法定代表人的行政责任

公司法人有下列情形之一的，除法人承担责任外，可以对法定代表人给予行政处分、罚款，构成犯罪的，依法追究刑事责任：(1) 超出登记机关核准登记的经营范围从事非法经营的；(2) 向登记机关、税务机关隐瞒真实情况、弄虚作假的；(3) 抽逃资金、隐匿财产逃避债务的；(4) 解散、被撤销、被宣告破产后，擅自处理财产的；（5）变更、终止时不及时申请办理登记和公告，使利害关系人遭受重大损失的；（6）从事法律禁止的其他活动，损害国家利益或者社会公共利益的。

3. 法定代表人的刑事责任

通常而言，对于公司从事的犯罪行为，应由公司承担刑事责任，法定代表人并不因此承担刑事责任。但在我国《刑法》规定的某些罪名中，除对单位进行处罚外，还可能追究“直接负责的主管人员和其他直接责任人员”的刑事责任。例如，生产销售伪劣产品罪、偷税罪、侵犯著作权罪、非法经营罪等。

而对于上述“直接负责的主管人员”的具体范围，虽然法律未明确规定，但是在司法实践中通常将法定代表人认定为单位“直接负责的主管人员”，并据此判定法定代表人对公司的行为亦应承担刑事责任。

4. 法定代表人被采取强制措施

当公司进入破产程序、被申请强制执行或欠缴税款时，在特定情形下，司法、行政机关有权对法定代表人采取相应强制措施。

（1）公司有未了结的民事诉讼或不履行法律文书确定的义务，司法机关可对法定代表人采取限制出境等强制措施。《最高人民法院关于适用〈中华人民共和国民事诉讼法〉执行程序若干问题的解释》第二十四条第一款规定：“被执行人为单位的，可以对其法定代表人、主要负责人或者影响债务履行的直接责任人员限制出境。”

（2）如公司进入破产程序，法定代表人未经许可不得离开住所地。此外，在破产程序中，法定代表人还应承担相应义务，如妥善保管其占有和管理的财产、印章和账簿、文书等资料；根据人民法院、管理人的要求进行工作，并如实回答询问；列席债权人会议并如实回答债权人的询问；不得新任其他公司的董事、监事、高级管理人员等。

（3）如公司欠缴税款，税务机关可以对法定代表人限制出境。《税收征收管理法》第四十四条规定：“欠缴税款的纳税人或者他的法定代表人需要出境的，应当在出境前向税务机关结清应纳税款、滞纳金或者提供担保。未结清税款、滞纳金，又不提供担保的，税务机关可以通知出境管理机关阻止其出境。”

因此，如果公司未结清税款、滞纳金，又不提供担保的，法定代表人可能被限制出境。

（四）公司法定代表人如何防范法律风险

法定代表人可以通过在《股东协议》和《公司章程》中增加相关免责条款来防范法律风险。在传统公司法理论中，公司董事等高级管理人员在作出一项商事经营判断和决策时，如果出于善意，尽到了注意义务，并获得了合理的信息根据，那么即使该项决策是错误的，该人员亦可免予承担法律上的责任。由于我国《公司法》并没有明确规定“商事判断规则”，司法实践中可以考虑在公司章程中增加如下类似约定，以降低法定代表人的法律风险：公司的法定代表人不需对公司章程规定的其职责范围内的任何行为或不行为承担个人法律责任，除非其行为构成营私舞弊、严重玩忽职守、肆意渎职或故意损害公司利益。

第二节　股权与婚姻、继承

股权和婚姻、继承本来属于两个不同的领域，很难将二者联系在一起。但创业合伙人、大股东的婚姻、股权继承有时会对公司产生很大的影响。因此，实务中在进行企业股权架构设计时需要适当关注创始人或大股东的婚姻问题和股权继承问题。

一、创始人、大股东的婚姻状况可能影响公司股东的变更

企业创始人、大股东的婚姻本身并非影响公司股价上涨或下跌的直接因素，但如果他们的婚姻问题处理不当，会对公司的股价产生或多或少的影响。这种情况极有可能影响投资者的投资心态，越来越多的私募投资机构已将拟投资企业创始人、大股东的婚姻状况作为重要参考因素，以决定是否实

际投资。因此，企业创始人、大股东的婚姻问题不仅是个人问题，同时也是媒体、竞争对手、投资者等共同关注的问题。当股东的配偶通过离婚财产分割取得部分股权时，就会成为公司的股东，享有对公司经营进行决策的权利。如果股东的配偶不擅长经营，由其行使公司股东表决权，很可能对公司无益。一旦公司创始人、大股东产生婚变，伴随而来的往往是公司股票下跌的新闻，不仅影响其经营公司的精力和能力，还有可能引发股权结构的重大变化。在利益驱动下，这些问题极有可能面临被利用的风险。

二、离婚可能影响公司控制权的变更

关于“实际控制人”的概念和认定，我国《上市公司收购管理办法》第八十四条规定，存在以下五种情形之一的，为拥有上市公司控制权：(1) 投资者为上市公司持股50%以上的控股股东；(2) 投资者可以实际支配的上市公司股份表决权超过30%；(3) 投资者通过实际支配的上市公司股份表决权能够决定公司董事会半数以上成员选任；(4) 投资者依其可实际支配的上市公司股份表决权足以对公司股东大会的决议产生重大影响；(5) 中国证监会认定的其他情形。

如果离婚的（拟）上市公司股东在公司中与其他股东签署有“一致行动人协议”，在这种情况下，当股东遭遇离婚股权分割纠纷时，不会实质影响其对公司的控制地位，也不会从根本上影响公司的股权结构。但如果在公司股权相对分散，没有较高持股比例的股东的情况下，离婚的（拟）上市公司的实际控制人并未对公司形成绝对控制，并且没有签署“一致行动人协议”时，相关股东离婚导致股权的分割势必影响其对公司的实际控制。

三、如何防范创始人、大股东离婚对公司的影响

防范创始人、大股东离婚对公司的影响，一般有两种方法：一是创始人、大股东与配偶签订“土豆条款”。虽然婚姻期间的财产属于夫妻双方共同所有，但夫妻双方可以另行约定财产的归属。特别是公司在进行股权融资时，投资人一般都会要求创始合伙人尤其是控股股东与自己的配偶签署协议，约定配偶放弃分割公司股权的权利。为了不至于使夫妻关系因股权问题

亮红灯，设计的“土豆条款”，既要确保离婚配偶不干涉公司的经营决策，也要保障离婚配偶的经济权利。

司法实务中，在审理夫妻共有股权的分割案件时，法官首先要对有限责任公司的章程进行审查。如果公司章程规定股东不得向股东以外的人转让股权，则该规定能够直接对抗未持股一方的夫妻当事人。未持股一方的夫妻当事人不得对此条款提出抗辩，只能就夫妻共有的股权的价值进行分割。

案例：牵一发而动全身，股东婚姻状况竟能影响公司上市

——T视频网站的坎坷上市路①

T视频网站曾在境外上市，但实际上，T视频网站的上市之路是悲情且曲折的，缘由就是其创始人兼CEO王某的婚变。

王某与杨某于2007年结婚。二人的结合曾备受外界关注且看好。但二人的婚姻关系持续时间并不长，婚后十个月他们便开始分居。2008年8月，王某第一次提出离婚，法院没有支持其离婚请求；2009年9月，王某再次向法院起诉离婚，直至2010年3月，法院才判决双方离婚。但此时，双方已经到了视彼此为仇敌的地步。

T视频网站自2005年上线至2010年王某离婚时，五年间已经获得了5次注资，募资额为1.35亿美元（超过9亿元人民币）。双方离婚后半年多，2010年11月初，T视频网站先于Y视频网站向美国证监会提交了IPO申请。就在外界猜测谁将首先登陆纳斯达克时，意外发生了。王某的前妻杨某在提交上市申请的第二天，向上海市徐汇区人民法院起诉，要求分割婚姻关系存续期间的财产。

双方婚姻存续期间，T视频网站成立了T网络科技公司。该公司是T视频网站的主要利润中心，并持有视频网站必不可少的《增值电信业务经营许可证》和《信息网络传播视听节目许可证》。王某在该公司中占股95%。在这部分股份中，有76%涉及夫妻共有财产问题。杨某提起诉讼主张其中的一

---

①《私募中有什么“土豆条款”？“土豆条款”是什么？》，载零点财经，https：//www.zcaijing.com/jdsmaljx/155099.html，最后访问时间：2022年1月8日。

半股份。市法院随后冻结了王某名下三家公司的股权，其中包括T网络科技公司的股份。至此，T视频网站的上市计划瞬间泡汤，第一次上市“试水”就此卡壳。

王某与杨某后达成庭外和解，王某总共支付前妻杨某700万美元的经济补偿，先行支付300万美元，待T视频网站上市后另行支付余额。

终于，这场离婚拉锯战的结束使T视频网站上市的障碍得以清除。尽管市场环境恶劣，但其还是迎难而上，于2011年4月再次提交上市申请。同年8月17日，T视频网站终于在美国纳斯达克上市了。

“屋漏偏逢连夜雨”，离婚大战终于结束了，但离婚带来的阴影却还在。不但路演（国际上广泛采用的证券发行推广方式，指证券发行商发行证券前针对机构投资者的推介活动）第一天就遭遇美国股市暴跌，T视频网站踏上美国的第一天，美国政府债券就被标准普尔降低了信用等级。

总之，作为网络视频网站先行者的T视频网站，确实“起了个大早却赶了个晚集”，因CEO王某的离婚而丧失了上市的最佳时机。

王某离婚后，一些投资者把项目创始人的夫妻关系也当作考察因素之一，以规避因公司治理结构不健全带来的风险。这一举动被业界戏称为“土豆条款”。

四、合伙人死亡后，其股权能否继承

《公司法》第七十五条规定：“自然人股东死亡后，其合法继承人可以继承股东资格；但是，公司章程另有规定的除外。”根据本条规定，公司章程有关继承的约定，无论是约定只能继承股权，还是约定继承已亡股东股权等额财产，都是合法有效的。公司可以通过章程排除继承人继承股东资格的权利，但如果公司章程没有这样的约定，继承人如果要求成为股东的话，则是可以的。

假如：A公司系2019年成立的内资有限责任公司，股东为杜某和方某。注册资金为人民币100万元，杜某出资90万元，方某出资10万元。薛甲、薛乙分别系杜某的妻子、女儿。后来杜某死亡，薛甲、薛乙要求继承股东资格和90%的股权，并要求方某签署公司变更登记申请书、公司章程的修正案、股东会决议等文件。方某予以拒绝，于是引发诉讼。

薛甲、薛乙认为，他们属于杜某的合法继承人，有权要求成为公司股东；方某则认为，两继承人继承公司股权和成为公司股东不是同一概念。继承股权是继承股权对应的财产权，而不能成为公司股东。而法院认为，薛甲、薛乙是杜某的合法继承人，A公司的章程中未对股东死亡后的股权继承问题作出限制规定，因此，薛甲、薛乙有权继承杜某在A公司的股东资格，包括其持有的A公司90%的股权。

《公司章程》是调整一个公司所有股东之间、股东与公司之间法律关系的必备性文件，是股东意思自治的体现。章程一旦作出约定则具有法律效力。因为创业项目“人合”的特殊性，由继承人继承合伙人的股东资格，显然无法确保一定有利于事业的发展，特别是当继承人不具备经营管理能力或与原股东合不来，甚至创业思路和原合伙人完全相反时，公司的麻烦就大了。因此，一定要用公司章程设计好继承条款。建议公司股东可以通过章程约定“股东死亡，其在公司内的股权需转让给其他股东，取得股权的股东向死亡股东的继承人支付等额财产”来保证公司“人合”的特征和需求。

第三节　同股同权与同股不同权

同股同权与同股不同权在企业股权架构设计中占据非常重要的地位。为了满足创业合伙人不同的需求，往往需要进行同股不同权的设计。关于同股同权与同股不同权，需要弄清楚以下问题。

一、合伙人出资比例、占股比例、表决权比例和分配比例可否不一致

这个问题其实包含了三个子问题：一是股东出资比例与分配比例可否不

一致；二是股东占股比例与表决权比例可否不一致；三是股东出资比例与占股比例可否不一致。

（一）股东出资比例与分配比例可以不一致

我国《公司法》第三十四条规定，有限责任公司股东按照实缴的出资比例分取红利；公司新增资本时，股东有权优先按照实缴的出资比例认缴出资。但是，全体股东约定不按照出资比例分取红利或者不按照出资比例优先认缴出资的除外。《公司法》对于分取红利、增资时的认缴比例，明确规定股东可在公司章程中自由约定，赋予了股东意思自治的权利。因此，股东的出资比例和分配比例可以不一致。

（二）股东占股比例与表决权比例可以不一致

股东占股比例与表决权比例、分配比例可否不一致的问题，其实是“同股同权”还是“同股不同权”的问题。我国《公司法》第四十二条规定，股东会会议由股东按照出资比例行使表决权；但是，公司章程另有规定的除外。第四十三条规定，股东会的议事方式和表决程序，除本法有规定的外，由公司章程规定。股东会会议作出修改公司章程、增加或者减少注册资本的决议，以及公司合并、分立、解散或者变更公司形式的决议，必须经代表三分之二以上表决权的股东通过。

可见，我国《公司法》将实施“同股同权”还是“同股不同权”的权利交由公司章程来约定或者股东会全体股东一致同意来决定。

例如，甲某于2015年5月15日成为持有某房地产开发有限公司（以下简称“公司”）25%股份的股东，甲某在查询公司股东会议历史记录时发现，公司曾经作出过以下决议：2014年5月13日股东会决议第2条第2项“乙某原缴纳在公司60万元资金作为其在公司的内部股本金，按约定享有101股中1股的分配权：公司在利润分配时，按101股进行分配，即股东分配红利＝公司净利润÷101×各股东在项目中占的股份。如果项目出现亏损，乙某承担公司该项目101股中1股的亏损额，即股东承担亏损＝公司亏损÷101×各股东在项目中占的股份。但乙某只在60万元范围内承担亏损，超出部分不予承担”；第 3 项“当公司盈利退还股本时，乙某按 60 万元退还”；第 4 项“公司股东如需继续向项目投资时，乙某将不再投入任何资金，其 101 股中 1 股的税后利润分配权不变”。这样的约定是有效的。

（三）出资比例与占股比例可以不一致

我国《公司法》对于分取红利、增资时的认缴比例、表决权的分配明确规定了股东可在公司章程中自由约定，赋予了股东意思自治的权利。但是，《公司法》对于可否不按实际出资约定持股比例这一点，并没有明确规定，但司法实践肯定了这一点。

案例：出资比例与占股比例可以不一致

——Q 信息技术公司诉 Y 管理咨询公司、G 投资公司、K 教育公司利益责任纠纷案[①]

Q 信息技术公司与 G 投资公司、Y 管理咨询公司于 2006 年 10 月 26 日签订了《关于组建 K 教育公司投资协议》，约定 K 教育公司注册资本 1000 万元，该 1000 万元均由 G 投资公司负责实际出资注入，Q 信息技术公司、Y 管理咨询公司以教育资本作为合作的条件。上述投资协议和 K 教育公司的公司章程均约定，公司股权结构为：G 投资公司占股 30%、Q 信息技术公司占股 55%、Y 管理咨询公司占股 15%。后 G 投资公司向 K 教育公司出资 300 万元，并通过 Q 信息技术公司、Y 管理咨询公司账户分别向 K 教育公司出资 550 万元、150 万元，最终通过了验资。后 K 教育公司在运作过程中三方产生矛盾，G 投资公司起诉到法院，请求判令 K 教育公司全部股权归其所有。

本案历经一审、二审、最高人民法院裁定再审，最后由最高人民法院提审作出的终审判决，驳回了 G 投资公司的诉讼请求。

最高人民法院指出，股东认缴的注册资本是构成公司资本的基础，是经

① 参见 Q 信息技术公司诉 Y 管理咨询公司、G 投资公司、K 教育公司民事判决书，案号：（2015）豫法民三终字第 202 号，载中国裁判文书网，https：//wenshu. court. gov. cn/website/wenshu/181217BMTKHNT2W0/index. html? s8=03&pageId=0. 34041305 665239996，最后访问时间：2022 年 5 月 22 日。

过公司登记机关登记的全体股东认缴的出资额，应符合《公司法》规定的出资形式及程序，以实现对外担保公司债务的基本要求。但公司的有效经营还需要其他条件或资源，因此，在注册资本符合法定要求的情况下，我国法律并未禁止股东内部对各自的实际出资数额和占有股权比例作出约定，这样的约定并不影响公司资本对公司债权担保等对外基本功能的实现，应属于公司股东意思自治的范畴。

也就是说，在公司注册资本符合法定要求的情况下，各股东的实际出资数额和持有股权比例应属于公司股东意思自治的范畴。股东持有股权的比例一般与其实际出资比例一致，但有限责任公司的全体股东内部也可以约定不按实际出资比例持有股权。如该约定是各方当事人的真实意思表示，且未损害他人的利益，不违反法律和行政法规的规定，应属有效，股东按照约定持有的股权应当受到法律的保护。

该判决确立了有限责任公司的全体股东可以约定不按实际出资比例持有股权这一重要原则。

在民商事法律领域，对于私权利“法不禁止即可为”。既然法律没有明确禁止，那么有限责任公司的全体股东就可以在不侵害其他人合法权益的情况下，约定不按出资比例持有公司股权。

值得注意的是，为防范未知的法律风险，有限责任公司全体股东在签署《创业合伙协议》和《公司章程》等文件时还需要注意以下事项：

应在《创业合伙协议》和《公司章程》等文件中对全体股东的认缴出资、实际出资与持股比例、分取红利、增资时的认缴比例、表决权的分配等事项予以明确约定。同时，鉴于持股但并未实际出资的股东的特殊性，应同时对该股东资格的丧失、股权转让条件及责任承担（债务承担）予以全面、详细和明确的约定。

二、股东按照实缴出资比例还是按认缴出资比例分红

我国《公司法》第三十四条规定：“股东按照实缴的出资比例分取红利；公司新增资本时，股东有权优先按照实缴的出资比例认缴出资。但是，全体股东约定不按照出资比例分取红利或者不按照出资比例优先认缴出资的除外。”

根据这条规定，股东是按“实缴”的出资比例分红的。同时，法律允许股东对分红比例自行约定。

《公司法》规定的按实缴出资比例分红有没有问题？看起来没有问题，而且很合理。实际出资比例决定分红比例，收益与风险一致。但事实上，这个规定存在很多问题，如果实缴出资和名义出资完全一致，没有问题，但在二者不一致的情况下，按照实缴出资比例决定分红则问题较多。

所谓“实缴出资”，是与“名义出资”或者“认缴出资”相对应的。有两种情况会导致股东实际出资额和名义出资额不同。第一种情况是实践中常常出现股东出资瑕疵的情形，包括虚假出资、抽逃出资和出资不实等。第二种情况是公司或者大股东配股。配股的问题很复杂，持有配股的股东并没有实际出资，但是他一定具备某种价值（如对公司管理人员配股是看中管理人员的管理能力），这种价值奉献，显然不能算“实缴出资”，如果没有明确约定的话，说赠与也有些牵强。

上述第一种情况是法律禁止的。第二种情况，法律规定得比较模糊，没有明确认可，但也没有明确禁止。

在股东出资瑕疵的情况下，则存在操作上的麻烦和矛盾。比如，虚假出资是其他股东同意的还是未同意的？发现虚假出资时已经分了红，怎么办？一旦认定一部分出资属于虚假出资，前面的所有分红比例都得重新计算。实践中还有另一种情况，就是全体股东都没有实际出资，注册资本是请人垫付的，公司注册完成后就抽走了。启动经费是以公司的名义借来的。假如公司盈利 10 万元，分给谁？所有股东都不分？或者，其中一个股东实实在在从自己的口袋掏了 5 万元投资于公司，其他股东都没有实际出资，是不是这 10 万元就归这个股东？这显然是在开玩笑。

第二种情况，因为股东没有实际出资而不分红，就更加乱套了，至少失去了对配股的管理人员的激励作用。配股是一种股权让渡，法律不禁止，只要登记于股东名册，就应享受股东权利。此时，股东按照实缴的出资比例（或者持股比例）分红就有问题了。

第四节　股权关系与劳动关系

现实中，合伙创业初期，由于没有收入，不少企业不愿意招募激励对象，创业合伙人一方面是企业的股东，另一方面又参与企业的运营管理，担任企业的高管。这样一来，合伙人就和企业形成了两个关系：一是股权关系，二是劳动关系。那么在实务中如何处理这两种不同的关系呢？

一、股权关系与劳动关系要分开

创业合伙人有两个身份：一是企业的股东；二是企业的劳动者。是股东，企业盈利后，就要参与分红；是劳动者，为企业提供了劳动，企业就应当向其提供劳动报酬（发工资）。不能将合伙人的工资、奖金和分红混为一谈。

将股东分红与劳动报酬混为一谈，容易使某些劳动贡献大又不能通过分红有效弥补的股东产生不平衡感，引发股东矛盾。

创业合伙人出任高管不像外聘管理人员那样市场化，等企业成立以后再行议定为时已晚，容易产生矛盾，应事先通过股东协议对方向性、原则性的问题进行约定或限定。总的来说，我们主张企业股权清晰，根据清晰的股权分红。股东出任高管（其他职位也一样）的，尽量比照市场价格，同时考虑对管理人员的激励需要，制订相应的薪资奖励方案。

当然，这样做会遇到两个常见的问题：第一个问题是对那些本来就以管理入股（配股）的股东，其报酬如何确定？如果还是按市场价格领取报酬，与以管理入股的本意相悖；如果不考虑正常的报酬的话，则不利于对这类管理人员的激励，而且时间长了，还会引发不满，导致工作上的懈怠，甚至产生纠纷。

案例：谨防股权关系与劳动关系“张冠李戴”

——王某因不满工资过低导致房地产经纪公司倒闭

一家房地产经纪公司，注册资本 50 万元，由王某和杨某投资设立。王某有行业经验但是没有资金，杨某有钱，对王某也很认可。注册资本50万元中的45万元由杨某负责出资，王某实际投资5万元。二人约定，杨某占70%的股份，王某占30%的股份，公司由王某负责经营管理，杨某不参与公司运作，只负责监督。公司给王某每月发2000元的“生活费”。第一年，公司可分配利润约10万元，股东按持股比例进行了分配。此后，公司发展状况良好，利润逐年上升，到了2019年，公司可分配利润达到200万元。王某的工资还是当初约定的每月2000元的“生活费”。王某认为，公司能发展到今天，完全是自己辛勤经营的结果，仅仅因为当初那点投资，造成今天的分配严重不均衡，实在是不公平。何况杨某的投资早就通过分红收回了。如果再这么干下去，当公司盈利至1000万元时，还得分700万元给杨某，实在是心有不甘。于是王某就提出要改变股权分配比例。杨某当然不同意，认为没有当初他的投资，公司都不可能成立，赚了钱按占股比例进行分配，理所应当，不能过河拆桥。后王某辞去了公司经理的职务，2020年公司利润急剧下滑，加上国家实行调控，市场萎缩，公司很快便关门了。

公司在股权架构设计方面存在的问题非常明显：他们没有分清股东分红与劳动报酬的关系。对王某来说，剩余控制权和剩余索取权不平衡，又不能通过劳动报酬进行弥补，心理不平衡是显而易见并可以理解的。对杨某来说，按照股东持股比例分红没有问题。王某作为管理人员，公司给他发放多少薪资，只要不低于国家规定的最低工资标准，法律也不能干涉。

实务中，股权及公司治理的矛盾和纠纷大量存在，给公司造成的危害不亚于甚至远远高于普通合同纠纷、劳动关系纠纷，但当事人最后选择向法院起诉的极少。这也是股权及公司治理纠纷的一个特点。

二、要给为公司提供劳动的合伙人发工资

现实中，创业初期，创业合伙人直接参与企业运营管理的现象非常普遍。由于企业初创，没有收入，没钱给员工发工资也是一个事实。因此合伙人为公司提供了劳动，但往往是不拿工资的，即使有人领取很少的工资，也是象征性的，根本没有根据每个人劳动付出的多少和市场行情来发放。这种

做法有很大的弊端：

第一，容易使某些劳动贡献大又不能通过分红有效弥补的合伙人产生不平衡感，引发合伙人之间的矛盾。有的合伙人参与企业运营，有的不参与运营，有的兼职参与企业运营。如果大家都不拿工资，则对全职参与的合伙人不公平；即使所有合伙人都全职参与企业经营，但因为每个人的能力不同，岗位职能不同，责任大小不同，每个人的劳动价值不同，回报应当有差别。如果“一刀切”，都不拿工资，等于否定了不同合伙人之间贡献价值的差别，那些贡献价值大的合伙人心里肯定是不平衡的。

第二，如果合伙人向企业提供了劳动而不拿报酬，就等于让后进入企业的股东无偿占有了合伙人劳动创造的这部分价值。

企业的股东经常变化，有的创始股东可能会退出企业，也有后来的人可能加入企业成为公司的股东。但如果前期创业合伙人的劳动没有计算价值，则等于后加入的股东无偿占有了创业合伙人劳动创造的这部分价值，对创业合伙人来说是不公平的。

三、创业初期，企业没钱发工资怎么办

如果创业合伙人除是企业的股东外，同时还参与企业的运营管理，为企业提供劳动价值，就要从企业领取劳动报酬，企业就应当为其发工资。但大多数初创企业没有营收，发不起工资。如果公司没钱给员工发工资，该怎么办？

笔者认为依然应明确约定公平的工资标准，采取技术手段解决支付能力不足的问题。譬如，可以约定正常的报酬机制，合伙人在约定的期限内暂不领取部分报酬。对于暂不领取的部分，企业记账，先欠着，等企业有钱了，再补发工资。

这样做的好处是：一是对每个合伙人都公平合理；二是如果将来企业进行清算，有欠发的工资，先要补发劳动者的工资，之后再缴纳税款，偿还债务。这样不至于使创业合伙人白白为企业付出劳动，少亏损一些。但如果没有工资欠条，企业清算在缴完税款，还完债后，可能就没有剩余资金了，合伙人得不到应得利益，白付出那么多时间和精力。

四、以管理入股的合伙人，其报酬如何确定

企业的经营需要各种要素，当然也包括企业的管理。实务中经常有一些有管理才能的合伙人，要以自己的管理作价入股。管理本身也是劳动的付出，那么以管理入股的合伙人的报酬应当如何确定呢？笔者的意见仍然是：分红是分红，报酬是报酬，二者应当分清楚。具体方案有两个：

其一，如实确定合伙人所占股份对应的投资，该投资由企业（或者大股东）垫付；如实约定合伙人应领取的报酬（包括发放报酬的条件），合伙人分期用应得的报酬冲抵（或者归还）应付的投资款。冲抵完成后，合伙人再正常领取报酬。

其二，明确约定配股部分的股权实现的时间。在此期间，合伙人完成约定的工作，只领取适量基本工资作为生活保障。期限届满，股权完全实现，该合伙人再正常领取报酬。在这种方案下，股权实现期间，关于管理股是否进行注册登记，股东权利（如投票权和分红权、转让和继承权等）如何行使，应约定清楚。

第九章 合伙人股权方案的落地实施

◎ 导读

合伙人股权方案架构设计完成后，要想落地实施，必须将其落实到相关法律文件中。《创业合伙协议》和《公司章程》是合伙人股权架构设计中最重要的两个文件。本章探讨如何起草个性化的《创业合伙协议》和《公司章程》，以及如何妥善处理二者之间的关系。

第一节 《创业合伙协议》

一、《创业合伙协议》的内涵和意义

前面已经说明，本书的合伙人其实是指公司里共同创业的股东，因此《创业合伙协议》，实质上是公司创始股东之间的协议。

生活中，我们做事时可能更多遵循“情、理、法”的思维习惯，先讲感情，再谈是不是合理，把法律放在最后。在创业方面，一些创业团队往往认为埋头苦干，把事情做成才是最重要的，反而忽视了《创业合伙协议》的签署。一般而言，能够一起创业的人基本上都是好同学、好朋友、好哥们儿，总认为没有谈不成的事情；甚至有些人认为合伙人之间之所以会发生矛盾和纠纷，是因为人出了问题，只要人“对”了，就不会产生纠纷。不可否认，人是公司中最重要的因素，尤其是有限责任公司（也称“闭锁型公司”），

“人合”的成分很大，合作者的素质、价值取向、志趣、性格等确实在很大程度上影响合伙人能否合作成功。但不能因此否定“法治”的重要性。人是变化的，今天的“情投”不代表永远的“意合”；天下熙熙，皆为利来，天下攘攘，皆为利往。大千世界，芸芸众生，那种把钱看得太重的人不适合做合伙人。可是，投资人组成公司，本身就是以营利为目的，那些不看重钱的君子是否适合成为创业伙伴，还要打问号呢。再者，股东之间产生矛盾和纠纷，许多时候不见得是出于自私自利的心态。市场眼光、管理风格、理想目标等都可能引发矛盾。知名Z快餐连锁公司，就是个典型的例子。股东兼创业者蔡某和潘某是妻舅关系，开始的时候，两位创始人可以说是一家人，齐心协力，共同致力于公司的经营。可后来，蔡某和潘某的姐姐离婚，“人”的关系发生了变化。再后来，引入风险投资，“人”的因素又发生了变化。在合伙人关系比较融洽的情况下，矛盾不容易爆发。当合伙人之间的关系紧张时，特别是在没有签订《创业合伙协议》的情形下，矛盾非常容易激化。

《创业合伙协议》是合伙人之间的游戏规则，往高了说是创业团队的核心，其价值不仅仅是对合伙人之间权利义务的规范，更是对创业项目的保护。创业团队应当遵循“法、理、情”的思维习惯做事，先讲法律，在法律的框架内再讲理和情。创业合伙人之间一定要签署《创业合伙协议》，否则难以避免出现各种矛盾和纠纷。

二、如何起草一份完善的《创业合伙协议》

行业不同，项目不同，创业团队的合伙人结构不同，《创业合伙协议》的条款具有很大的差异性，但一般来说都会涉及以下基本条款：

（一）合作背景

合作背景很容易被忽略，但这恰恰是最基础的内容。阐述合作背景是对合伙人之间据以合作的资源的整合和分析，是合伙人之间各自的角色定位和对项目贡献的梳理，对设计股权结构具有重要的作用。

（二）创业项目概述

创业项目是合伙事业的载体，开始合伙事业之前，合伙人总要先把做什么事情，做成什么样搞清楚，包括项目类型、经营领域、经营范围、公司定位、运营模式、发展愿景和项目推进计划等。这是合伙的前提。

（三）出资额和出资方式

《公司法》第二十七条第一款规定，股东可以用货币出资，也可以用实物、知识产权、土地使用权等可以用货币估价并可以依法转让的非货币财产作价出资；但是，法律、行政法规规定不得作为出资的财产除外。《创业合伙协议》一定要明确股东的出资方式和金额，涉及以土地使用权及房产出资的，股东还应当保证所拥有的土地使用权及房屋所有权均系合法取得，并合法拥有，可以依法自由转让。

（四）要明确约定出资的时间及财产权的转移手续等问题

针对实务中出现股东出资不实或拖延出资的情形，在签订《创业合伙协议》时，要明确约定各股东出资的时间及货币出资、非货币财产出资的财产权的转移问题。譬如，可以约定股东以货币出资的，应将货币足额存入公司在银行开设的账户；以非货币财产出资的，应依法办理财产权的转移手续；需要办理所有权或使用权转让登记手续的，应依法办理。

（五）出资评估

《公司法》第二十七条第二款规定，对作为出资的非货币财产应当评估作价，核实财产，不得高估或者低估作价。法律、行政法规对评估作价有规定的，从其规定。

（六）股权比例

股权比例的分配是《创业合伙协议》的重要内容之一。一般而言，各合伙人的出资比例就代表了股权比例，但实际情况并非完全如此，因为在很多情况下既要考虑资金因素，也要考虑到合伙人对项目的综合贡献价值，还要考虑未来激励对象股权激励和股权融资的需要。因此，需要在《创业合伙协议》中明确约定综合各种因素确定的各合伙人所占有的股权比例。

（七）合伙人分工

从合伙人决定共同创业的那一刻起，虽然对彼此之间的分工都有明确的认识，但还是要通过书面形式把谁做 CEO，谁做 CTO，谁做 COO（首席运营官）固定下来。它是合伙人进行决策的依据。

（八）盈亏承担

盈亏承担是《创业合伙协议》中很重要的条款，其意义不言而喻。合伙创业不能只拿情怀说事，盈亏还是要说清楚，包括盈利怎么分享，亏损怎么承担，其中的原则、规则和流程怎么设计。

（九）合伙人薪资

企业初创时期，资金短缺，创业合伙人一般都是没有薪资或者象征性地发点工资。对于这些创业早期选择不拿工资或只拿很少工资的合伙人有两种处理办法：一是把其对企业的贡献折合成相应的股份；二是打工资欠条，等企业的资金比较宽裕时，再根据欠条补发工资。无论采取哪种方式，都需要在《创业合伙协议》中进行具体、明确的约定。

（十）企业财务

企业初创时期，一般都没有专职或兼职会计人员，但还是要尽可能地规范资金保管、支出、记账和监督的行为，最大限度地避免合伙人之间因财务问题发生纠纷。

（十一）决策和表决

在合伙创业过程中，合伙人之间在决策时出现分歧是很正常的，但必须引入分歧表决机制。当合伙人意见不一致时，如何进行决策，这一点也非常重要。

（十二）股权成熟机制

所谓创业合伙人股权成熟机制，是指从离职合伙人手中收回股权的安排，具体做法是先把股权分给创业合伙人，然后分批成熟；合伙人离职时，尚未成熟的部分，企业可以低价回购。这种机制合理地平衡了留守合伙人和离职合伙人之间的利益。一方面，它有效防范了离职合伙人把股权带走的风险；另一方面，也能够激励每位留守合伙人继续朝同一个目标奋斗，创建一个成功的企业。合伙人股权成熟机制分为期限模式和目标模式，设计该机制时，还要考虑成熟期的计算、回购方式的选择和退出价格的确定等一些细节问题。这些都要体现在《创业合伙协议》里。

（十三）股权稀释

创业项目在融资时肯定要稀释股份，一般而言，创业合伙人的股权都是按股权比例平等稀释的，但也有不平等稀释的情况。《创业合伙协议》应根据不同情况作具体安排。

（十四）创业项目保护

创业项目是合伙人的心血，是合伙人的“心肝宝贝”。但合伙人在创业过程中，很容易因为各种分歧，导致部分合伙人退出企业，带走创业积累的技术、知识、经验和模式，另起炉灶。为防止这种情形的发生，在《创业合伙协议》中加入保密、竞业限制、同业禁止、全身心投入和商业模式保护条款就非常重要。

（十五）股权转让、退伙和吸收入伙

为保证创业项目的稳定性，一般应禁止合伙人对外转让股权。但在创业过程中，部分合伙人因各种原因退出合伙以及新合伙人进入，都是很正常的，因此合伙人的退出及进入必须首先讲好规则，《创业合伙协议》中应当对退伙的准许事由、退伙流程，吸收入伙的条件、表决和流程等进行详尽的约定。否则，对项目的影响非常大，甚至是致命的。

（十六）清算

清算条款也很重要，虽然每位创业合伙人都希望创业能够成功，但是也要考虑到可能面临的失败风险。对创业失败后企业财产的清算规则和清算流程进行约定，尤为重要。

以上只是《创业合伙协议》的一些基本条款，并非所有企业的《创业合伙协议》都必须拟定上述条款。企业可以根据自己的实际情况有选择地加以适用。由于每个企业的实际情况不同，除上述条款外，不同的企业还可以根据其实际情况拟定一些个性化条款，以满足企业的特定需要。

三、创业合伙协议书范本

创业合伙协议

甲方：张××，身份证号：____________

乙方：李××，身份证号：____________

丙方：赵××，身份证号：____________

丁方：梁××，身份证号：____________

甲、乙、丙、丁四方本着平等自愿、优势互补、责任共担、利益共享的原则，就合作创立并运营××项目（以下简称“该项目”）事宜达成如下协议（以下简称“本协议”）：

一、合伙项目简介

1. 该项目属于移动互联网行业，目标客户是创业者及泛创业者，主要是通过产品满足用户寻找创业伙伴、学习创业经验、寻求创业融资的需求。

2. 该项目创立宗旨是帮助更多创业者更快地实现梦想。

3. 发展战略：______立志成为互联网领域成就用户梦想的平台。

二、合伙人职责分工

四方作为该项目前期核心合伙人，为了共同的目标和愿望走到一起，即通过自身才能自利、利他，帮助更多有梦想的人通过网络、移动端及线下成就梦想。现将分工明确如下：

____；

____。

三、股权利益约定

1. 股权转让

原则上每位合伙人的股权不得随意转让给合伙人之外的人；确实需转让的，必须书面提交股东会，经全体股东表决通过，否则该转让行为无效。

2. 股权套现

四方同意如下股权套现条件：

（1）本项目获得投资后，在不影响项目发展及征得投资人（股东）同意的前提下，需要套现的一方（即套现方）可书面提交股东会多数表决通过后套现，被出让的股权仅限于公司股东受让。

（2）套现额=自己所持股权比例×第五方投资到账金额×（不高于20%）。

（3）下次套现时间为新投资者跟投之后，以保证投资人投资信心、团队稳定及项目平稳发展。

四、薪资财务约定

1. 在获得投资前或项目盈利前，四方合作关系属于持股免薪联合创业；

2. 该项目从创立之初即按照公司模式管理运作，由甲方暂时负责财务管理分类记账，定期向团队汇报后四方签字，作为融资的账目凭证；

3. 项目获得首轮投资后开始扩建团队，引进财务主管及市场拓展主管等人才，完善公司管理制度。

五、分歧表决原则

1. 岗位工作分歧

合伙人岗位工作产生分歧时，采取“专业负责制”原则，即首先应倾听专业负责合伙人A的意见，然后全体股东表决，如果全体股东皆不同意A的解释，而A坚持按他的方案展开工作，此时如果CEO不投反对票，可按A的方案执行，但A须对执行后果负责，同时CEO负有连带责任。

2. 实施策略分歧

针对发展策略的分歧，原则上应先展开用户调研，听取用户建议；之后由全体合伙人表决，如果全体合伙人无法达成一致，则由CEO最终决定；CEO对其负决定责任。

六、入伙、退伙机制

1. 新合伙人进入原则

如项目发展需引入新合伙人，必须满足以下条件：

（1）专业技能与现有合伙人互补而不重叠。

（2）需经过多数（或全体）合伙人面试认同。

（3）占有股权比例获全体合伙人同意。

（4）全体合伙人按持股权比例进行同比例稀释。

2. 合伙人退出原则

（1）某合伙人因能力、精力或时间不能胜任工作，已经严重阻碍项目发展时，由其他全体合伙人表决通过后可与该合伙人解除合伙关系；该合伙人之前的投资额按半年期分 2 次无息返还；该合伙人的技能及精力投入根据股东会表决折算为相应费用补偿。

（2）某合伙人因主观因素退出该项目的，向股东会提交申请，经过全体合伙人表决通过后，可与该合伙人解除合伙关系；该合伙人之前的投资额按一年期分 4 次无息返还；对该合伙人的技能及精力投入不做任何补偿；该合伙人不再享有该项目的任何权益。

七、项目保护原则

1. 甲、乙、丙、丁四方都须对该项目的商业模式、软件代码和设计保密并承诺不对合伙人以外的人公布；

2. 甲、乙、丙、丁四方都不能与从事同行业或类似行业的人合伙或合作，从事经营。否则视为严重违约并自动退出公司，不再享有公司任何股权权益。

八、项目终止原则

1. 如遇天灾、政策、法律、重大公共安全事件等不可抗力因素导致本项目不得不终止的，任何一方皆不承担法律责任；

2. 若该项目在____年____月____日前仍未达到目标，经全体合伙人表决通过后可终止；甲、乙、丙、丁任何一方皆不承担法律责任。

九、其他

1. 本协议自甲、乙、丙、丁四方签字或盖章时生效。

2. 本协议一式四份，甲、乙、丙、丁各执一份，每份具有同等法律效力。

3. 未尽事宜，甲、乙、丙、丁四方另行签订补充协议；补充协议与本协议具有同等法律效力。

（以下无正文）

甲　　方：________　　　　乙　　方：________

签署地点：________　　　　签署地点：________

签署日期：________　　　　签署日期：________

丙　　方：________　　　　丁　　方：________

签署地点：________　　　　签署地点：________

签署日期：________　　　　签署日期：________

不同的行业、不同的企业，《创业合伙协议》的内容是不完全相同的，本《创业合伙协议》范本仅供参考。

四、实务中有关《创业合伙协议》方面存在的法律风险

1. 缺少书面《创业合伙协议》的法律风险

实践中，企业的出资人较少考虑公司设立过程中出现的风险，从而缺乏书面的合伙协议，导致各合伙人权利和义务的边界比较模糊。当企业设立活动出现与预想结果相悖的情况时，出现纠纷和诉讼的可能性就会增加。而且由于出资人放弃了明确划分合伙人之间权利义务的机会，潜在的不确定法律风险将持续存在于各合伙人之间。

2.《创业合伙协议》约定不当的法律风险

《创业合伙协议》本质上属于民事法律关系的范畴，所有违反《创业合伙协议》的行为，对出资人而言都是违约行为，适用《民法典》的有关规定。在企业不能依法成立的情形下，可以根据《创业合伙协议》确定企业不能合法设立的原因判定出资人的违约行为，确定违约人的赔偿责任等。

3.《创业合伙协议》缺乏保密条款的法律风险

在设立过程中，很多关于企业的资料、信息都没有采取保密措施，出资

人之间依君子协定并不能完全解决保密问题，在《创业合伙协议》中应当明确保密条款，尤其是具有特定的专利技术、技术秘密，或者具有特殊的经营方式或服务理念的公司，更应作保密约定。

4. 创业合伙人之间缺乏约束机制的法律风险

创业合伙人作为企业的投资者和企业利益的享有者，必须了解企业的全部经营活动。但合伙人因出资的多寡从公司获取的利益有所差异。当合伙人了解的经营信息能够获得远远超出其出资获得的收益时，约束合伙人对经营信息的滥用就显得十分必要。

企业可以通过劳动合同、规章制度为激励对象设定行为规范，《公司法》对董事和经理规定了基本义务，但对合伙人行为的限定，只能通过合伙人之间的相互约束，包括签署《创业合伙协议》和制定《公司章程》来完成。实践中最为常见的缺乏对合伙人约束的法律风险主要体现在竞业禁止上，当存在不参与经营的小股东的情况时，这种法律风险更为突出。

5. 《创业合伙协议》约定不完备的法律风险

办企业不同于江湖聚义，股权合作的内容非常复杂，远非一般做交易可比，而且股权关系时间久远，几年、几十年，甚至涉及几代人，《创业合伙协议》涉及合伙人之间全方位的合作关系。因此，《创业合伙协议》应当具备完备的协议条款，特别是关于创业合伙人出资数额、方式、时间的条款应当作为《创业合伙协议》的重点。

第二节　《公司章程》

一、《公司章程》的含义和法律特征

《公司章程》是指公司依法制定的，规定公司名称、住所、经营范围、经营管理制度等重大事项的基本文件，是公司必备的规定公司组织及活动的基本规则的书面文件，是以书面形式固定下来的股东一致的意思表示。《公司章程》是公司组织和活动的基本准则，是公司的纲领性文件。

《公司章程》具有以下特征：

1. 法定性

法定性主要强调《公司章程》的法律地位、主要内容、修改程序及效力都由法律强制规定，任何公司都不得违反。《公司章程》是公司设立的必备文件之一，无论设立有限责任公司还是股份有限公司，都必须由全体股东或发起人订立《公司章程》，并且在公司设立登记时提交公司登记机关进行登记。

2. 真实性

真实性主要强调《公司章程》记载的内容必须是客观存在的、与实际相符的事实。

3. 自治性

自治性主要体现在：其一，《公司章程》作为一种行为规范，不是由国家而是由公司依法自行制定的，是公司股东一致的意思表示；其二，《公司章程》是一种法律以外的行为规范，由公司自己执行，无须国家强制力保证实施；其三，《公司章程》作为公司内部规章，其效力仅及于公司和相关当事人，不具有普遍的约束力。

4. 公开性

公开性是指《公司章程》的内容不仅要对投资人公开，还要对包括债权人在内的一般社会公众公开。

二、《公司章程》的意义和重要作用

作为公司组织与行为的基本准则，《公司章程》对公司的成立及运营具有十分重要的意义，既是公司成立的基础，也是公司赖以存续的灵魂。

第一，《公司章程》是公司设立最基本的条件和最重要的法律文件。各国公司立法均要求设立公司必须订立《公司章程》，公司的设立程序以订立章程开始，以设立登记结束。《公司章程》是公司对政府作出的书面保证，也是国家对公司进行监督管理的主要依据。没有章程，公司就不能获准成立。

第二，《公司章程》是确定公司权利、义务关系的基本法律文件。《公司章程》一经有关部门登记即对外产生法律效力。公司依章程享有各项权利，并承担各项义务。符合《公司章程》的行为受国家法律保护，违反章程的行为会受到干预和制裁。

第三，《公司章程》是公司实施内部管理和对外进行经济交往的基本规则依据。《公司章程》规定了公司组织和活动的原则及细则，是公司内外活动的基本准则。它规定的股东的权利义务和确立的内部管理体制，是公司对内进行管理的依据。《公司章程》也是公司向第三者表明信用和相对人了解公司组织和财产状况的重要法律文件。《公司章程》公开申明的公司宗旨、营业范围、资本数额及责任形式等，为投资者、债权人和第三人与该公司进行经济交往提供了条件和资信依据，便于相对人了解公司的组织和财产状况，便于公司与第三人之间的经济交往。

第四，《公司章程》也是公司与其董事、监事和经理等公司高级管理人员之间的契约。无论公司董事、监事还是经理等高管，他们对公司所享有的权利都源于《公司章程》。依据契约理论，公司与经理的关系是一种委任与代理的关系，经理对外行使的是代理权，对内行使的日常事务管理权也是基于董事会的授权，如果把经理的对内职权法定化，实际上就意味着他拥有了对抗董事会或董事长的职权，因此，他们在行使自己的权利时，必须承担《公司章程》对他们的权利行使所施加的义务。如果他们违反此种义务，则应对公司承担责任。换言之，公司董事和经理在加入公司时，即含有接受法律和《公司章程》拘束的预期。《公司章程》是股东和公司管理层之间合约的当然条款。

关于《公司章程》对公司之外第三人是否具有契约效力的问题存在争论。传统公司法理论认为，制定《公司章程》是设立任何公司都必须进行的要式法律行为。《公司章程》是一种公开性的文件，如果公司的债权人完全可以查阅《公司章程》的内容并掌握公司的有关信息而不去为之，则公司的债权人应当承担与公司交易的不利后果。根据此种公共文件的推定通知制度，公司的章程只要经过了注册登记，即被认为对所有潜在的债权人和社会公众作了通知，他们被认为已经知悉章程所规定的内容，已经了解和掌握了《公司章程》所规定的事项，即便他们根本不知悉《公司章程》的具体内容。

任何和公司进行交易的人应该被认为已经知道《公司章程》的规定，并了解其中包括的对权利的限制。如果他们不明确公司权利的范围，不了解对公司董事权利的限制，则意味着他们自愿负担与公司进行交易的风险。如果一个局外人和公司订立的契约超越了《公司章程》规定的权利，那么，他就不能根据契约取得对抗的权利。

除与公司之外债权人交易的情形外，有学者认为《公司章程》对公司合并、分立事项的规定构成了对债权人的重大影响，并以此作为《公司章程》性质属涉他性文件的论据之一。笔者认为，合同订立的一个基本原则是，合同各方不能为合同关系之外的其他人设定义务。《公司章程》中有关公司合并、分立或解散等约定，固然会对债权人利益产生影响，但并不表明其为债权人创设了义务。除债权人与公司交易所必需的风险评估外，股东作为公司财产的剩余索取权人，基于经济理性考虑，其对公司的运作亦应最为关心，更何况《公司章程》并不能逾越相关法律强制性规定的底线。

诚然，相对于普通契约而言，《公司章程》的通过与修改不必经股东一致同意，表明《公司章程》并非一般意义上的合约。章程不能因为错误的意思表示而撤销；章程一经登记，即使不能代表股东的真实意思，法院也无权修改；法院也不能从外部情形推断默示条款来补充章程。

案例：公司章程条款的小细节里藏着大学问

——H 药业大股东利用章程的不完善侵害小股东利益①

2010 年，H 药业向大股东 Y 控股集团定向发行 3 亿股，收购了其估值为 22 亿元的电线电缆资产。当时大股东承诺其购买的资产在 2010 年至 2012 年净利润分别达到 20002.19 万元、25971.47 万元和 37335.43 万元。如果业绩没有达到预期，则有两种补偿方案：一种是，股东大会同意，上市公司将以 1 元价格回购若干股并注销。另一种是，股东大会不同意前述方案，那么 Y

① 《H 药业纠纷大股东或完胜 小股东感叹：无地位》，载人民网，http://finance.people.com.cn/stock/n/2013/0509/c222942-21420390.html，最后访问时间：2021 年 11 月 11 日。

控股集团将等同于上述应回购数量的股份，赠送给除大股东外的其他股东，其他股东将按照各自持有的股份数量享有相应比例的获赠股份。简单说就是，一旦股东大会否决上市公司回购注销议案，H 药业大股东必须向其他股东追送股份。

经营了两年后，由于全资子公司在套期保值业务上的亏损，H 药业 2012 年出现了大量亏损，亏损金额高达 3.7 亿元，虽然这笔亏损最后由公司几个主要领导个人承担，但按照要求赔偿款并不能计入净利润，而只能计入所有者权益。这也就意味着按净利润算，公司 2012 年将无法达到当初的业绩承诺，从而触发业绩补偿方案。

业绩补偿对中小股东是有利的，意味着中小股东获得更多的利益。但就在众多中小股东为之窃喜时，公司大股东利用对公司的控制权使公司改变了利润核算口径，将原本以“净利润”核算的 2010 年、2011 年、2012 年三年业绩改成了“扣非后净利润”，巧妙地完成了当年的业绩要求，规避了业绩补偿方案的触发条件。

大股东的这种做法合理合法吗？通过公司的公告可以看出，当年公司的承诺完全是在实际净利润的基础上做出的，而如今公司利用政策没有详细规定，而擅自改变此前的计算口径，虽然也保持了三年的一致性，但明显有违自己当初的承诺。对此，小股东们除了气愤外，颇为无奈。

H 药业之所以会出现这样的纠纷，很关键的一点就是因为公司章程规定不细致，若在公司章程中明确约定不得改变利润核算口径，也就不会出现这样的结果。

《公司章程》被称为公司核心准则，对公司、对股东具有至关重要的作用。《公司章程》具有个性化特征，其最大的价值也在于它的个性化。我国《公司法》赋予了公司在制定《公司章程》方面很大的自主权，多处明确可以由股东根据自己公司的实际情况制定真正符合自己公司需要的内容。任何公司都不能照抄照搬市场监督管理部门提供的模板化的《公司章程》。每一位创业者都应该学会并重视利用《公司章程》来维护自己的合法权利。

三、如何理解《公司章程》记载的内容

各国公司法对《公司章程》的内容都有明确的规定，这些规定主要体现在公司的记载事项上。《公司章程》的记载事项根据是否由法律明确规定，分为必要记载事项和任意记载事项。法律明文规定必须载明或选择列举的事项，为必要记载事项。法律未予明确规定，由章程制定人任意选择记载的事项，为任意记载事项。按照法定的必要记载事项对《公司章程》效力的影响，还可将必要记载事项分为绝对必要记载事项和相对必要记载事项。《公司章程》上述记载事项的内容在不同的国家、不同的公司会有某些差异，但主要集中在以下三个方面：公司股东成员的权利与责任，公司的组织规则和公司的权力与行为规则。

1. 绝对必要记载事项

绝对必要记载事项是每个《公司章程》必须记载、不可缺少的法定事项，缺少其中任何一项记载都不合法，整个章程即归于无效。这些事项一般都是涉及公司根本性的重大事项，其中有些事项是各种公司都必然具有的共性问题。各国公司法对章程的绝对必要记载事项都作出了明确规定，这些事项通常包括公司的名称、住所、宗旨、注册资本和财产责任等。

根据《公司法》第二十五条的规定，有限责任公司的章程必须载明下列事项：公司名称和住所；公司经营范围；公司注册资本；股东的姓名或名称；股东的出资方式和出资额、股东转让出资的条件；公司的机构及其产生办法、职权、议事规则；公司的法定代表人；股东会认为需要记载的其他事项。

根据《公司法》第八十一条的规定，股份有限公司的章程必须载明的事项包括：公司名称和住所；公司经营范围；公司设立方式；公司股份总数、每股金额和注册资本；发起人的姓名或者名称、认购的股份数、出资方式和出资时间；董事会的组成、职权、任期和议事规则；公司法定代表人；监事会的组成、职权、任期和议事规则；公司利润分配办法；公司的解散事由与清算办法；公司的通知和公告办法；股东大会认为需要记载的其他事项。

2. 相对必要记载事项

相对必要记载事项是法律列举规定的一些事项，由章程制定人自行决定是否予以记载。如果予以记载，则该事项将发生法律效力；如果记载违法，则仅该事项无效；如不予记载，也不影响整个章程的效力。确认相对必要记载的事项，目的在于使相关条款在公司与发起人、公司与认股人、公司与其他第三人之间产生拘束力。

有的国家的法律列举了章程相对必要的记载事项，这些事项一般包括发起人所得的特别利益、设立费用及发起人的报酬、有关非货币资产的出资、公司的期限、分公司的设立等。我国《公司法》没有规定相对必要记载事项。

3. 任意记载事项

任意记载事项是指法律未予明确规定，由章程制定人根据本公司实际情况任意选择记载的事项。《公司章程》任意记载的事项，只要不违反法律规定、公共秩序和善良风俗，章程制定人就可根据实际需要载入《公司章程》。任意记载事项如不予记载，不影响整个章程的效力；如予以记载，则该事项将发生法律效力，公司及其股东必须遵照执行，不能任意变更；如欲变更，也必须遵循修改章程的特别程序。从我国《公司法》第二十五条第一款第八项和第八十一条第十二项之规定来看，股东会或股东大会认为需要规定的其他事项当属于任意记载事项。

四、如何起草个性化的《公司章程》

《公司章程》被称为公司的纲领性文件，不仅贯穿于公司的整个存续过程，还涉及公司终止后相关事务的处理，其作用格外突出。

就《公司章程》的本质而言，其应属于公司股东民事合意的集中体现，正是由于《公司章程》的民事特征，设立人制定《公司章程》应尽可能囊括各自的自由意思，各设立人充分发挥自己的主观能动性制定出符合公司特点的章程以弥补公司法的缺陷就显得更为重要。

我国《公司法》允许《公司章程》自行约定的内容有十余处之多，涉及股权架构设计的内容如下：

1. 股东表决权

我国《公司法》第四十二条规定，股东会会议由股东按照出资比例行使表决权；但是，《公司章程》另有规定的除外。表决权是股权所包含的一项内容，是股东行使共益权时表达自己意志的一项重要权利。表决权的行使有很多方法，比较普遍的有两种：一是“均一主义”，即无论出资多少，每个出资人平等享有一个表决权，如合伙中的表决权；在有限责任公司，股东向股东以外的人转让出资时，其他股东表决同意与否采取的就是“均一主义”；二是“资额主义”，即出资人按照出资比例行使表决权。现在公司普遍采用这一做法，体现了有限责任公司的“资合”和“人合”的特点。

一股一权，同股同权，将股东的表决权与其出资相联系，股东按照出资比例享有表决权，可以维护出资多的人的利益，吸引更多投资，也体现了“决策与风险相一致”的原则。根据《公司法》的规定，股东行使表决权的根据不仅仅依赖于出资的多少，《公司章程》可以对股东表决权的根据作出其他规定。此举具有很大的现实意义。有的投资者拥有资金，但不一定拥有产品销售渠道；有的股东拥有具有广阔市场的专利技术，但又缺乏资金。不同的所长在公司成长的过程中发挥不同的作用，如果仅由出资的多少决定股东的表决权，货币出资较少的出资者处于劣势地位，决策权较小，对公司的发展是不利的。面对这一现状，我国《公司法》作出了积极回应，对资本多数决的公司制度进行了有益的补充，可以说正好契合了公司个性化的需求。

2. 股东分红权

我国《公司法》第三十四条规定，股东按照实缴的出资比例分取红利；公司新增资本时，股东有权优先按照实缴的出资比例认缴出资。但是，全体股东约定不按照出资比例分取红利或者不按照出资比例优先认缴出资的除外。

第一百六十六条第四款规定，公司弥补亏损和提取公积金后所余税后利润，有限责任公司依照本法第三十四条的规定分配；股份有限公司按照股东持有的股份比例分配，但股份有限公司章程规定不按持股比例分配的除外。

股东作为投资人，其投资的目的是获得利润。公司的利润，在缴纳各种税款及依法提取法定公积金，并在股东会决议提取的任意公积金后的盈余，是可以向股东分配的红利。按照“实缴”的出资比例分取红利，是因为公司法采取的是分期缴纳的法定资本制，也就是股东认缴的出资与实际出资并不一定一致。

《公司法》赋予股东有权根据《公司章程》，以约定的标准分取红利。这实际上将原来《公司法》对利益分配的强制性规定改为了任意性规定，改变了过去仅仅根据出资或股本分取红利的“一刀切”的做法，给投资者极大的自治空间，有利于平衡股东之间的利益，充分体现了《公司法》对实践中存在多种分配形式的需求的尊重，也体现了《公司法》对民事主体依自己的意志处分自我利益的权利的尊重。

章程范例条款：全体股东约定，不按照实缴的出资比例分取红利。股东甲分取红利的比例为______%，股东乙分取红利的比例为______%，股东丙分取红利的比例为______%，股东丁……

全体股东约定，股东甲和股东乙按照实缴的出资比例分取红利，股东丙和股东丁不按照实缴的出资比例分取红利，股东丙分取红利的比例为______%，股东丁分取红利的比例为______%。

3. 公司新增资本的认缴

我国《公司法》第三十四条规定，股东按照实缴的出资比例分取红利；公司新增资本时，股东有权优先按照实缴的出资比例认缴出资。但是，全体股东约定不按照出资比例分取红利或者不按照出资比例优先认缴出资的除外。有限责任公司具有人合性，股东比较固定，股东之间互相信赖、关系比较紧密，因此，公司需要增加资本时，应当由本公司的股东首先认缴，以防止新股东进入打破公司原来股东之间的紧密关系。并且，在公司的股东优先认缴时，只能按其实缴出资的比例来认缴新增资本中的相应部分。新增资本时股东有权根据章程的约定，采取约定标准认缴出资。有限责任公司新增资本认缴的规定有利于平衡股东之间的利益。

第三节 《创业合伙协议》与《公司章程》的关系

一般来说，投资人准备设立企业，往往首先要签订《创业合伙协议》，约定即将成立的公司的一些重要事项，如投资人、投资方式、投资额、股权结构、企业经营管理等，还要明确企业设立的相关事项，如谁负责设立和筹建企业、企业设立中的费用、责任和风险如何承担，以及企业设立不成如何处理等。《创业合伙协议》签署后，相关人员就要开始企业设立和筹建工作。由于《公司章程》是在注册登记过程中制定的，因此无法规定企业设立和筹建过程中各合伙人的权利义务。

《创业合伙协议》是全体合伙人协商一致的产物，只要有一位合伙人不同意，不论其占的股权份额多少，协议都无法签署。根据我国《公司法》的规定，《公司章程》在首次制定时，需要全体股东签字确认，以后每次修改，持表决权三分之二以上多数的股东同意即可。因此，有些涉及合伙人基本权益的事项，或者全体合伙人特别约定的关于合伙人之间的权利义务关系的事项，应该在合伙协议中约定，而不能依赖一般意义上的《公司章程》的规定。

有些事项，法律明确规定应当由《创业合伙协议》决定，譬如我国《公司法》第三十四条规定："股东按照实缴的出资比例分取红利；公司新增资本时，股东有权优先按照实缴的出资比例认缴出资。但是，全体股东约定不按照出资比例分取红利或者不按照出资比例优先认缴出资的除外。"

也就是说，如果公司不按出资比例分红，或者不按出资比例优先认缴出资，必须全体股东约定。如果出现上述约定的《公司章程》是经全体股东一致同意的，可以看作"全体股东约定"。

如果同时存在《创业合伙协议》和《公司章程》，就要特别注意理顺二者的关系。《创业合伙协议》和《公司章程》约定不一致时，谁的效力更大？多数意见认为《公司章程》的效力大于《创业合伙协议》；也有人认为制定在后的文件大于制定在前的文件。笔者认为，理顺二者的关系，有两个方案：其一，《公司章程》尽量吸收《创业合伙协议》的内容，保留《创业合伙协议》，并且在《创业合伙协议》和《公司章程》中都明确记载二者出现不一致时的处理方式。其二，首次制定的《公司章程》全部吸收《创业合伙协议》中关于合伙人权益及公司治理的内容，不保留《创业合伙协议》（关于公司设立和筹备的内容除外），并明确约定章程中的某些条款的修改必须经全体股东一致同意。

第三部分

企业股权激励计划设计及实施

第十章 企业股权激励概述

◎ 导读

股权激励作为一种人才激励机制，不仅需要科学设计激励计划，要想落地实施，还要深刻认知股权激励的本质和灵魂。只有在深刻掌握了股权激励的基本原理后加以实施，才能真正起到良好的效果。本章简要介绍一些有关股权激励的基本知识和理论，为后面的学习做好铺垫。

第一节 股权激励的理论基础

一、什么是股权激励

所谓股权激励，是指通过让企业员工或者其他相关人员获得企业股权的形式，使其享有一定的经济权利，能够以股东身份分享利润、承担风险，甚至参与决策，从而使其尽心尽力地为企业的长期发展服务的一种激励方法，是企业的一项相对长期的核心制度安排。

股权激励的积极价值主要体现在以下三个方面：

第一，对于非上市公司来说，实施股权激励有利于缓解企业面临的薪酬压力。由于绝大多数非上市公司都属于中小型企业，普遍面临资金短缺的压力。实施股权激励能够适当降低经营成本，减少现金支出，提高企业经营业绩，留住能力强、绩效好的核心人才。

第二，对于原股东来说，实施股权激励有利于降低职业经理人的“道德风险”，实现所有权与经营权的分离。非上市公司容易存在“一股独大”的现象，公司的所有权与经营权高度统一，导致公司的“三会”制度在很多情况下形同虚设。随着公司的发展、壮大，公司的经营权将逐渐向职业经理人转移。由于股东和经理人追求的目标不完全一致，股东和经理人之间存在“道德风险”，需要通过激励和约束机制来引导和限制经理人的行为。

第三，对于企业员工来说，实施股权激励有利于激发员工的工作积极性，实现其自身价值。中小企业面临的最大问题就是人才流失。由于待遇问题，很多中小企业很难吸引和留住高素质的管理和科研人才。实践证明，实施股权激励计划后，由于员工的长期价值能够通过股权激励得到体现，员工的工作积极性会大幅提高。同时，由于股权激励的约束作用，员工对企业的忠诚度也会有所增强。

二、股权激励的理论基础

股权激励的理论基础主要有人力资本理论、委托代理理论、博弈理论和交易费用理论等。

1. 人力资本理论

人力资本理论突破了传统理论中的资本只是物质资本的束缚，将资本划分为人力资本和物质资本，这样就可以从全新的视角来研究经济理论和实践。该理论认为物质资本是指现有物质产品上的资本，包括厂房、机器、设备、原材料、土地、货币和其他有价证券等；而人力资本则是体现在人身上的资本，蕴含于人身的各种生产知识、劳动与管理技能和健康素质之中。按照这种观点，人类在经济活动过程中，一方面，不间断地把大量的资源投入生产，制造各种适合市场需求的商品；另一方面，以各种形式来发展和提高人的智力、体力与道德素质，形成更强的生产能力。这一理论把人的生产能力的形成机制与物质资本等同，提倡将人力视为人自身的各种生产知识与技能的存量总和。

2. 委托代理理论

委托代理理论是20世纪60年代末70年代初一些经济学家深入研究企业内

部信息不对称和激励问题发展起来的。委托代理理论的中心任务是研究在利益相冲突和信息不对称的环境下，委托人如何设计最优契约激励代理人。

委托代理理论的主要观点认为，委托代理关系是随着生产力大发展和规模化大生产的出现而产生的。一方面，生产力发展使得分工进一步细化，权利的所有者因知识、能力和精力的限制，不能行使所有的权利；专业化分工产生了一大批具有专业知识的代理人，他们有精力、有能力代理行使好受委托的权利。另一方面，委托代理行为也容易导致职业经理人的内部控制，形成反面效应。

"内部人控制"的反面效应就是代理人在实际操纵、控制企业经营活动中损害股东的权利。反面效应源于三点：

（1）委托人利益与代理人利益诉求不一致。委托人追求投入资本增值和收益最大化，代理人追求自己的工资津贴收入、奢侈消费和闲暇时间最大化，两者之间因诉求的不同，会产生利益之争，必然损害一方当事人利益。

（2）委托人与代理人信息不对称。由于委托人没有参与经营，不了解企业经营状态，而代理人掌握了大量的经营信息，代理人在向委托人汇报时，容易把不利于自己的信息隔离，只描述对自己有利的方面。

（3）市场的不确定性。市场变化无穷，委托人无法判断是因为代理人的努力不够，还是因为市场变化对自己造成的利益侵害。

委托代理关系的存在，必然增加代理成本。如何约束代理人的不当行为，最大限度地减少代理成本，使得委托方的利益得到最大限度的保护，成为企业的核心问题。

在委托代理过程中，始终存在"道德风险"：一是代理人的偷懒行为。代理人的收获和付出不成正比。二是代理人的机会主义行为。代理人为自己的利益而努力，而不是为委托人的利益最大化而努力。

在内部人控制、信息不对称、契约不完善和存在道德风险的情况下，委托人为使自己的利益最大化，需要控制和监督代理人所从事的行为。

3. 博弈理论

根据博弈理论，在经理人和股东之间，以及经理人之间都存在博弈关系，他们的行为取决于自身的效用函数，最终目标都是在一定的约束条件下实现个人利益最大化。

企业经营剩余索取权的分配形式是经理人效用函数中的一个极其重要的变量，分配制度直接影响管理人的决策安排。在分配制度的安排中，为使股东与经理人达到共同的效率，应按照激励相容的原则采取相应的激励措施，使经理人的支付函数与股东的支付函数接近，即收益相等。

4. 交易费用理论

根据交易费用理论，企业和市场是相互替代的两种资源配置方式，企业代替市场会降低利用市场机制的交易费用，但同时又会带来内部管理费用的提高。如果通过股权激励，使企业的经营管理人内部化，成为企业的有机组成部分，必然会降低交易成本，提高资本收益率。

三、股权激励的原则

股权激励应遵循以下三个基本原则：

1. 公正原则

股权激励要公正地对待所有员工，不能因为性别、出生地域、长相、家庭背景及私人感情的不同而有所区别，只能以该员工是否有助于公司的长期发展为标准来衡量。

2. 激励力度与激励期限适中原则

每个股权激励模式都有其优点，也有其缺点。现实中，每个企业各不相同，要保障股权激励计划的可行性和激励效果，在实施股权激励时一定要考虑激励对象的整体报酬水平和结构特点。行权期限设置的长短会增强或减损激励的效果。如果目标过高，期限过长，会让激励对象感到遥遥无期，没有获得感，削弱企业激励满意度；但如果目标过低，期限过短，又可能导致激励对象只注重短期利益而影响企业的长期发展。因此，一定要从中找到一个平衡点才能实现最佳激励效果。

3. 激励与约束相结合原则

任何一个制度都必须一分为二地看待，既要看到其内在的激励机理，又要看到其内在缺陷。股权激励也是一把“双刃剑”，正确使用则可以令企业青春常驻，但若被滥用或者被歪曲，则会使企业遭受重大损失。如果企业治理结构不完善，内部人控制下的企业实施股权激励，可能会引发企业管理层在实施激励前刻意降低企业收益率、压低股价，而在实施股权激励后，释放隐性收益，驱使股价回升，从而获得超额收益的情形，严重者甚至可能会直接导致“会计造假”，以求获得巨额的激励股权收益。这些做法不仅不利于企业的可持续发展，甚至有可能给企业和股东利益带来损害，给投资者带来较大的市场风险。因此，进行股权激励要坚持激励与约束相结合的原则。

四、股权激励计划的系统性和复杂性

企业股权激励计划设计不是简单地、随意地给予员工一定的股份就可以的，它是一项系统、复杂的工程，需要对企业的现状和激励对象进行充分的调研，相互沟通，需要进行周密的研究与设计，做到有的放矢。如果只是简单地给予股权，则忽略了股权给予之前的设计和之后的沟通，股权激励难以达到预期目的。

大多数企业管理者对股权激励存在模糊认识，对股权激励的实施条件、操作方式和影响等重要问题没有清晰的认知。股权激励计划在具体实施中比较复杂，不仅涉及法律问题，更涉及企业管理和财务运作等各个方面的问题，具有复杂性和系统性。

五、股权激励与公司治理的关系

公司治理有广义和狭义之分。从狭义上讲，公司治理是指公司内部组织管理架构上的利益和职权关系的安排，主要包括公司的股东、董事会及经理层之间的关系，公司股东会的职权、董事会的结构与功能、经理层的权限与职责以及相应的选聘、激励和监督等方面的制度安排；从广义上讲，公司治理还包括公司与其他利益相关者（如激励对象、债权人甚至客户、供应商和社会公众等）之间的关系，以解决不同利益主体间的受益、决策、监督、激励和风险分配问题。

公司治理结构影响整个公司的经营决策和经营行为，公司发生的多数行为都与其存在密切关系。

良好的公司治理能够对股东尤其是中小股东的利益进行有效的保护，对经营层形成有效的监督、制衡和激励，保证经营者以股东和利益相关者的最佳利益为目的行事，从而实现企业的经营目标；有利于减少企业代理成本，保护利益相关者的利益；有利于金融体系的稳定，增强抗风险的能力。同时，良好的企业治理也是上市公司融资，吸引国际、国内资本，提高竞争力的需要。

因此，完善的公司治理结构是企业进行股权激励的前提条件，而股权激励的实施反过来又有助于公司治理结构的完善。有人把股权激励作为公司治理的一个重要组成部分，认为没有实施股权激励的公司治理结构是不完善的。从某种意义上说，笔者认为这种说法是有一定道理的。

第二节　企业实施股权激励的前提条件

并非任何企业在任何时候都可以实施股权激励，实施股权激励需要具备一定的前提条件。那么实施股权激励需要具备哪些前提条件呢？

有人曾经把实施股权激励的前提条件概括为“天时、地利、人和”。所谓“天时”，是指企业所处的外部大环境，包括宏观经济环境、资本市场环境、行业特征以及政策法律环境。如果这些大环境不适合做股权激励，企业实施股权激励就很难成功。

所谓“地利”，是指企业的自身条件，主要包括企业的特征、企业的规模、企业的成长性、企业的治理结构、企业的薪酬体系、企业的文化氛围等。如果这些“地利”因素不具备，企业实施股权激励也很难成功。

所谓“人和”，是指股权激励中人的因素，主要包括股东与股东之间的关系，股东与股东之间有没有矛盾，是否所有的股东都同意实施股权激励；股东与高管之间的关系，股东与高管之间是否存在矛盾；企业主在激励对象中是否有信誉，激励对象是否认可企业主，企业是否存在劳动纠纷，激励对象是否愿意参加股权激励；等等。

自古以来，“天时、地利、人和”都是人们做事取得成功的关键因素，在实施股权激励方面同样也是如此。缺少任何一个方面的因素，股权激励都很难实施成功。

“天时、地利、人和”比较宽泛和抽象，下面我们重点阐述影响企业实施股权激励的最直接的三个要素。

一、企业要有价值

企业要有价值，这一点比较好理解。只有企业有价值，股权才值钱，激励对象才愿意接受。如果企业没有价值，激励对象就很难接受。

这个条件在实务中所反映出来的问题就是企业什么时候适合做股权激励。问这个问题的人非常多，比较典型的问法是：我的企业刚刚成立，现在适合做股权激励吗?

我们的回答是，适不适合做股权激励最关键的因素是企业有没有价值，而不是企业成立的早晚。企业有没有价值和企业成立的早晚不能画等号。有的企业虽然成立时间比较晚，但是可能有比较大的价值；有的企业虽然经营了很长时间，但可能没有价值。总之，企业在没有价值的时候做股权激励，不会收到好的效果。

案例：企业是无“价”之宝怎么办

——X 女装公司员工放弃行权[①]

2012 年，X 女装公司上市后，即推出了股权激励计划，激励对象包括高层、中层管理人员及核心骨干共 60 人。计划授予激励对象 260 万股的股票期权。然而，在股权激励计划公布后，公司副总经理、财务总监、董秘等公司高管却放弃即将到手的上市公司股权激励股票，纷纷离职，以至于 X 女装公司 2012 年 6 月公布的股权激励计划，于当年 12 月便宣布终止，上演了一部匪夷所思的股权激励故事大片。

---

① 刘建刚、李建辉、邵铁健、张宏强、马伟、谭开强：《股权激励你不能做——股权激励失败启示录》，团结出版社 2018 年版，第 65—69 页。

上市公司的股票一般都会受到公司内部激励对象的热衷，为什么X女装公司会出现把股票给激励对象，激励对象反而像拿到烫手山芋一样纷纷扔掉的情况呢？因为从2011年起，整个纺织行业整体形势下行，服装行业的十几家上市公司的股票行情都在一路下滑，而X女装公司2012年6月推出的股权激励计划，行权价格为35.4元，到2012年7月，股价就跌破了行权价，且仍在持续下跌，所以才会出现“不给股份激励对象还在公司干，一给股份激励对象反而跑路”的令人尴尬的局面。

当然，我们这里所说的企业要“有价值”，不仅仅指“现在”有价值，还包括“未来”有价值。即使企业现在没有价值，但如果激励对象能够看到企业未来有价值的话，也可以。只要企业未来有价值，股权也是值钱的，激励对象也会乐于接受。

关于企业的价值，我们要区分两个概念。企业有价值是客观的，但还存在一个认知问题，要让激励对象相信企业有价值或者未来有价值。这个主观上的认知比企业客观上有价值更为重要。哪怕企业没有价值，只要激励对象认为有价值，实施股权激励也能起到激励的作用。

如何让激励对象认为企业有价值或者未来有价值呢？这就需要企业主给激励对象讲企业的优势并描绘企业未来发展的宏伟蓝图，蓝图描绘得越美好激励对象越认可。当然，描绘的这个蓝图一定是可以实现的，不能太脱离实际，否则激励对象很难相信。

另外，很多激励对象对股权比较陌生，不了解股权的价值。企业主还要给激励对象讲一些股权的基本知识、股权的价值和股权创富的故事等内容。

记得七八年前，我在给一个客户做股权激励计划的时候，这位企业主说，我们这个企业的员工比较年轻，都是80后、90后，很多人对股权不了解。当时我就感觉到这是一个很重要的问题，企业实施股权激励的主要目的，就是要激发员工的工作积极性。如果员工都不了解股权的价值，就起不到激励的作用，即使把股权都给员工也没用。同理，我又想到，80后、90后不懂股权，60后、70后也不一定都懂股权啊。不懂股权，把股权给他，就等于对牛弹琴，不会有好的激励效果。所以从那之后，我们就研发了一个课件，叫“股权激励动员会”。我们在协助每个企业做股权激励计划时，都会召开一个股权激励动员会，给员工普及一些有关股权的基本知识、股权的价值和股权创富的故事等。

二、企业主要舍得和诚信

股权激励本质上是一种利益分享机制，企业主舍得和诚信是企业实施股权激励非常重要的前提条件之一。这是我们从实务中得出的经验。实务中很多企业主在给激励对象分股权时是不舍得、不诚信，“既要马儿跑，又要马儿不吃草”，导致激励不能取得好的效果。这里和大家分享两个我们之前接触到的案例。

案例：企业主善于分享，股权激励才有效果

——某餐饮企业股权激励失败

几年前我们辅导过重庆的一个做餐饮的客户，协助他们企业做股权激励计划。通过对企业的详细调研和测算，根据企业的规模、营收能力和激励对象的多少，我们在最初确定股权激励总量时，确定了总量为20%的激励股权。可在方案沟通的过程中，由于企业主不舍得，激励股权的总量一再减小，先后从20%变成15%、10%，最后又从10%中拿出了一半做期权池。企业的体量本来就不大，这样的股权比例分到每一位激励对象身上时，几乎没什么感觉。原先选好的激励对象，有将近一半的人放弃了参与。那些参与的人被激励后，工作积极性也没有提高，该怎么样还是怎么样。

案例：不讲诚信寸步难行

——企业主不讲诚信导致高管离职

两年前，我们接待过一位客户。那位客户对我说，他曾经被一家公司聘请去做CEO，企业主给他做的股权激励计划是年底完成5000万元的销售业绩，就赠送给他2%的股权，年终再奖励他一辆宝马740。

有了这样的激励，我的那位客户就全力以赴地奔着这个目标努力，经常加班加点到后半夜。

年终的时候，他完成了企业主给他定的业绩目标。在他的心目中，2%的股权和宝马740的奖励是板上钉钉的事了，但到了真正兑现的时候，企业主却舍不得，找各种理由推托。因为没有签署协议，我的那位客户也没办法，于是很快就辞职了。

从短期看，企业主节约了2%的股权和100多万元的年终奖；但从中长期来看，他不仅损失了一位能干的销售大将，还失去了自己的诚信、口碑，以致其他高端人才都不愿意与他合作。

一些企业主之所以在做股权激励时不舍得、不守诚信，大多是因为他们对股权激励存在不正确的认知。他们认为股权激励就是对员工的赏赐，赠与；对员工进行股权激励就是从他们自己腰包里拿钱给员工。员工获利了，自己的利益就受损了。实务中持这种观点和认知的人不少。我认为这种观点是不对的，股权激励不是企业主对员工的赏赐，而是一种交易。即使不需要员工掏钱购买的方案，也不是企业主对员工的赏赐，它仍然是一种交易。

为什么这么说呢？因为做股权激励的目的是调动员工的工作积极性，为企业创造更大的价值。每一个股权激励计划都会给激励对象制定业绩目标，激励对象要想最终获得所激励的股权，就要更加努力地工作，完成业绩目标，为企业创造更大的价值。因此，股权激励本质上是一种交易，而不是企业主的赠与或赏赐。

既然股权激励是一种交易，激励双方都有责权利，在设计方案时，一些条款就要和激励对象沟通、协商，最终达成一致。否则，激励对象就有可能不接受公司设计的方案。

激励对象完成业绩目标，把企业的蛋糕做大了，他们所获得的股权收益是他们创造的更大价值的一部分，是企业增量激励，而不是企业主从自己腰包里拿出来给员工的。激励对象获得的多，企业主获得的更多。因此，企业主舍得和讲诚信是企业实施股权激励的一个非常重要的前提条件。

三、上市公司实施股权激励的条件

上市公司实施股权激励与非上市公司实施股权激励的条件有很大不同之

处，我国《上市公司股权激励管理办法》对上市公司实施股权激励还规定了特别的条件。《上市公司股权激励管理办法》第七条规定，上市公司具有下列情形之一的，不得实行股权激励：（1）最近一个会计年度财务会计报告被注册会计师出具否定意见或者无法表示意见的审计报告；（2）最近一个会计年度财务报告内部控制被注册会计师出具否定意见或无法表示意见的审计报告；（3）上市后最近36个月内出现过未按法律法规、公司章程、公开承诺进行利润分配的情形；（4）法律法规规定不得实行股权激励的；（5）中国证监会认定的其他情形。

从上述规定可以看出，我国上市公司要实施股权激励，除要具备一般非上市公司具备的前提条件外，还应符合我国《上市公司股权激励管理办法》对上市公司实施股权激励的规定。

第十一章 企业实施股权激励的目的、误区与时机

◎ 导读

目的决定手段。企业实施股权激励的目的不同，设计的股权激励计划就不同，如果企业不了解股权激励的本质，就容易陷入股权激励的各种误区。同样是实施股权激励，选择不同的实施时机，其产生的激励效果也是不同的。企业实施股权激励的目的、实施股权激励的误区和选择股权激励的实施时机都是企业股权激励计划架构设计和实施的重要内容。本章分三节加以阐述。

第一节 企业实施股权激励的目的

企业实施股权激励的目的，就是企业通过实施股权激励要达到什么目标，我们可以从以下几个方面来理解股权激励的目的。

一、如何理解企业实施股权激励的目的

（一）不同国家实施股权激励的目的不同

股权激励起源于美国，在经历了萌芽和起步阶段后，迅速在英国、日本等发达国家得到推广，但不同国家实施股权激励的目的是不同的。

美国推行股权激励的目的主要有三个：一是增加激励对象的退休福利，增强企业内部激励对象的凝聚力，提高劳动效率；二是稳定股东队伍，防止企业被他人敌意收购；三是获得减税、合理避税，以及获得银行方面的非融资支持等。

英国实施股权激励的目的，更多的是激励经营者的积极性。为了应对来自美国企业的竞争压力，英国推出了适合自己特点的股权激励措施，并取得了不错的效果。

日本实施股权激励的目的与欧美不同。日本的公司职工持股计划没有明显的福利色彩，企业为激励对象持股补助的资金仅占职工持股所需资金总额的5%，而95%左右的资金需由激励对象自己筹集。当企业股票市值增长时，激励对象可以出售被激励的股票获得收益。

我国实施股权激励，最初是建立在经济转型时期的公有制基础上的，作为企业产权制度改革的一个重要手段，是实现产权多元化、建立有效的内部激励机制和约束机制的重要途径。

（二）不同企业实施股权激励的目的不同

不同性质、不同规模的企业，或者同一企业处于不同的发展阶段，其实施股权激励的目的也是不同的。有的是为了吸引并留住对企业有重要影响的管理骨干和核心技术人员；有的是为了调动员工的工作积极性，为企业创造更大的价值；有的是为了回报老员工，使他们愿意扶持新人成长；有的是为了节省企业现金流，减轻企业支付员工工资的资金压力。有的企业侧重于其中一个目的，有的企业则基于几个目的综合考虑。

二、企业实施股权激励的目的有哪些

企业实施股权激励的目的，一般来说有以下几个：

1. 通过股权激励留住人才

《天下无贼》里葛优说过一句话："21世纪什么最重要？人才！"①相信这句话道出了许多企业的渴望。随着企业的发展与扩张，"人才"问题往往

① 胡八一编著：《股权激励9D模型》，企业管理出版社2010年版，第50—51页。

成为企业难以突破的管理瓶颈。人才流动一般集中在三个方面：一是员工认为他们的价值没有得到充分体现，他们付出了很多却没有得到相应的回报；工资、奖金、福利等薪金只让他们享受到了劳动成果，没有享受到资本所带来的成果；二是部分员工离职，是因为他们有创业的梦想，想自己做主；三是竞争对手挖墙脚。

现在是多元化的经营时代，如果一个企业没有给员工发展的空间，员工可能会有离职的倾向，这是员工离职率比较高的重要原因之一。出现这种情况，作为用人单位，要进行反思，应考虑采取什么样的措施留住人才，很多企业选择了股权激励这种方式。

2. 通过股权激励吸引人才

不少企业实施股权激励的目的，不仅仅是防止本企业优秀人才的流失，还具有吸引外部优秀人才，为企业输送新鲜血液的目的。人们常说“筑巢引凤”，通过实施股权激励打造人才发展平台，能够吸引外部优秀人才加盟，优化、升级激励对象团队。

3. 通过股权激励建立企业利益共同体

在企业里，企业主和员工处于对立的两端，如果企业主习惯于把自己当“主人翁”，把员工当成“打工仔”，就让员工产生了“我只不过是在为企业主打工”的心态，对企业没有归属感，对工作没有成就感，不愿为企业卖力。要改变这种“双输”的局面，最好的办法就是用股权激励把员工从“受害者”的角色转变为“责任者”的角色，将员工从“打工仔”的角色转变为“企业主”的角色。①

作为企业主，一定要深刻认清这样一个现实：未来都是合伙人，没有员工，更没有“打工仔”一说。企业主不能把自己当成高高在上的人，对员工呼来喝去，要以平等的姿态与员工相处，表现出对员工的尊重，包括人格上的尊重和经济利益上的尊重，充分激发员工的工作积极性，使企业充满生机与活力。

---

① 姜博仁：《新合伙制》，人民邮电出版社2016年版，第1页。

4. 通过股权激励提高企业业绩

股权激励能够起到良好的导向作用，大大提高员工的工作积极性、责任心和创造力。在实施股权激励后，企业的管理人员和技术人员成为公司股东，因为自己工作的好坏而获得奖励或惩罚。这种预期的收益或损失具有一种导向作用，大大提高了管理人员、技术人员的积极性、主动性和创造性。员工成为公司股东后，能够分享高风险经营带来的高收益，有利于刺激其潜力的发挥。这就会促使经营者大胆进行技术创新和管理创新，采用各种新技术降低成本，提高企业的经营业绩和核心竞争力。

5. 通过股权激励约束经营者的短视行为，维持企业战略的连贯性

“缺乏安全感”是导致人才流失的一个关键因素，也正是这种“不安全感”使员工的行为产生了短期性，进而危及企业的长期利益。传统的激励方式，如年度奖金、业绩提成等，对经理人的考核主要集中在短期财务数据上，无法反映长期投资的收益。这种激励方式客观上刺激了经营决策者的短期行为，影响投资人的长期收益，不利于企业长期、稳定发展。

作为一种长期激励机制，股权激励能使经营者在任期内得到适当的奖励，由于部分奖励是在卸任后延期实现的，这就要求经营者不仅关心如何在任期内提高业绩，还必须关注企业的长远发展，以保证自己获得延期收入。当经营者离开企业或有不利于企业的行为时，将会失去这部分收益，这就提高了经营者离开企业或“犯错误”的成本，从而可以弱化经营者的短期化行为，促使其注重企业的长期发展。

6. 通过股权激励回报老员工、促进企业内部和谐

老员工是企业发展的推动者和见证者，其中不乏创业之初开荒的元老，不乏企业前进中的劳动楷模，不乏企业改革的先锋。

习惯助长惰性，平淡易磨精神。老员工可能已经激情不再，可能因循守旧，不思进取，但不可否认的是，他们曾经是企业的支柱，为企业的成长付出过太多的精力和心血。如今，他们仍然是企业不可或缺的核心，对企业的稳定起着基石的作用；未来，他们还将为企业的发展不遗余力地贡

献自己的力量。①

因此，在企业这块“蛋糕”做大后，理应分一块回报老员工。对老员工实施股权激励，可以让他们重新燃起工作热情，全心全意为公司服务。他们的经验，对于工作是效率和保障，对于企业是无形的财富；对于新员工则是鲜活的教科书。

7. 实现新老高管的平稳交接

当企业度过了初创期，进入高速发展阶段，如果创业元老精力跟不上企业的发展，知识结构和专业技能落后，不能满足工作的需要则都将成为企业继续发展壮大的瓶颈。这种问题如果得不到及时解决，企业将会陷入困境，甚至走向消亡。如果创业元老的知识和才能不再适应企业的发展，就必须从领导岗位上退下来，这一点毋庸置疑。

但如何才能顺利实施新老高管的平稳交接呢？急流勇退的勇气和胸怀毕竟不是每个人都有的，如果企业没有让创业元老顺利退下来的机制，元老们可能会觉得，一旦退出领导岗位，自己将一无所有，多年的付出和心血将全部付诸东流。因此，他们一般不会主动隐退。如果处理不好，元老们可能居功自傲、山头林立、矛盾重重，成为企业发展的绊脚石；也可能负气出走，投靠竞争对手，反戈一击，或者自立门户，给企业平添竞争对手。

通过股权激励，用股权来换取元老们手中的权力是一种不错的做法。对他们以前的功劳予以肯定，对他们以前的贡献进行补偿，这样他们才会心甘情愿地退居二线，因为当拥有股权的创业元老们看到新晋的职业经理人动辄拿着几倍于自己当年的工资时，他们或许会意识到新来的人是在为自己这个东家打工，从而感到些许欣慰。

8. 通过股权激励降低企业即期成本支出，为企业顺利过冬储备能量

对于任何一个企业来说，现金流和人才都是关乎企业生死的重要因素。这两者的重要性，可以这样打比方：如果把企业比喻成一个人，那么现金流就是人的血液，人才就是人的大脑和四肢。没有现金流，企业将无法正常运

---

① 胡八一编著：《股权激励9D模型》，企业管理出版社2010年版，第47—48页。

作，不但生产效率低下，而且会渐渐走向灭亡；没有人才，企业不会发展，不会壮大，只能苟延残喘，最终难逃厄运。

但是，几乎所有的企业在创业初期和发展期都面临资金，特别是现金流短缺的压力，一般都无法给员工较高的现金工资或奖励。怎么办呢？解决这一难题的方法就是对员工进行股权激励。通过持股经营、奖励股份等手段，相应降低员工的工资、奖金等现金类报酬。这样不仅可以大大降低创业成本，还能使员工的利益与企业价值成长紧密相连，极大地提高员工工作的积极性。

总之，企业实施股权激励的目的是多种多样的，在设计股权激励计划时，我们首先要确定企业实施股权激励的目的。这是设计股权激励计划的首要环节。

三、企业应当如何确定股权激励的目的

企业确定股权激励目的时应注意以下问题：

1. 设计股权激励计划时不能偏离股权激励的初衷

对员工进行股权激励的初衷是满足员工的某种心理需求，为企业创造更大的价值。创业企业在设计股权激励计划时要围绕激励员工来展开，否则就偏离了实施股权激励的初衷。创始合伙人在设计股权激励计划时最容易犯的一个错误就是，在整个股权激励计划设计过程中，始终站在股东的立场上，患得患失，不舍得分享，舍本逐末，偏离了对员工激励的初衷。

2. 要根据企业发展的阶段和实际需要确定实施股权激励的目的

不同性质、不同规模的企业，或者处于不同发展阶段的同一企业，实施股权激励的目的是不同的，企业在做股权激励计划时，一定要根据企业发展的阶段和实际需要确定实施股权激励的目的。

3. 要做好与员工的沟通工作

从公司股权激励的参与主体来说，一方为企业，一方为员工。从身份地位来看，员工对企业有身份依附关系，处于弱势地位。在股权激励实施过程中，最容易出现的问题是：员工在签署股权激励协议时，会有很多不明白、不理解的问题。譬如，企业为什么要实施股权激励，股权为什么需要我出钱

购买，为什么企业估值是这个数值，为什么授予我的股权没有某个人的比例高，等等。这些问题如果不给员工解释清楚，他们不理解这些冷冰冰的制度安排背后的合情、合理性与商业逻辑，就会把股权激励看成卖身契。如果企业按照百分比分配股权，获得比例较低的员工，往往还会觉得企业太抠门。这些问题，如果沟通不到位，员工的激励体验就会极差，严重影响员工参与股权激励的积极性，降低股权激励实施的效果，很难达到股权激励的目的。

因此，要做好与员工的沟通工作，尽可能打消他们的各种疑虑。

第二节 企业实施股权激励的误区

从我们接触的大量案例来看，不同企业在确定股权激励的实施目的时往往存在以下几个方面的误区。

一、把股权激励当作为员工谋福利

股权激励是企业人才激励机制的创新，与员工福利有很大的区别，千万不能把股权激励看作一种福利。如果把实施股权激励当作为员工谋福利，则是吃力不讨好的做法。

案例：一字之差，谬之千里，莫把股权激励当作股权奖励

——中关村 M 科技有限公司股权激励案例

2008 年，中关村 M 科技有限公司将在中关村三板挂牌。[①] 该公司有三个股东，考虑到挂牌上市后股份会有较大增值，公司 CEO 认为这是一个为大家谋福利、鼓舞士气的好机会，于是在改制过程中吸收近 40 位员工入股，其中出资最少的只有 3000 多元，所持股份占公司股本总额的万分之一。

公司刚刚在中关村三板挂牌，便有个别小股东以急需用钱为由要求公司

① 胡八一编著：《股权激励 9D 模型之非上市公司股权激励》，企业管理出版社 2010 年版，第 35 页。

收购自己的股份。根据我国相关法律的规定，有限责任公司变更为股份有限公司后一年内，发起人不得转让股份。这些员工都是在改制过程中入股的，因此都是发起人，无法立即转让股份。企业主被逼无奈，只得先把自己的钱借给这些员工。

这家企业错把股权激励当成了为员工谋福利，提倡利益均沾，鼓励大家入股，而个别员工对股权激励缺乏认识，只图眼前利益，不愿与企业一起长期发展。

尤其很多中小企业主对实施股权激励的目的往往存在理解上的偏差，这给股权激励的实施带来很大的阻碍。

股权激励属于长期激励的一种形式，直接目的是吸引和激励优秀人才，调动其工作积极性，构建一个充满活力、忠诚、团结奋进的核心团队；终极目的是提升企业竞争力、创造优秀业绩、实现可持续发展。如果想给员工谋福利的话，可以通过工资、奖金等现金形式。

二、以股权激励为幌子筹集资金

股权激励作为一项长期的人才激励机制，要求实施主体讲诚信，但在实务中，个别企业迫于资金压力，以股权激励为幌子筹集资金。这是杀鸡取卵的做法，必然会给企业带来严重的信誉危机，也会使员工对企业失去信任。

案例：谨防错用股权激励作集资

——某公司股权激励不成，反倒成了变相非法集资

张某在某公司担任部门经理，公司一直宣传要上市，并启动了全员股权激励计划，被激励的员工要向公司缴纳一定的股权认购款，部门经理 20 万元，副经理 15 万元，一般员工 5 万元。绝大部分被激励对象都缴纳了股权认购款，张某也不例外，按照要求缴纳了 20 万元。

一年过去了，公司没有上市，也没有分红；两年过去了，公司还是没有上市，仍然没有分红。第三年，张某要跳槽到其他公司，就准备将 20 万元的股

权兑现。但是公司以按照协议办理为由拒绝兑现，导致张某的20万元真正成了鸡肋，而且活钱成了死钱。①

经过仔细研究股权激励计划和认购协议，张某才发现所谓的公司内部全员股权激励其实是一个彻头彻尾的非法集资骗局，主要体现在以下三个方面：

第一，股权分红根据公司的经营情况而定，如果离开公司则不能参与分红。

激励对象虽然拥有股份权利，但是属于不完全权益。如果离开公司就难以参与分红，因此，激励对象已经失去了参与公司成长和收益的权利。上述案例中的协议约定一旦激励对象离开公司就不再参与公司的分红，看起来好像有道理，实际上是无理条款，目的就是白白地占有激励对象的资金，实质上就是非法集资。

第二，不能对外部转让，导致公司内部股权难以兑现。

股权的价值除分红外就是变现。之所以上市公司的股权有价值，是因为其能够随时变现。但是这家公司的股权激励由于规定了不能对外转让的条款，导致激励对象手中的股权既拿不到分红，又难以通过转让变现。这种情况无疑反映出公司想白白占用激励对象的股权投资资金的意图。

第三，激励对象如果离职，被激励的股权只能转让给公司，而且转让的价格就由公司决定。

激励对象离职自然是希望股权变现，但是这个股权激励计划却规定，离职激励对象的股权只能转让给公司。这个条款本来也没有什么问题，但是同时规定股权转让价格由公司决定，这就有问题了，导致公司实施的股权激励计划成为一张废纸。且不说公司可以自由决定是否回购激励对象持有的股权，即使回购，其回购的价格也不一定是激励对象购买时的价格，甚至还会有很大的折损。

---

① 麒鉴：《是真正的全员股权激励还是变相的非法集资？就认清这几点》，载财经热点时报网易号，https：//dy.163.com/article/EF4E7NL5053907LI.html，最后访问时间：2021年12月9日。

三、用股权激励代替企业管理制度

股权激励是提高企业业绩、充分调动员工工作积极性的有效机制，但如果将股权激励当成“万能钥匙”，以股权激励代替企业管理制度，则是错误的。

案例：股权激励和企业管理制度，一个都不能少

——K化工公司股权激励案例

K化工公司做纺织印染剂。公司由于成立时间不长、发展速度过快使得当时还没有成文的绩效考核制度，甚至连岗位说明书都没有，公司管理严重混乱。企业主林某单凭自己的精力已经远不能建立和健全公司各方面的管理制度。

2009年年初，为了规范公司管理，林某决定实施股权激励，初衷是：实施股权激励，激励对象就是公司的主人了，这样他们不用上级催促就会加班加点地工作，看到有谁偷懒就会主动汇报。

按照林某的想法，实施了股权激励公司就是“自由人的联合劳动”场所，但结果却是在实施了一段时间的股权激励计划后，该化工公司不但没有实现预期的目的，反而是工资费用迅速增加，使得公司利润急剧下降。①

本案例之所以会出现这样的结果，是因为企业没有与实施股权激励计划相配套的企业管理制度和绩效考核制度。股权激励不仅不能代替这些制度，相反，它需要一套严格的企业管理制度和绩效考核体系为实施股权激励计划作支撑。

企业管理制度、公司治理结构和绩效考核是一项繁杂的工程，需要企业根据自身情况不断地构建和完善。股权激励只能作为这些制度的一个重要补充，协同发挥作用，而不能取代这些制度。

---

① 胡八一编著：《股权激励9D模型之非上市公司股权激励》，企业管理出版社2010年版，第37页。

第三节 选择股权激励的时机

股权激励时机的选择非常重要。选择得好，股权激励计划能够得以顺利实施，达到预期的效果；选择不当，则可能导致激励计划无法实施，即使实施了，也未必能达到预期的效果。

那么，企业什么时候实施股权激励合适呢?

从横向来说，企业的性质、规模、发展阶段各不相同，大公司与小公司、上市公司与非上市公司、初创公司与成熟公司，最适当的激励时机都是各不相同的。

从纵向来说，绝大多数企业的发展，一般划分为初创期、成长期、成熟期和衰退期四个阶段。不同的企业，适合实施股权激励的阶段也是不同的。

选择股权激励的实施时机，一个根本的原则就是选择在企业发展前景比较好，企业有价值的时候实施。企业发展良好的时候，对员工进行股权激励，这时由于企业经营正常，利润预期可测，风险小，很容易看到实施股权激励后的效果。在预期可观的前景下进行激励，即使要求员工缴纳一定的资金购买股权，员工也会十分愿意。这样既为企业吸收了大量的流动资金，同时也调动了员工的工作积极性，凝聚了人心。相反，如果企业在走下坡路的时候，或者员工对企业主出现信任危机的时候，实施股权激励则是不合适的。企业经营出现困难时进行股权激励，由于前途渺茫，目标实现的未知数太多，无法预测，员工一般不会认可股权的价值。

究竟什么时候适合实施股权激励，很难简单地给出统一的完美答案，只有具体问题具体分析，在充分了解企业现状与未来走向的基础上，才能选择最合适的时机，达到最优效果。一般情况下，企业可选择以下时机实施股权激励。

1. 企业处在快速上升阶段

当企业上升势头良好，需要加快扩张发展的步伐时，可以对核心人才进行股权激励。因为企业的扩张发展往往需要较多的人才。这个时候实施股权激励，对于保持核心人才的稳定非常重要。

2. 企业处在成熟稳定期

企业在成熟稳定期实施股权激励，可以形成企业的自运转，能够把企业主解放出来。

3. 企业进行股权融资时或 IPO 之际

当企业的资本战略以股权融资为目标时，不论引入战略投资者、财务投资者还是谋求企业挂牌，都需要股权激励措施的配合。因为投资者的一个重要考虑因素就是股权激励的实施情况。这个时候对员工进行股权激励，也是凝聚人心的大好时机。这也就是人们常说的“企业主请客，市场买单”。

4. 企业拟推出新战略时

当企业推出 3 年至 5 年的新战略计划时，股权激励可以把重要人才和企业利益长期捆绑在一起，有利于稳定军心、增强高层团队的凝聚力。

5. 商业模式发生重大调整时

当企业的商业模式发生重大调整时，股权激励是留住现有人才、激励新员工的重要手段，也是引进新商业模式所需人才的有效措施。

6. 并购重组阶段

企业对资本市场进行并购重组时也是实施股权激励的重要时机。如果是自家企业兼并他家资产，股权激励有助于化解企业并购重组后可能产生的创业元老和新进股东之间的矛盾。

此外，企业还可以选择业绩有重大提升或遇到其他重大利好消息时推行股权激励计划，这样可以用最小的成本获得最大的激励效果。

第十二章　股权激励的两大类型和七种模式

◎ 导读

选择股权激励类型和具体的股权激励模式是设计股权激励计划的重要环节；不同的股权激励类型和激励模式具有不同的特点、优缺点和适用性。企业只有选择适合自己的激励类型和模式才会起到比较好的效果。本章用两节分别阐述股权激励的两大类型和实务中常用的七种具体模式。

第一节　股权激励的两大类型

股权激励的两大类型是指实股激励和虚股激励。这两种类型的含义、特点及适用性是不同的。

一、实股和虚股的含义

所谓实股，又称实际股权，是指股东拥有股权（票）的全部权能的股权，包括参加股东（大）会、投票表决、参与公司的重大决策、收取股息或分享红利等综合性权利。实股的持有方式包括三种：一是企业内部股东名册上有记载，并进行了工商登记备案。这是最完全意义上的实际股权。二是只在企业内部股东名册上有记载，但没有在工商管理部门登记备案。这样的实际股权涉及处理企业内部股东之间的关系时是有效的，但不能对抗企业股东以外的善意第三人。三是既没有在企业内部股东名册上记载，又没有在工商管理部门进行备案登记，只是被其他股东代持的股权。这样的实股持有人通过其与股权代持者之间签订的合法有效的股权代持协议行使权利。

虚股又称虚拟股权，虚拟股权中的“虚拟”二字，是相对于真实股权而言的。虚拟股权不同于一般意义上的公司股权，股东权益具有不完整性。虚拟股权的持有者，只能享受分红收益权，即按照持有虚拟股权的数量按比例享受企业税后利润分配的权利，而不能享有普通股股东的权益，如表决权、分配权等。

二、实股激励和虚股激励的区别

实股激励与虚股激励的区别主要表现在以下几个方面：

（一）实股激励和虚股激励的出资方式不同

实务中，实股模式下的股权激励，一般会要求激励对象履行相应的出资义务，只是在企业估值和出资期限、出资方式上有很多变通性的安排。

而虚股模式下的股权激励，本质上是对未来企业股权收益权的提前安排，并不是一个带有物权性质的权利。收益权本质上属于债权的一种，而且属于那种无法登记的、不确定的、未实际发生的未来收益权。

一般情况下，虚股并不适合要求激励对象出资购买。如果大范围地要求激励对象出资购买虚股，很可能构成非法吸收公众存款罪或者非法集资罪。实务中，我们不建议企业采取虚股激励模式时要求激励对象出资购买。

（二）实股激励和虚股激励的存在方式不同

实股可以在劳动关系终止后独立存在。实股模式下的股权激励，虽然以激励对象与企业具有劳动关系为前提，但股权激励一旦实施后，基于股权而产生的股东关系就是独立的，不因基础劳动关系的丧失而终结。劳动关系终结后，股权关系依然会存续一定的时间。

虚股激励依附于劳动关系，以激励对象和企业之间具有劳动关系为前提。劳动关系终止后，虚股的存在基础就丧失了，虚股也就不存在了。实务中，经常有人把虚股称为“身股”，这就更加强调了虚股对于劳动关系这一人身依附性质的依赖性。

（三）实股和虚股的流动性、变现价值不同

实股本身可以流动并具备变现价值，在符合特定条件的情形下，是可以独立转让变现的。虚股本质上是基于劳动关系的未来股权收益权，具备很强的人身依赖性，其转让受到限制。虚股本身并不具备流动性和变现价值。

（四）实股和虚股对激励对象关注点的导向不同

在实股激励模式下，因为激励对象享有的是企业实实在在的股权，该股权不仅具有分红的价值，还有增值的价值。因此，激励对象更关注企业的长期发展。

虚股激励只是股东未来预期分红权的一种让与方式，激励对象更关注企业的分红情况，并不关注企业的长期发展和企业价值的增长。

三、实股激励和虚股激励的优缺点

实股激励和虚股激励各有利弊，二者各自的优缺点如下：

实股激励的优点是长期激励，被激励者归属感强；缺点是手续复杂，变通性差。

虚股激励的优点是它属于代替实际股权的变通方式，激励对象是否同时享有分红权和股权的增值权，以及是否需要出资购买等，可以进行任意组合，形成多种解决方案。相对于实股激励，虚股激励易于操作和控制。虚股激励的缺点是当企业规模较小时，对于激励对象来说，激励感与企业的归属感都比较低。

四、实股和虚股两大激励类型的不同适用性

实务中，实股激励和虚股激励的适用性是不同的，主要表现在以下两个方面：

（一）实股激励和虚股激励适合的企业类型不同

在实股激励下，随着企业估值的增长，激励对象能够享受到持有股权（票）价值增长带来的收益，实股激励更适合企业估值有增长的企业。如果

企业估值在激励期限内没有明显增长，则丧失了实股激励的核心意义。因此，创业企业、上市前企业等成长性比较好的企业相对适合实股激励。

在虚股激励模式下，一般来说，激励对象只关注企业的分红情况。因此，虚股激励更适合分红比较确定的企业。如果企业正处于创业期，企业本身现金流不充分、分红不确定，或者正处在上市前需要降低成本提升净利润，无法保证分红稳定或可预期的情况下，就不适合采用虚股激励模式。

（二）实股激励和虚股激励适合的激励对象群体不同

实股激励模式建立的是出资人之间的股东关系，股东关系比劳动关系更稳定、更长久。因此，实股更适合对核心员工进行激励，而虚股激励模式并没有改变最基础的劳动关系，它只是一种收益的体现方式，更适合对非核心员工进行激励。

第二节　股权激励的七种模式

股权激励的具体模式很多，但实务中常用的有股票（权）期权、限制性股票（权）、期股、业绩股票（权）、虚拟股票（权）、股票（权）增值权和身股七种。非上市公司和上市公司实施股权激励的条件和要求有所不同，模式的名称也不同，一般来说，上市公司股权激励往往被称为“××股票激励”，非上市公司股权激励往往被称为“××股权激励”。股权激励最早是在上市公司实施的，上市公司实施股权激励也比较典型。因此，本书就主要从上市公司的角度进行介绍。

一、股票期权

（一）股票期权的含义

股票期权是指上市公司授予激励对象在未来一定期限内以预先确定的价格和条件购买本公司一定量股票的权利，并对激励标的的数量、价格、来源、时限和行权条件作出规定。当激励对象达到公司规定的行权条件时可以行权。在股票价格上升的情况下，激励对象可以通过行权，从出售股票价格和行权价格的差价中获得收益。激励对象要实现个人利益最大化，就必须努力经营，选择有利于公司长期发展的做法，使公司的业绩持续上升，从而实现股权激励的目的。

（二）股票期权的特点

股票期权激励模式具有以下特点：

1. 股票期权是上市公司实施的一种激励模式。股票期权模式的激励标的是可交易的上市公司股票。这是股票期权激励模式的突出特点。

2. 股票期权作为期权的一种，是公司授予激励对象的一种权利，而不是一种义务。激励对象得到的是一种选择权，激励对象到期可以选择“行权”，也可以选择“不行权”。在符合期权契约的条件下，公司及其他任何机构和个人均无权对抗行权人的行为选择。

3. 股票期权为获授人所私有，除非通过遗嘱转让给继承人，获授人不得以任何形式出售、交换、记账、抵押、偿还债务或以利息支付给予期权有关或无关的任何第三方。

（三）股票期权的积极价值

股票期权激励模式主要有以下积极价值：

1. 有利于降低委托代理成本，矫正激励对象的短视行为，使其致力于公司的可持续发展。股票期权通过将激励对象的报酬与公司的长期利益“捆绑”在一起，实现了激励对象与股东利益的一致，把对激励对象的外部激励与约束变成了激励对象自我激励和自我约束。激励对象要实现个人利益最大化，就必须努力经营，选择有利于公司长期发展的做法，使公司的业绩持续上升，最终达到双赢的目标。

2. 激励性较强且风险相对确定。期权激励属于“公司请客，市场买单”的模式，不需要公司支付大量的现金，授予激励对象的股票数量比较多，对激励对象的激励力度比较大，激励性比较强；对于激励对象而言，如果行权时公司业绩下降、股票贬值，就可以放弃行权，几乎没有任何损失，风险相对比较确定。

3. 股票期权是公司赋予激励对象的一种选择权，是在不确定的市场中实现的预期收入，公司没有任何现金支出，有利于公司降低激励成本，是公司以较低成本吸引和留住人才的有效方法。

（四）股票期权的不足之处

股票期权的不足之处主要源于其激励逻辑背后两个隐含的假设：一是激励对象受激励后增加的努力确实能改善公司的业绩；二是有效市场假设，即认为公司业绩的提升能得到市场投资者的确认，推动股价上涨。然而这些假设在现实中不时遇到反例，尤其是股票价格往往容易受到一些经营者不可控因素的影响。如市场上的投机因素、政府的宏观经济政策、原材料价格的变化以及其他一些突发事件的影响。在这些情况下，经营者就有可能因为这些不可控因素导致其努力程度得不到相应的奖励或惩罚。这显然与激励的初衷相悖。①

此外，股票期权激励模式，因为行权有时间、数量限制，激励对象行权需支出现金，还存在激励对象为自身利益而采用不法手段抬高股价的风险。

（五）股票期权激励模式的适用性

股票期权激励并非适用于每一个公司。一般来讲，实施股票期权激励的公司应当具备以下三个条件：

第一，公司处于竞争性行业。只有处于竞争性的行业才有必要实行期权激励。由于经营者面临的市场环境充满竞争，公司只有求新求变才可以生存发展。实行期权激励，可以鼓励经营者锐意进取、勇于创新，让公司不断增强竞争力。

如果公司不是处于竞争性行业，经营者只要利用垄断地位提高价格或减少供给量，而无须通过自身努力就可轻易长期坐享高额利润，就不需要通过股票激励提高经营者的工作积极性。

---

① 天亮主编：《股权激励机制》，中国金融出版社 2011 年版，第 11 页。

第二，公司的成长性较好，具有发展潜力。公司有较好的成长性，意味着市场尚未开发或尚未饱和，公司有充足的物质资本和人力资源开拓业务。在这种条件下，只要所有者有效地激励经营者，就会创造出良好的业绩，实现经营者和股东的双赢。

第三，公司产权清晰，内部权责明确。公司建立起规范完善的现代公司制度，拥有健全的法人治理结构，使董事会和经理层形成委托代理关系，是实施期权激励的前提条件。如果产权不清晰，股票就无法确定。

基于上述三个条件，股票期权激励特别适合那些处于成长初期或扩张期的公司，如网络、高科技等风险较高的公司。由于处于成长期，公司的运营和发展对资金的需求量比较大，公司短时可能无法拿出大量的现金实施即时激励。另外，公司未来的成长潜力大，通过发行股票期权，激励对象的未来收益与未来二级市场的股价波动紧密联系，从而既降低了公司当期的激励成本，又达到了激励目的，真正实现了一举两得。① 从 A 股市场来看，已经公布股票激励计划的公司主要处于医药、家电、造纸、化工、电子、通信、高科技等充分竞争、成长性良好的行业。而一些因受制于国家政策规划而成长较为稳定，或者市场行情波动剧烈的公司则不适合期权激励。如公路建设公司，其业务情况与国家规划息息相关，管理层可作为的空间有限；有色金属行业鲜有企业发布股票激励计划，也是因为金属价格随行就市，可控程度较低，每年的利润波动幅度较大。

（六）如何设计股票期权激励计划

股票期权是一个非常有效的激励工具，特别是处于创业阶段的公司，一开始可能资金不足，前景也不明朗，给不到激励对象比较高的工资，而期权则可以有效地吸引、激励和保留激励对象，让激励对象愿意与公司共同发展。但期权的设立并不是一件容易的事，设计好了皆大欢喜；设计不好的话，会导致股票激励计划形同虚设，甚至还会给公司带来隐患，不但留不住人，还会影响公司的业绩。因此，应当科学地设计股票期权激励计划。

---

① 天亮主编：《股权激励机制》，中国金融出版社 2011 年版，第 11 页。

根据多年服务公司的经验，笔者认为股票期权激励计划的设计应包括以下内容：

1. 设定期权池

所谓期权池，通俗地说，就是公司预留出一定比例的股票以备以后使用。在国外，通常预留公司全部股票的10%至20%作为期权池。有些外国投资人一般要求创始人设立约10%的期权池，超过15%的非常少，低于5%的也非常少。这个数字不是随便选的或猜的，而是计算出来的。

中国的情况有所不同。从我国民营公司的情况看，期权池的设计在两个区间分布多一些：一个是5%及以下，另一个是大于10%，这两个数字中间的选择稍微少一些。究竟公司应该拿出多少股票进行激励，并没有最佳的答案。可以参考相关的市场实践数据，结合自身的实际情况，确定适当的股票量。拿多少出来做期权，除市场环境等外界因素外，一个非常重要的影响因素是公司的创始人。创始人自身的背景、管理理念、决策倾向等，都与期权的发放有着很大关系。

一般高科技公司、金融公司股票激励比重高于传统产业。譬如，有公司在上市时的公开招股中，公司激励对象持股比例超过20%。

此外，根据上市相关法规的要求，如果公司有在我国上市的计划，用于长期激励的标的所占的股票数不能超过10%。

2. 确定好期权激励对象

由于期权对公司股票的稀释程度比较高，公司在发放期权时应非常慎重。一般公司的期权只给予管理层人员和核心骨干激励对象。有互联网公司将获得期权的范围限定为关键激励对象；也有公司在成立之初曾将全公司范围内的股票期权计划写入了薪酬制度之中，不过后来发现激励面过广，影响了对核心管理人员和骨干人员的激励效果。

3. 确定好期权激励的数量

每个被激励对象需要给多少期权，与他的级别、工作类型以及公司的发展阶段有密切关系。要考虑被激励对象的工作与业务相关，还是属于后台职能部门，被激励对象在公司中的地位是VP（高层副职）级别还是总监级别，期权激励的数量也各不相同。一般而言，级别越高、对公司影响力越大的职位，长期激励在他个人收入中占的比重应越大。

在期权的分配机制上，市场上有一种通过系数管理的方法。经纬中国创始管理合伙人在一篇文章中提到：公司初创时，一个副总可能要2%到5%的期权；A 轮融资之后，副总变成 1%到 2%；B 轮融资后，副总变成 0.5%到 1%；C 轮或者接近 IPO 的时候，副总就是 0.2%到 0.5%。公司除创始人外的核心高管（CTO、CFO 等）一般是 VP 的 2 倍到 3 倍，总监级别的一般是副总的三分之一到二分之一，依此类推。这种方法一方面需要公司在不同时期制定不同的分配额度，另一方面，在高管内部，将不同层级高管之间的分配差异化通过系数进行设定。

但事实上，系数的设定只是技术层面的一个实现方法，并不仅仅针对期权的管理，也不是在任何一家公司都要呈现一定的比例。更重要的是，要明确公司整体的薪酬策略是什么，全面薪酬的结构与整体分配机制是什么，再进一步定位长期激励的管理角色与支付模式，这时计算与分配也就水到渠成。

4. 确定好期权计划的行权价格

激励对象在行权期按某一既定价格购买股票。行权价格定得越低，也就意味着期权的价值越高，公司将承担比较高的财务成本，对公司的财务报表影响也越大。要注意上市公司实施股票激励，在行权价格上需要遵从证监会对上市公司的要求。

期权行权价格不是某个人随便说了算的，而是需要通过专业性的工具对期权价值进行定量评估后加以确定。影响期权估值的因素很多，包括公司目前的股票价格情况、无风险利率的状况、行权期的长短等。对于期权定价，目前国内很多公司都在用 Black-Scholes 股权定价模型。但实践中，一些公司对于工具的选择并不是很恰当，对于估值过程中所需要确定的参数选取也缺乏依据和经验。如果估值结果不准确，期权数量的测算、激励的效果和后期的财务分摊都会受到长期影响。鉴于期权估值的专业性和复杂性，建议公司聘请独立的第三方专业机构进行协助。

5. 确定好发放期权的时间

关于发放期权的时间，理论上说，没有任何限制，什么时候都可以，实践中也是各种情况都有。但在公司发展的不同阶段发放，给公司所带来的影响是不同的。如果一个公司在没有价值时发放期权，得不到激励对象的认可，会影响激励的效果。在能预见公司业绩或公司价值大幅提升的情况下发放期权，尤其是拟上市公司，或已经上市的公司，运用期权激励的效果通常会更好。

另外需要注意的是，《证券法》对A股上市有明确要求，公司进入上市流程后，股权结构要保持一定的稳定性，公司不可以有这样的长期激励计划处于实施阶段。

6. 确定好期权激励的有效期

有效期包括等待期和行权期。等待期是指自期权被授予后，激励对象需要在公司任职满一定时间后，才能行权；等待期一般从1年到3年不等。行权期是指激励对象可以购买激励股票的期限。

在全球范围内，期权的有效期都呈现出缩短的趋势。以往多数公司将有效期设定在10年，现在设定5年到7年的公司更多一些。其中影响期权估值的一个重要因素就是行权期。有效期越长，通过等待期后的行权期就越长。期权的估值越大，也就意味着公司的财务成本越高。因此，公司应适当缩短有效期，在保持激励效果的同时合理规划公司的财务成本。

在期权激励计划的有效期内，还应注意退出机制的设置。因为在这段时间，可能会发生各种各样的情况。譬如，激励对象离职、退休、违规被开除、身故、公司管理权发生变更等。当这些情况发生时，期权激励对象如何退出，应有专门条款规定。不同状态下的期权（尚未生效的，已生效尚未行权的，已行权的）应如何处置，是失效，加速行权，还是在规定时间内行权？公司可以根据自身情况和管理理念进行规定。

7. 管理好期权带来的财务成本

期权有相应的费用产生，对公司来说是一项不可忽视的成本。会计处理的机理是，在公司授予期权时，将对期权进行相应估值，在等待期内逐年进行分摊。

期权的价值、等待期的长短和分批行权的比例等，都会影响财务成本的分摊，需要公司在期权设计阶段就进行专业量化的分析与预测。打个比方，同样一个激励计划，公司规定分两年行权，还是一年行权，有很大的区别。这关系到财务成本是分摊到两年还是一年的问题。如果一年分摊完毕，那一年的利润可能就完全没有了。所以，公司在设计期权计划时，一定要做好相应的期权估值与财务影响分析，这个期权计划对公司财务的直接影响是什么，公司能不能承担这种成本。如果成本过高，可能导致公司没有利润，或者盈利降低很多，影响投资者的信心，公司市值也会受到影响。这样一来，期权激励计划的实施效果与期权设计的初衷就相悖了。

二、限制性股票

在实际操作中，我国上市公司绝大多数都是采取股票期权和限制性股票两种方式。

（一）限制性股票的含义

限制性股票，是指激励对象按照股权激励计划规定的条件获得的转让等部分权利受到限制的本公司股票，激励对象在预先确定的条件成就后，才可真正拥有并从中获益的一种股票；在预先确定的条件成就前，被授予的股票受到限制，不得转让；若预先确定的条件到期不成就，公司有权将授予的股票收回。

限制性股票激励模式具体又分为折扣购股型和业绩奖励型两种。

折扣购股型模式，是指公司采用定向增发或者从二级市场回购的形式，根据期初确定的业绩目标，以低于二级市场上的价格授予激励对象一定数量的本公司股票，授予价格及其确定方法由董事会下设的薪酬与考核委员会确定。在该种激励模式下，股票需要激励对象自筹资金购买。

业绩奖励型模式，是指当激励对象满足规定的激励条件时，上市公司从净利润或净利润超额部分按照比例提取激励基金，设立激励基金专门账户，从二级市场购买公司股票，并将该股票按分配办法授予激励对象。该种激励方式下，激励对象通常无须自筹资金出资购买。

（二）限制性股票激励模式的特点

第一，从限制性股票的含义中可以看出，限制性股票的三个关键词是“业绩目标”“授予”“限制”。此种激励方式的主要特征为：一般选择公司制定某项战略目标后作为授予时机；授予价格一般是无偿赠送或让被激励对象以远低于市场价格的价格进行购买；股票出售受到限制，且不得转让；公司有权收回或回购受限股票。

第二，限制性股票，是指事先授予激励对象一定数量的公司股票，激励对象只有在达到规定的服务期限，并完成特定业绩目标（如扭亏为盈）时，才可真正享有股票并从中获益，否则公司有权将授予的限制性股票收回，或以激励对象购买时的价格回购。公司采用限制性股票激励模式的目的是促进激励对象将更多的时间、精力投入公司。

第三，限制性股票一般为一次性授予，分批解锁。采用限制性股票激励模式更能体现风险和收益对称，激励和约束的平衡。从目前实践来看，我国上市公司在上市前实施的股票激励计划均采用了这种限制性股票模式。

（三）限制性股票和股票期权的比较

限制性股票与股票期权这两种激励模式相比，具有以下差别：

1. 激励对象被授予股票的性质不同

在股票期权激励模式下，激励对象得到的不是实股，而是一种期权，是一种在未来以一定价格行权的权利。期权只有在行权之后才能变成实股。激励对象在行权前并不享有实股股东享有的表决权、分红权等权利。

在限制性股票激励模式下，激励对象被授权时，得到的就是实股，只是这种实股受到一定的限制。在限制性条件成就以前，激励对象不能将股票转让。当激励计划所规定的条件成就时，激励对象有权分批解锁被授予的实股。

2. 权利义务及风险的对称性不同

在股票期权激励模式下，激励对象获授的是一种权利，而不是义务。激励对象可以根据二级市场股价的情况，决定行权还是放弃行权。如果二级市场股票的价格低于行权的价格，激励对象可以放弃行权，因为激励对象无须投入实质性的资金。股票期权最大的风险就是激励对象不能通过股票期权获得收益，但不会进一步遭受经济上的损失。相反，一旦市场存在获利空间，其回报率将是非常大的。因此，在股票期权激励模式下，激励对象的权利义务和风险不具有对称性。

在限制性股票激励模式下，股票价格的涨跌直接增加或减少限制性股票的价值，进而影响激励对象的利益。特别是折扣购股型激励模式中，需要激励对象切实投入资金。一旦股票价格下跌幅度超过折让部分，激励对象投入的本金将受到损失。因此，限制性股票激励模式中，激励对象的权利义务和风险是对称的。

3. 会计核算的规定及对公司财务的影响不同

按照我国《企业会计准则第 11 号——股份支付》的规定，限制性股票与股票期权都属于以权益结算的股份支付，应当以授予职工的权益工具的公允价值进行计量。在授予日，对限制性股票和股票期权均应确定其公允价值（通过评估价值确定）。限制性股票一般没有等待期，授予后即让激励对象持有股票。如果采用激励基金购买股票方式，则将激励基金计入下一期的成本费用并相应扣减公司资金。如果采用定向发行的方式，则增加公司股本和银行存款，对于公司来说没有成本费用，但提取激励基金显然会影响公司的现金流量。

股票期权则需要在等待期内每个资产负债表日对可行权的期权数量进行估算，按照授予日公允价值计入当期的成本费用和资本公积，不确认其后续公允价值变动。因此，虽然股票期权不影响公司的现金流，但是对公司利润的负面影响较大。[①]

4. 两种激励模式的税收规定不同

对于限制性股票激励模式，激励对象从公司取得的股票，属于个人因受雇而取得的工资、薪金，应在雇员实际认购股票等有价证券时，按照《个人

---

① 王文书：《企业股权激励实务操作指引》，中国民主法制出版社 2011 年版，第 17 页。

所得税法》和《税收征收管理法》的规定计算、缴纳个人所得税。股票出售时，对股票转让所得暂不征个人所得税。

根据《个人所得税法》及其实施条例和其他有关规定，授予激励对象股票期权时不需要征税；激励对象行权购买股票时，其从公司取得股票的实际购买价（行权价）低于购买日公平市场价的差额，按“工资、薪金所得”计算缴纳个人所得税。激励对象在出售股票时，对股票转让所得暂不征收个人所得税。①

（四）限制性股票的优缺点

限制性股票激励方式同样利弊并存，其积极价值和不足分别表现在以下方面：

1. 限制性股票的积极价值

第一，限制性股票激励模式能够更好地留住激励对象，有利于促进激励对象集中精力以实现公司的长期战略目标。因为只有达到所规定的限制性期限时，限制性股票持有人才能拥有实在的股票。若激励对象在限制性期限内离开公司，其获得的限制性股票则被收回。公司可以采用限制性股票中的时间限制留住激励对象。

第二，即便股价下跌仍有价值。限制性股票与股票期权以及股票增值权不同，即使公司股价下跌，限制性股票仍有价值，仍然能够为其持有人带来一定的收益。因为激励对象在获授限制性股票时，通常不需要支付现金对价，因此在同等的收益水平下，采用限制性股票激励模式所需的股票数量少于采用股票期权激励模式所需要的股票数量。

2. 限制性股票的不足之处

限制性股票缺乏一个能推动公司股价上涨的、具有实质性作用的激励机制。限制性股票的一个特点是在受限期内，即使公司股票价格下跌，激励对象仍能获得股票，只是这些股票所代表的价值有所下降而已。这会使得激励对象的利益与股东利益不一致，可能使激励对象获得收益而使股东遭受损失。

---

① 王文书：《企业股权激励实务操作指引》，中国民主法制出版社 2011 年版，第 18 页。

(五) 限制性股票激励模式的适用性

处于成长阶段的公司，因其股价的上升空间较大，更适合采用股票期权激励模式；而对于处于成熟期的公司来说，其股价的上涨空间有限，更适合采用限制性股票激励模式。限制性股票激励模式风险和收益对称，激励和约束平衡，比较适合那些发展比较稳定的大型公司。

三、期股

(一) 期股激励的含义

所谓期股激励是指公司现有股东一次性给予激励对象一定数额股票的分红权和表决权（此时这部分股票称为虚股），激励对象按事先约定的价格用所得红利分若干年购买这部分虚股，将之转化为实股（行权）。激励对象所得分红如果不足以支付购买虚股所需要的资金，则需要另行筹措资金，补足购买虚股的资金，无力购买部分可以放弃行权。购股款支付以后，相对应的虚股转化为实股。激励对象对虚股拥有分红权和表决权，没有所有权和处置权；对实股拥有完整所有权。虚股不以激励对象的名义进行股东登记，实股则以被激励对象名义进行股东登记。

(二) 运作原理

通过期股这种机制安排，激励对象要保证购买虚股所需资金，就必须保证一定的净资产收益率，从而使公司所有者和经营者（激励对象）在提高净资产收益率的利益上达成一致。期股解决了被激励对象筹措购买股票资金的难题。期股将行权资金与公司一定时期（一般为五六年）的净资产收益率高度紧密地联系在一起，有可能导致净资产收益率较低的公司经营者为了在计划期内顺利行权努力工作，提高经营业绩。

(三) 期股与期权的区别

现实中，人们常常将期股与期权相混淆，其实两者是有很大区别的。第一，期股是当期（签约时或在任期初始）的购买行为，股票权益在未来兑现；期权则是将来的购买行为，购买之时也是权益兑现之时。第二，期股既可以出资购买，也可通过奖励、赠与等方式获得；而期权在行权时则需要出资购买方可获得。第三，经营者被授予期股后，个人已支付了一定数量的资金，其股票在到期前是不能转让和变现的。因此期股既有激励作用，也有约束作用。经营者在被授予期权后只是获得了一种权利，并未有任何资金支付，如果行权时股价下跌，经营者只需放弃行权即可，个人利益并未受到损失。因此期权重在激励，缺乏约束作用。

四、业绩股票

（一）业绩股票的含义

业绩股票是股票激励的一种典型模式，其具体做法是，在年初确定一个较为合理的业绩目标，如果到年末激励对象能达到预定的目标，则公司授予其一定数量的股票或提取一定的奖励基金让其购买公司股票。业绩股票的流通变现通常有时间和数量限制。激励对象在以后的若干年内经业绩考核通过后可以获准兑现规定比例的业绩股票。如果未能通过业绩考核或出现有损公司的行为，或出现非正常离职等情况，则其未兑现部分的业绩股票将被取消。

（二）业绩股票激励模式的优点

业绩股票激励模式的优点主要表现在以下几个方面：

1. 能够激励公司高管努力完成业绩目标。激励对象获得激励股票后便成为公司的股东，与原股东有了共同利益，会倍加努力地提升公司的业绩，获得因公司股价上涨带来的更多收益。

2. 具有较强的约束作用。激励对象获得激励的前提是实现一定的业绩目标，并且收入是在将来逐步兑现的。如果激励对象未通过年度考核，做出有损公司利益的行为或者非正常调离等，将接受风险抵押金的惩罚或被取消激励股票，退出的成本较大。

3. 对激励对象而言，工作绩效和所获激励之间的联系紧密，且激励仅取决于工作绩效，不涉及股市风险等不可控因素；对股东而言，对激励对象有明确的业绩目标的约束，权、责、利的对称性强，能形成双方共赢的局面。

4. 业绩股票符合国内现有法律法规的规定，符合国际惯例，比较规范，经股东大会通过即可实行，可操作性强。因此，自 2000 年以来，我国已有数十家上市公司先后采取了这种激励模式。

（三）业绩股票激励模式的缺点

业绩股票激励模式的缺点主要体现在以下三个方面：

1. 确定业绩目标的科学性很难保证，容易导致公司高管为获得业绩股票而弄虚作假。

2. 激励成本较高，有可能造成公司现金支付的压力。

3. 存在激励对象为获取业绩而弄虚作假的风险。

（四）业绩股票激励模式的适用性

业绩股票激励模式只对公司的业绩目标进行考核，不要求股价的上涨，因此比较适合业绩稳定，现金流量充足的上市公司及其集团公司和子公司。

（五）业绩股票在我国推广的原因

业绩股票在我国上市公司中最先得到推广，其主要原因在于：

1. 对于激励对象而言，在业绩股票激励模式下，其工作绩效与所获激励之间的联系是直接而紧密的，业绩股票的获得仅取决于其工作绩效，不涉及股市风险等不可控制的因素。另外，在这种模式下，激励对象最终所获得的收益与股价有一定的关系，可以充分利用资本市场的放大作用，激励力度较大，但与此相对应的风险也较大。

2. 对于股东而言，业绩股票激励模式对激励对象有严格的业绩目标约束，权、责、利的对称性较好，能形成股东与激励对象双赢的局面，激励计划较易为股东所接受和通过。

3. 对于公司而言，业绩股票激励模式所受的政策限制较少，一般只要公司股东大会通过即可实施，方案的可操作性强，实施成本较低。另外，在已实施业绩股票的上市公司中有将近一半为高科技公司，它们采用业绩股票模式的一个重要原因是目前股票期权在我国上市公司中的应用受到较多的政策和法律限制，存在较多的障碍。

（六）设计业绩股票激励计划应注意的问题

在业绩股票激励计划的设计中，应注意激励范围和激励力度的确定是否适当。激励范围和激励力度太大，则激励成本上升，对公司和股东而言，收益不明显，现金流的压力也会增大；而激励范围和激励力度太小，激励成本和现金流压力虽然减小了，但激励效果也减弱了。因此，公司应综合考虑各种因素，找到激励成本、现金流压力和激励效果之间的平衡点。一般而言，激励范围仅限于高管和骨干较为适宜，传统行业的激励力度可以小一点，高科技公司可以相对大一些。

五、虚拟股票

大多数家族企业，创业者的历程都充满了酸甜苦辣，他们对股票和控制权相当敏感，往往不愿意实质性地出让股票。但随着企业的发展壮大，管理层对股票的要求又必然会产生。既要激励管理者，又要保持对企业的绝对控制，一个看似并不矛盾的问题正成为家族企业企业主普遍的二律背反难题。虚拟股票激励模式为实现家族企业法人与管理层的股票分配提供了一个典型的模式。

（一）虚拟股票激励模式的含义

虚拟股票激励模式是指公司授予激励对象一种“虚拟”的类似于股票的收益权，激励对象在任期内可依据被授予的“虚拟股票”的数量参与公司的分红并享受股价升值带来的收益，是一种以收益分享和价值分享为指导思想的复合式的岗位激励手段。虚拟股票没有所有权和表决权。虚拟股票激励模式的优点是不影响公司的总资本和所有权结构；缺点是公司兑现激励股票时现金支出压力较大，特别是当公司股票升值幅度较大时。与股票期权相比，虚拟股票的激励作用受证券市场有效性的影响较小，即使证券市场失效，只要公司收益好，激励对象仍可分享到收益。由于虚拟股票的发放会导致公司发生现金支出，特别是当股价升幅较大时，公司支出的现金较多，一般会为计划设立专门的基金。虚拟股票激励模式适用范围较广，除适合上市公司外，其改造模式还适合现金流量比较充裕的非上市公司。

（二）虚拟股票激励模式的类型

虚拟股票激励模式具体可分为三类，即上市公司采用的溢价收入型、股利收入型和非上市公司采用的内部价格型。

1. 溢价收入型虚拟股票是指虚拟股票获得者与公司普通股股东一样享有股票升值带来的收益。即在期初授予激励对象一定数量的虚拟股票单位，并以授予时股票二级市场的价格作为基准价格。如果将来股票的市场价格高于基准价格，激励对象可以获得虚拟股票溢价带来的收入；如果公司股价下跌至基准价格以下，则激励对象分文不得。这种激励模式与股票期权相比较，不同之处在于：（1）虚拟股票的激励对象到期后获得的是公司股票的溢价收益，而不是公司的股票；（2）虚拟股票的持有人只享有溢价收益权，而不享有股票的其他权益；（3）虚拟股票的兑现机制为公司按二级市场价格的差价直接给予激励对象，而股票期权是将股票以行权价卖给激励对象，由激励对象自己去市场上兑现获得收益。

2. 股利收入型虚拟股票是指虚拟股票获得者与公司普通股股东一样享有股票分红的权利，即在期初授予激励对象一定数量的虚拟股票单位，激励对象的收入为到期后其持有的虚拟股票单位乘以公司每年派发的每股红利。与股票期权相比，这种类型的虚拟股票激励模式的不同之处在于激励对象只可能享受到公司股票的分红收益，而不可能实际获得公司的股票或获得公司股票的溢价收益，激励效果一般不是很理想。

3. 内部价格型虚拟股票是指非上市公司将虚拟的公司股票奖励给公司的激励对象，股票由虚构的股票组成并以簿记的方式发给公司的激励对象。这种虚拟股票的价格由公司或公司外部顾问性质的中介机构确定，一般每年确定一次。激励对象获得的收益为持有股数乘以每股虚拟股票的价值升值。与股票期权相比，内部价格型虚拟股票的不同之处在于：（1）激励对象赖以获得收益的基础只是公司内部虚构的股票，并且只享有虚构股票的溢价收益权；（2）虚拟股票的价值并不与公司股票的市场价相对应，而是根据公司内部的财务指标等予以确定，是市场中介机构的评估确认值。

（三）虚拟股票激励模式的优势

虚拟股票激励模式的优势主要表现在以下几个方面：

1. 从公司角度来看，与实际股票相比，虚拟股票有多种优势。首先，与授予激励对象实际股票相比，公司在虚拟股票计划的设计上有更多的灵活性。激励计划的设计可以只针对激励对象负有职责的公司业务或者资产，而不是以整个公司的业绩作为依据。通过设计虚拟股票的现金收入发放时间或者等待期，能使虚拟股票计划与激励对象的劳动合同或者特定的公司目标相配合。在实际支付之前，对于公司和激励对象来说，虚拟股票的奖励或者购买都没有税收问题。而授予实际股票有税收问题。此外，在虚拟股票计划下，公司支付的任何红利等价物都可以作为激励对象报酬费用抵减公司的应税所得，这与实际股票情况下红利的支付是不同的。

2. 不影响公司的总资本和所有权结构。在虚拟股票计划下，参与者只有获得报酬的权利，而没有作为实际股东的其他权利。从公司角度来看，其他权利的缺位是虚拟股票的一个重要优势，既能避免打破原有控制权的状态，也能有效避免意见分歧或者权力争夺的问题。

此外，虚拟股票激励模式操作简单，只要股东会通过即可。虚拟股票激励计划相当于公司发放虚拟股票后，又“回购”了相应的虚拟股票，激励对象不必为此采取任何行动；虚拟股票激励模式还有利于避免因变数导致公司股价的非正常波动。

（四）虚拟股票激励模式的劣势

虚拟股票激励模式的劣势主要表现在以下几个方面：

1. 虚拟股票的显著特点是激励对象不承担作为真正所有者的风险。在购买实际股票时，如果公司业绩欠佳，激励对象就有损失投资的风险。在虚拟股票激励模式下，由于虚拟股票本身不能起到实际股票的作用，虚拟股票持有者决策失误也就不会受到应有的惩罚。

2. 当兑现激励股票时，公司的现金支付压力较大。

3. 激励对象行权和出让股票时价格难以确定。

（五）虚拟股票激励模式的适用性

虚拟股票激励模式适用于现金流较充裕的上市公司或非上市公司。对于上市公司，不推荐单独使用虚拟股票作为主要的股票激励模式，建议虚拟股票计划和授予激励对象真正股票的其他激励模式结合起来使用，用实股对公司高层进行激励，用虚股对一般管理人员和核心骨干进行激励，平衡他们之间的利益。

（六）虚拟股票激励模式的操作流程

虚拟股票激励模式的操作流程一般包括以下几个步骤。

第一步：确定公司每年发放虚拟股票的总股数

确定虚拟股票的总股数是实施虚拟股票激励的第一步。确定虚拟股票总股数时，要为以后虚拟股的增加留出空间。如果以后随着虚拟股的增加，每股利润分红减少太多，容易引起激励对象的不满。

第二步：确定虚拟股票的内部价格

虚拟股票无论是否需要激励对象出资，都应确定其价值。只有确定了虚拟股票的价值，才能够确定激励的强度。股票的价值，一般就是股票的股本价值，如每股净资产。公司也可以结合利润、资产收益率等来确定虚拟股票的价值或价格。

虚拟股票可以采取与真实股票同样的股票单位，使每一虚拟股票的价值，与对应的真实股票的价值相当。

公司虚拟股票的内部价格并不等同于同类公司实际股票的二级市场价格，但应参考后者的股价水平。这样可以留出充分的虚拟股升值空间，便于今后参考相关公司的股价进行调整。具体调整办法为：在受益人离开公司要求兑现虚拟股票时，如果同行业股价升幅高于本公司虚拟股价升幅，则予以适当补偿。

在第一年定价的基础上，未来公司股票价格的计算方式为：重点考虑税后利润和净资产收益率的变化，两个因素各占的比重分别是60%和40%。另外，还要考虑同行业公司股价的变化。譬如，假定第二年公司的利润增加了

20%，净资产收益率增加了 10%，那么公司的虚拟股价格将会增加 20%×60%+10%×40%=16%。

也就是说，公司的虚拟股价会上升 16%。但如果同行业公司的利润平均增加了 30%，净资产收益率平均增加了 15%，那么，公司的盈利上升可能是因为行业市场较好，这是由市场决定的，激励对象努力工作的作用可能并不大。我们要从公司的股价上升中扣除这一市场因素。按照公司给出的数字，如果公司与行业平均水平的差距是 50%（这是一个简单的数字，如果与行业平均水平的利润和净资产收益率都不同，也是按上述比重计算复合差距），那么，虚拟价格的增加比例也要扣除 50%，最终股价提升 8%。差距越大，扣除越多。相反，如果公司盈利水平高于同行业水平，也会有一个相应的虚拟股价格的二次调整，譬如，高出 50%，即提升 24%。在确定了第二年虚拟股价的基础上，进行第二年的虚拟股设置工作（假定新股价是 1. 8 元人民币，如果增加 1000 万股，则需要约 1800 万元的分红/变现资金）。

第三步：确定是否需要激励对象出资

一般来说，虚拟股票没有真实股本，应当都是无须出资的。但为了表明虚拟股票的价值，或防止激励对象出现无所谓或不关注的态度，可以在确定股本值的基础上，要求激励对象出资或部分出资。

激励对象购买虚拟股票的出资存入专门账户，用于将来虚拟股票的变现。出资购买的虚拟股票，可在适当条件下转化为真实股票。

出资或变相出资购买的虚股一般是可以变现股本的虚股，不需出资购买的虚股一般是不可变现股本的虚股。所谓变相出资，是指公司把奖励现金改为奖励虚拟股票，相当于激励对象出资。

虚拟股票一般不可交易，因为虚拟股票外部交易没有法律保证，所以虚拟股票内部交易没有激励意义。

第四步：选择虚拟股票分红方式

虚拟股票分红方式的选择，是虚拟股票激励计划设计的关键。虚拟股票有 4 类分红方式（如表 3 所示）、3 种分红序列（如表 4 所示）和 12 种具体的分红形式（如表 5 所示）。

表 3　虚拟股票的 4 类分红方式①

完全动态	在利润占有比例上与真实股票一样	同股同权，类似于真实股
个量静态	约定每一虚股的股息	类似债券的约定利息
比例静态	约定全部虚拟股股息在利润分配中的比例	类似利润分享的比例静态
总量静态	约定全部虚拟股股息的总量上限	类似利润分享的总量静态

表 4　虚拟股票的 3 种分红序列②

甲：与公司真实股票完全一致的分红序列	乙：与公司优先股大体一致的分红序列	丙：作为公司人工成本的一种分配方式
真实股票分红，虚拟股票也分红；真实股票不分红，虚拟股票也不分红	虚拟股票分红与真实股票分红与否无关，即虚拟股票分红顺序在真实股票前	不仅虚拟股票分红顺序在真实股票前，而且其分配标的物是税前利润

把虚拟股票的 4 类分红方式与 3 种分红序列组合起来，就构成了 12 种虚拟股票分红形式。

表 5　虚拟股票的 12 种具体的分红形式③

分红方式	分红序列		
	甲：与公司真实股票完全一致的分红序列	乙：与公司优先股大体一致的分红序列	丙：作为公司人工成本的一种分配方式
	真实股票分红，虚拟股票也分红；真实股票不分红，虚拟股票也不分红	虚拟股票分红与真实股票分红与否无关，即虚拟股票分红顺序在真实股票前	不仅虚拟股票分红顺序在真实股票前，而且其分配标的物是税前利润
a：在利润占有比例上与真实股票一样	甲—a	乙—a	丙—a
b：约定每一虚股的股息	甲—b	乙—b	丙—b

① 天亮主编：《股权激励机制》，中国金融出版社 2011 年版，第 202 页。
② 天亮主编：《股权激励机制》，中国金融出版社 2011 年版，第 202 页。
③ 天亮主编：《股权激励机制》，中国金融出版社 2011 年版，第 208 页。

续表

c：约定全部虚拟股股息在利润分配中的比例	甲—c	乙—c	丙—c
d：约定全部虚拟股股息的总量上限	甲—d	乙—d	丙—d

实施虚拟股票激励计划，首先需要确定是以虚拟股票的分红为主要激励目的，还是以虚拟股票的价值增长和变现为主要激励目的。

如果以虚拟股票分红作为主要激励目的，则虚拟股票的分红应基于公司利润真实情况，有利润则分，利润多则多分，利润少则少分，与真实股票分红相分离。同时，虚拟股票的价格应与授予虚拟股票时的公司净资产值相一致并基本保持不变。因为虚拟股票在分红时已经把公司净资产的增长部分提取出来了。

如果以虚拟股票的价值增长和变现为主要激励目的，则虚拟股票的分红应与真实股票的分红保持一致，即真实股票分红，虚拟股票也分红；真实股票不分红，虚拟股票也不分红。这样虚拟股票的价格则与公司净资产增长相关。另外，还要考虑公司的盈利能力对虚拟股票价格的影响。

第五步：确定公司虚拟股票激励计划的受益人，并确定每个人的分配比例系数，确定股票激励的对象及其资格条件

虚拟股票激励既可以只针对核心激励对象，也可以针对全体激励对象。如果只针对核心激励对象，则可以让公司所有激励对象明确意识到，只有公司的优秀人员才能享受到虚拟股票。它代表了一种“奖励”。如果其他激励对象想获得这种“奖励”，就必须努力工作，取得好的绩效，让自己成为核心激励对象。

若公司拥有庞大的激励对象队伍，应以对公司起关键作用的高级管理人员作为切入点。第一批受益人的选择主要是高级管理人员以及其他管理层，由人力资源部确定并对外公布。第二批受益人的选择考虑中层管理成员，首先考虑工作年限和工作岗位的重要程度。

对激励对象进行考核评价，并据此确定虚拟股票的分配比例系数，是方案的关键控制点之一。

第六步：确定各计划受益人当年所获股票的数量

根据公司每年确定的总股数和各计划受益人的分配比例确定其当年所获得虚拟股票的数量。

确定虚拟股票持有量时，一般把激励股票分为职位股、绩效股和工龄股，根据公司具体情况划分等级和确定数额。换句话说，就是根据虚拟股票激励对象所处的职位、工龄长短以及绩效情况，来确定其当年应持有的虚拟股票数量。

职位股，是指公司根据虚拟股票激励对象在公司所处不同职位而设定的股票。一般来说，处于同一层次的激励对象，其职位股票可有所不同，但差别幅度应控制在一个较小范围内。

绩效股，是指根据激励对象的个人绩效情况授予的股票。

工龄股，是指依据激励对象在本公司工作服务的年限授予的股票。

将上述三类虚拟股票累加，就是每一激励对象的股票总数，即特定激励对象当年得到的虚拟股票数额。

分配虚拟股票时，公司一般采用“二八原则”，即在获得虚拟股票的人员中，占总数20%的核心人员获得总额度的80%，其余80%的被激励人员则获得剩余的20%。虚拟股票每年发放一次，形成一个滚动发展的格局。这样，公司的虚拟股总量每年都会增加（动态虚拟股票激励）。

第七步：确定激励对象的股票数量变动原则

由于职位和绩效等因素的变动，使得激励对象的股票数量会发生变化。职位变动时，职位股的虚拟股票基数随之调整；随着激励对象工龄的延长，其工龄股也会逐渐增加。非正常离职（包括辞职、辞退、解约等）激励对象的虚拟股票自动取消；正常离职的激励对象可以将公司股票按照一定比例折算为现金发放，也可按照股权激励计划的实际剩余时间，到年终分配时让其参与分红兑现，并按比例折算具体分红数额。如果激励对象在工作过程中出现降级、待岗处分等处罚，则公司有权减少甚至取消其分红收益。

第八步：虚拟股票的兑现

激励对象可以在持有虚拟股票一定时间后逐步将其兑现（它需要在授予股票合同中明确规定）。

第九步：虚拟股票向实际股票的转化

根据公司经营发展状况和激励对象的岗位变动情况，公司可能会面临虚拟股票的性质转化问题。从原则上讲，激励对象可以出资购买自己手中的虚拟股票，从而把虚拟股票转换为公司实际股票。转换时，公司对于购股价格可以给予一定的优惠。

在公司虚拟股票的性质转化时，可以原则规定，经激励对象申请，可以出资购买其持有的不低于50%的股票，将其转化为实际股票，公司给予不高于实际股票每股净资产现值的九折优惠。

六、股票增值权

（一）股票增值权的含义

股票增值权是指上市公司授予激励对象在一定的时期和条件下，获得规定数量的股票价格上升所带来的收益的权利。其运行机制是，如果激励对象努力经营公司，将来实现了公司的业绩目标，且股票市场价格高于行权价，则激励对象将获得虚拟股票溢价带来的收入。

（二）股票增值权激励模式的特点

股票增值权激励模式具有以下特点：

1. 股票增值权激励模式通过“公司请客，公司买单”的方式将公司长期利益与个人利益联系起来，从而达到激励与约束的目的。

2. 股票增值权是虚拟股票的一种表现形式，相对于限制性股票和股票期权模式，股票增值权模式中激励对象最终并不实际拥有股票，不会变成实际股东，不会对公司股权结构产生影响。

3. 股票增值权是一种对激励对象递延的现金奖励计划，它将股票在奖励日与实际支付日间的增值部分以现金方式支付给激励对象。对于激励对象来说，是以现金形式获得的期权差价收益。

4. 如果公司股价上升，激励对象可通过行权获得相应数量的股价升值收益，但不需要支付现金。

5. 激励对象不拥有股票的所有权，也不拥有股东表决权和配股票。这种激励模式直接用每股净资产的增加值来激励激励对象，只要经股东大会通过即可实施，操作起来方便、快捷。

6. 按照合同的规定，股票增值权的实现可以是全额兑现，也可以是部分兑现。股票增值权的实施可以用现金实施，也可以折合成股票来加以实施，或者用现金和股票的组合来实施。同时，还可以约定激励对象对股票增值权一定的持有期，如六个月或者一年等。

（三）股票增值权与股票期权的比较

股票增值权与股票期权相比，二者既有相同点，又有不同点。

其相同点主要表现为：不论是股票增值权，还是股票期权，激励对象均需与公司签订协议，均需明确授予股票或虚拟股票的数量、授予的范围、兑换的时间和兑换的条件。

其不同点主要表现为：

1. 相对于股票期权，股票增值权持有人没有实际认购公司的股票，它只是公司内部获得未来风险收入的记载凭证。

2. 在股票增值权的激励模式下，股票持有人的收益是股票的溢价收益，收益是由公司支付的；而股票期权激励模式下，公司不用支付现金，激励对象在行权时要通过向公司支付现金才能获得股票。

3. 在股票期权激励模式下，公司是将股票以行权价授予激励对象，然后由激励对象在二级市场上出售获得收益，属于“公司请客，市场买单”；而股票增值权激励模式是“公司请客，公司买单”。也就是说，公司授予激励对象股票增值权，激励对象收益的实现需要公司用现金来支付。

4. 股票增值权因为仅仅是公司内部的记载凭证，持有人并不能实际获得公司股票，持有人并无股票所有权，不影响公司的总资本和股本结构。股票期权的行权无疑会影响公司的股票结构。

5. 股票增值权的设计原理与股票期权近似，差别在于行权时，在股票增值权激励模式下，激励对象不需要实际购入股票，只是针对股票的升值部分要求兑现。

（四）股票增值权的积极价值和不足之处

股票增值权的积极价值主要表现在两个方面：一是股票增值权的行权期一般会超过激励对象的任期，有助于约束激励对象的短期行为。由于短期内不能行权，高管层就会站在公司长远发展的角度作出决策。二是股票增值权审批程序简单，易于操作。激励对象行权时的利益兑现，只针对股票升值部分，不涉及真实股票的变动，无须解决股票来源问题，相当于一种虚拟的股票期权。

股票增值权的不足之处也主要表现在两个方面：一是在该种激励模式下，激励对象无法获得真正的股票，激励的效果相对较弱；二是股票增值权的收益来源是公司提取的奖励基金，公司的现金支付压力较大。

（五）股票增值权的适用性

由于股票增值权的实施会给公司带来现金支付压力，因此，这种激励模式比较适合现金流充裕且发展稳定的上市公司或非上市公司。

七、身股

身股激励模式是由我国古代的贷金制、伙计制演变而来的一种激励模式。

（一）身股制度的产生

身股制萌芽于我国古代的贷金制、伙计制，是晋商独创的一种劳资组织形式。出资者为银股，出力者为身股。银股也称财力股，是商号东家在开办商号时投入的资金，每股面值为2000两至10000两白银不等。身股俗称“顶生意”，是商号的职员以个人劳力折成股份，并享有与银股等量分红的权利，且不必承担亏损责任。

（二）身股银股制度的特点

1. 管理层持股与员工持股相结合

一个票号的经营业绩与全体员工，包括大掌柜、掌柜、伙计、学徒都有密切关系。为了充分发挥每个人的主观能动性，也为了避免出现“平均主义”，身股银股制度引入了竞争机制。激励对象股票有多有少、能增能减，且份额主要由本人的能力和业绩决定。

2. 激励与约束并举

晋商通过明确东家与掌柜之间、掌柜与伙计之间的关系和职责，有效地激励和约束着掌柜和伙计。一方面，通过以身股制为核心的激励机制激励员工；另一方面，又通过掌柜负责制和严厉的号规等对其行为进行有效的约束和监督。如有违反号规者，无论身份职务，一律严加处理，直至开除出号。在影视剧《乔家大院》中，通顺店胡掌柜放任伙计在胡麻油里掺棉籽油，义顺店梁掌柜也有问题，两人有违店规均被清除出号，就是典型的例子。奖罚分明的制度使得票号员工一般均能遵规守矩。

3. 物质激励与精神激励相结合

身股激励除将身股的数量与分红挂钩外，还将身股的数量和职位、贡献、权利挂钩。每逢账期结束时，东家还会在总号设宴款待各分号掌柜，盈利多者坐上席，东家敬酒上菜，热情招待；盈利少或发生亏损者居下席，自斟自饮，受到冷遇。当时这种做法已从侧面反映出该制度可以较好地实现物质激励与精神激励的有机结合。

4. 短期激励与长期激励并重

为了稳定职工队伍，防止短期行为，当时的商号除保留大掌柜退休后一定期限的分红外，还在每年决算后，依据各分号纯利润的预定比例计提一定金额的损失赔偿准备基金，称为“花红”。花红要积存在号中，并支付一定的利息，一旦出现事故，以此作为补偿。如果分号掌柜任期内不出现过失，此项基金在其离任时可连本带利一次性取得，等于是领取了一笔不菲的退休补助。随着分号掌柜工作年限的延长，其积存的花红也越来越多，这将加大其跳槽的机会成本，有利于保持稳定。

（三）身股激励制度在当代企业中的运用

对于身股制度，我们既要看到其在调动员工积极性、协调劳动关系和稳定人员队伍等方面的积极作用，同时也要看到其消极的一面，身股制运用不好则极易引发论资排辈现象，从而限制甚至扼杀人才的发展，造成优秀人才的流失。现在不少企业在运用身股制度激励员工时，其具体做法和历史上的身股制度有所不同，注入了一些现代因素。

除上述实务中经常使用的 7 种激励模式外，还有岗位分红权、干股、影子股票[①]、延期支付、储蓄—股票参与计划、特定目标奖金等各种模式，不同的企业可以根据自己的实际情况进行选择适用。

① 经营者在被决定给予股票报酬时，报酬合同中会规定，如果在一定时期内公司的股票升值了，则经营者就会得到与股票市场价格相关的一笔收入。这笔收入的数量是依照合同中事先规定的股票数量来计算的。向经营者发放报酬，要借助于股票，但又不实际发放股票，因此用于作为参照物的股票被称为“影子股票”，也即那时商号所称的“花红”。

第十三章 股权激励的进入、分配和退出机制

◎ 导读

选择正确的激励对象，设计好股权分配的规则和方法，以及激励对象的退出机制是企业股权激励计划设计的重要内容。本章用三节分别介绍如何选择激励对象，如何确定股权激励的总量和个量，以及如何设计激励对象的退出机制等内容。

第一节 选择激励对象

激励对象是股权激励的受益人，也就是股权激励的授予对象。确定激励对象是设计股权激励计划的重要环节。如果激励对象选择不当，会引起激励对象的不满情绪，对企业运营产生不利影响。为保证选择激励对象的正当性和适当性，要确定好选择激励对象的依据、原则和方法。

一、确定选择激励对象的依据

确定选择激励对象的依据主要包括三个方面：一是法律依据，即按《公司法》和《证券法》，国家有关部门发布的与股权激励相关的规范性文件以及《公司章程》确定激励对象；二是职务依据，按当事人在企业的任职情况、对企业的贡献大小以及企业实际情况确定激励对象；三是考核依据，按照企业业绩考核结果确定激励对象。

二、确定选择激励对象的原则

1. 公平、公正原则

股权激励意味着激励对象今后有机会获得一笔可观的收益，大多数员工都希望自己能够成为被激励的对象。因此，企业在选择激励对象时，一定要坚持公平、公正的原则，对所有员工一视同仁。否则很容易导致员工之间产生对立情绪，影响员工队伍的稳定，影响企业的正常发展。

2. 不可替代性原则

由于股权激励授予的股权有限，必须限制参与的人数。在选择激励对象时，应遵循的最重要原则之一就是不可替代性。也就是说，如果一个员工的工作是其他员工不可替代的，那么此员工就可以成为股权激励的对象。

3. 未来贡献原则

企业发奖金是对已经为企业作出重要贡献的员工的奖励，侧重员工已经取得的成就；但股权激励不是企业发奖金，侧重员工未来对企业发展的贡献。因此，在选择激励对象时，主要应考虑那些未来能够为企业作出重要贡献的员工。

三、选择激励对象的三种类型

选择激励对象有三种类型：第一种是全员参与型，即企业全体员工都是股权激励的对象，如华为等；第二种是大多数员工参与型，这种类型主要适用于处在高速成长期的企业，其目的是留住更多的人才支持企业的发展；第三种是关键员工参与型，受益者主要是少数的管理人员和关键技术人员。

四、我国对上市公司股权激励对象的规定

根据《上市公司股权激励管理办法》第八条第一款的规定，股权激励计划的激励对象可以包括上市公司的董事、高级管理人员、核心技术人员或者核心业务人员，以及公司认为应当激励的对公司经营业绩和未来发展有直接影响的其他员工，但不应当包括独立董事和监事。外籍员工任职上市公司董事、高级管理人员、核心技术人员或者核心业务人员的，可以成为激励对象。

根据上述管理办法第八条第二款的规定，下列人员不得成为激励对象：(1) 最近 12 个月内被证券交易所认定为不适当人选；(2) 最近 12 个月内被中国证监会及其派出机构认定为不适当人选；(3) 最近 12 个月内因重大违法违规行为被中国证监会及其派出机构行政处罚或者采取市场禁入措施；(4) 具有《公司法》规定的不得担任公司董事、高级管理人员情形的；(5) 法律法规规定不得参与上市公司股权激励的；(6) 中国证监会认定的其他情形。

股权激励计划经董事会审议通过后，上市公司监事会应当对激励对象名单予以核实，并将核实情况在股东大会上予以说明。

公司监事之所以不宜参加股权激励，是因为《公司法》第一百一十七条第二款“监事会应当包括股东代表和适当比例的公司职工代表”的规定，以及第五十三条、第五十四条关于监事会或监事职权的规定。监事会或监事的职责是检查公司财务，对董事、高级管理人员执行公司职务的行为进行监督，对违反法律、行政法规、公司章程或股东会决议的董事、高级管理人员提出罢免的建议等。如果监事也参加股权激励，会影响其独立、公正地履行职责。

《上市公司股权激励管理办法》第十条第二款规定，激励对象为董事、高级管理人员的，上市公司应当设立绩效考核指标作为激励对象行使权益的条件。

第二十一条第二款规定，上市公司不得为激励对象依股权激励计划获取有关权益提供贷款以及其他任何形式的财务资助，包括为其贷款提供担保。

第八条第二款规定，单独或合计持有上市公司 5%以上股份的股东或实际控制人及其配偶、父母、子女，不得成为激励对象。第三十四条第一款规定，上市公司实行股权激励，董事会应当依法对股权激励计划草案作出决议，拟作为激励对象的董事或与其存在关联关系的董事应当回避表决。

第三十七条第二款规定，监事会应当对股权激励名单进行审核，充分听取公示意见。上市公司应当在股东大会审议股权激励计划前 5 日披露监事会对激励名单审核及公示情况的说明。

上市公司应当在股权激励计划中载明激励对象的确定依据和范围。激励对象为董事、高级管理人员的，其各自可获授的权益数量、占股权激励计划拟授出权益总量的百分比，其他激励对象（各自或者按适当分类）的姓名、职务、可获授的权益数量及占股权激励计划拟授出权益总量的百分比也应在激励计划中载明。

总之，对于上市公司，股权激励对象的选择要依照《上市公司股权激励管理办法》等相关法规予以确定。

五、确定股权激励对象应考虑的因素

我国《上市公司股权激励管理办法》等相关法规对于上市公司如何确定股权激励对象有较为明确的规定和较多的限制，但对于非上市公司股权激励对象的选择没有规定，董事会在确定股权激励对象时相当灵活，可以考虑公司的战略定位、公司发展所处阶段和激励对象自身情况等因素。

（一）确定股权激励对象应考虑公司的战略定位

公司战略定位不同，会影响激励对象的选择。譬如，在选择激励对象时，是重点激励技术研发人员或是销售人员，还是重点激励其他人员，取决于公司的战略定位。公司战略定位不同，选择的激励对象就会不同。若公司以技术研发为发展战略，则应重点激励技术研发人员；若公司以快速占领市场为发展战略，则应重点激励销售人员。

（二）确定股权激励对象应考虑公司的发展阶段

确定股权激励对象时，要注意企业的发展状况。不同时期，企业的发展重心不同。按照企业发展阶段，一般企业可分为初创期、发展期、成熟期和衰退期四个阶段。企业处于不同的发展阶段，需要激励的对象是不同的。

1. 初创期

处于初创期的企业，企业规模一般相对较小，企业发展目标明确，主要是技术或产品研究与开发。这个阶段，企业的目标是生存，还谈不上业务流程的规范、规章制度的建设，企业的人员结构也相对简单。在企业的各类人员中，技术人员所占比重最大，作用也最为重要。企业在此期间的管理和决策相对简单，一般很少有专门的管理人员，管理和主要的市场开拓都由技术人员完成。因此，企业在初创期，股权激励的重点应是那些在技术研发中作出了重要贡献和将对企业技术工作有重要贡献的技术骨干。

2. 发展期

在经历了原始积累的生存阶段后，企业慢慢找到了适合自己实际情况的业务模式、盈利模式和财务管理模式，奠定了企业运转的基础。在这一阶段，企业的技术研发完成，产品基本定型，人员增长很快，各类人员基本到位，管理、技术、市场等工作逐步分离，由不同的专业人员承担，企业进入高速发展时期。在这一阶段，虽然技术人员的作用在企业中仍十分重要，但随着企业规模的扩大，管理人员和市场人员在企业中的作用日益凸显。因此，这个阶段股权激励的重点应包括企业的经营管理层、技术骨干和市场营销骨干。

3. 成熟期

在这个阶段，企业管理基本实现规范化，企业的重要任务是保持企业持续、稳定地发展。此时，企业原有技术和产品的研发工作已完成，企业经营管理人员的工作重心是不断拓展新的发展领域，技术人员的主要工作是不断寻求和研发新的技术和产品。企业要有新的发展，企业管理层的决策很重要。因此，企业在这个阶段的激励重点应是企业管理层，以及新技术的研发人员，应当提高企业管理层股权激励的比例，并加大对他们的激励力度。

4. 衰退期

处于衰退期的企业有以下三个特点：一是所占市场份额下降，销售额锐减；二是企业经费紧张，各项开支捉襟见肘；三是企业发展前途不明，人心不稳，优秀激励对象不断流失。骨干激励对象是企业变革的依靠力量，失去他们将会加剧企业的衰退。在此阶段，企业工作的重中之重是寻找新方向和研发新产品。这是决定企业能否进入新一轮生命周期的关键。因此，此阶段激励的重点对象应是企业经营管理层和新项目的研发人员，尤其是直接关系到企业再造的关键人员。

（三）确定股权激励对象应考虑员工的自身情况

员工自身情况主要是指员工的职务、工龄、业绩和能力。

1. 职务

根据职务高低进行股权激励是一种比较普遍的做法。股权激励是只限于高层管理者还是中层管理人员以上职位均可参加，是包括所有员工还是只限于公司董事，员工所处的职位是一个比较好的确定标准。职务常常体现为责任，职位越高，其承担的责任越大，对公司的贡献也就越大。这种做法的优点在于能够比较客观地反映员工对公司的贡献价值，容易被员工接受；其缺点是难以确定不同职务之间的相对差别。①

2. 工龄

在确定激励对象时，员工的工龄是一个比较重要的参考因素。股权激励是长期薪酬制度，只有忠诚的员工才能够成为受益者。也就是说，只有在公司工作一定年限的员工，才有资格享受到股权激励的好处。譬如，可以规定员工应当在公司工作满一年、二年或者公司认为合适的其他年限。② 这种对工龄限制的做法是合理的，毕竟实施股权激励对公司而言成本很高。正所谓"肥水不流外人田"，公司发展的巨大收益可以被股东和员工共同分享，但也应仅限于长期在公司工作的员工参与分享。

3. 业绩

"不管黑猫白猫，能捉住老鼠的就是好猫。"员工的职位可能不高，资历也可能不够，但良好的业绩是其价值最好的证明。以员工过去或当期已经实现的业绩作为其是否有资格成为激励对象的衡量标准是一种比较客观的做法。这种方法的优点在于对提高业绩具有积极的作用，缺点是对于不同类型岗位的业绩评价比较困难。

4. 能力

能力也是确定激励对象的一个关键指标，只要员工的能力突出，或者具

① 天亮主编：《股权激励机制》，中国金融出版社 2011 年版，第 54 页。

② 胡八一编著：《股权激励 9D 模型》，企业管理出版社 2010 年版，第 60 页。

有较大的潜力，能够在现在或将来为公司的发展作出贡献，就可以被确定为股权激励的对象。这种做法的优点在于符合公司实施股权激励的初衷，有利于员工潜能的发挥，有利于提高公司未来的业绩；其缺点在于目前条件下，对于员工能力的度量比较困难，主观性较强。

以上4种确定股权激励对象的参考指标各有利弊，其适用条件和优缺点也各不相同。实践中，激励对象的确定通常是由几种因素共同决定的，只是根据公司所属行业、发展阶段，以及经营者与股东的委托代理关系等情况，侧重点有所不同。按职务大小确定股权激励对象，经营比较稳定的公司更适用；按业绩确定激励对象，进入成熟期、成长性较好的公司比较适用；而按照能力确定激励对象则更适合以人力资本为主的创业型公司。公司可以根据自身的情况，在不同的发展阶段选择不同的激励对象确定方式。

六、确定股权激励对象应注意的问题

确定股权激励对象，除前面所述的几个因素外，还应注意以下几个问题：

（一）股权激励应当针对部分员工还是全体员工

实践中，虽然有一些公司实施了全员持股，也取得了不错的效果，但笔者倾向于公司应当针对部分员工进行股权激励。因为股权是一种稀缺品，是对员工的激励而不是奖励，没有必要每个人都有份。由于工作岗位或工作性质的不同，即使对某些员工进行股权激励，可能也不会对公司产生多大的价值。

大多数普通员工不具备创业需要的所有能力，也没有承担风险的意愿。对于初创企业的大多数员工而言，虽然在初创企业工作，但其心态仍然是“工作”，而非创业。既然是工作，“低工资+期权”的激励方式并不适合他们，实际的现金收入才是他们的最爱。

事实上，从期权激励方式产生的历史来看，期权也只是工资的补充，而不是工资的替代。只有那些只靠工资留不住的重要员工才需要用股权来激励。因此，没有必要对全体员工进行股权激励。

（二）股权激励对象的三个层面

根据企业实施股权激励的情况，激励对象可以划分为以下三个层面：

第一层面是核心层，高级管理人员，一般包括总经理、副总经理、总经理助理等人员。他们是年富力强，在公司肩负着重要职责的群体，属于激励的重点。要让这部分人能够切身感受到激励的分量，并在未来持续为公司创造价值。对这类激励对象的激励应当包括股权激励、期权激励和期股激励等手段。其中股权激励一般应考虑设置为实股结合期权的模式。

第二层面是中级管理人员，为担任部门经理职位的管理者。这部分员工为公司当下的业务骨干，是公司未来的希望所在。对此类员工的激励，应当更多地从成长预期出发，股权激励的重点在于长期结果。一般而言，对此类员工的激励手段要能够使其享受到与自身贡献相匹配的实在好处。

第三层面是骨干员工，为特殊人力资本持有者或为公司作出重大贡献者。这类员工往往是公司的特殊人才和对公司作出重大贡献的员工。

（三）如何确定股权激励对象的人数

激励对象人数要适宜，不能超过法律规定的上限。《公司法》第二十四条、第七十八条规定，有限责任公司的股东人数不能超过 50 人，股份有限公司的股东人数不能超过 200 人。因此，在设计股权激励计划时，要注意股权激励计划实施后的股东人数不能违反法律的规定。

根据管理学上的“二八原则”，20%的核心员工创造了公司 80%的财富，再加上股权管理成本这一因素，故笔者建议将参与股权激励的人数控制在全体员工的 20%以内。对于后进来的管理骨干或核心激励对象，最好不要直接给股权，而应用期权进行激励。

（四）如何确定股权激励对象的资格条件

不同的企业，具体情况不同，股权激励对象的资格条件也是不同的，企业可以结合自身的实际情况加以确定。

譬如，企业可以把股权激励对象的资格条件确定为：担任高级管理职务（总经理、副总经理、总经理助理等）或有高级职称的核心管理层（如营销总监、财务总监等)，在本公司工作一年（含）以上；中层管理人员，在本公司工作二年（含）以上；骨干激励对象具有三年（含）以上本公司工作年限，并获得两次以上“公司优秀员工”称号，或者拥有独特专业技能，处于关键技术岗位，如高级企划师、培训师等。

（五）确定股权激励对象时，是“以岗定人”还是“以人定人”

一般来说，企业在成长期或者成熟期，部门机构比较健全，要激励岗位，多采取“以岗定人”，谁有能力占据这个岗位，就激励谁；但若企业在初创期，岗位不健全，岗位职责不明确，有的人身兼几个岗位的职责，就应当采取“以人定人”，对特定的人进行激励。

“以岗定人”不需要过分考虑员工的想法和要求，但若“以人定人”，则需要充分了解并尽可能满足员工的想法和要求，否则很难达到预期的激励效果。

（六）确定股权激励对象时应注意的其他问题

1. 对企业没有直接贡献的员工无须进行股权激励

很多初创企业具有“全员持股”的心态，认为这样可以调动所有员工的工作积极性，但实际情况往往并非如此，并不是每个员工都会因为拿了股权就更加认真地工作。

有些员工的工作，能够对企业业绩产生直接的影响。这些员工也愿意为了公司股权升值而努力工作，譬如产品研发、销售或客服的负责人等。对于这类员工，股权激励是有意义的。但对于极个别员工来说，由于其所处工作岗位的不同，不论他工作多么努力，都不会对企业业绩有直接影响。这部分人往往具有“搭便车”的心态，指望别人好好工作，提高企业业绩。对于这类员工，不适宜进行股权激励，给予他们一定的奖金可能效果会更好。

2. 要做好与员工的沟通工作，让员工积极参与股权激励

股权激励的目的是绑定员工，激发员工工作的积极性，必然是以员工的积极参与为前提。如果员工对股权激励不感兴趣，就很难实现股权激励的目的。如果员工对股权激励不感兴趣，企业主应当采取各种措施打消员工的这

种疑虑，让员工对公司充满信心。譬如，向员工宣讲利润核算规则，公布阶段利润核算数据，定期公布行业平均利润率，让员工相信企业利润的真实性，等等。

3. 要注意避免出现激励几个人，抑制一群人的现象

股权激励计划应当系统、科学、公平、公正，对岗位及员工的历史贡献评估应当合理，要做到激励与考核、约束并行，完善激励、晋升、考核制度，让每位员工都看到希望。

4. 按程序进行

股权激励属于公司的重大事项，激励对象的确定一般要由董事会决议表决通过，有的还需要报股东会批准并相应修改公司章程。上市公司还要求监事会对激励对象的情况进行核查，发表核查意见。企业实施股权激励时，要通过这些法定程序保障激励对象的合法性。

第二节　确定股权激励数量

股权激励数量的确定是股权激励计划设计的关键环节，直接决定了激励的力度和对企业控制权的安排。如果股权激励数量过少，激励对象持股比例过低，有可能起不到激励的效果，但如果股权激励的数量太多，又必然会影响企业控制权的安排，影响企业后续的资本运作。因此，能否科学、合理地确定股权激励数量决定了股权激励计划的成败。

确定股权激励的数量有两层含义：一是整个股权激励计划所涉及的股权总量；二是每一位激励对象所获得的股权激励数量。

一、确定股权激励总量

（一）影响股权激励总量的因素

企业在确定股权激励总量时要综合考虑以下 9 个要素：

1. 企业的资本战略

确定股权激励总量时，首先要从整体上考虑企业的资本战略，综合考虑创始合伙人团队、员工团队以及企业未来股权融资、并购重组所需要的股权数量，从而推算出股权激励总量。[①]

2. 企业的整体薪酬及福利安排

员工的股权激励收益是其整体薪酬的一部分，在确定股权激励总量时要考虑企业现有的薪酬情况。一般而言，如果企业现有的工资和福利比较好，则激励总量可以少些；如果企业现有的工资和福利待遇较差，则激励总量应多些。从整体上说，激励对象的总收入中由股权带来的收入所占比重目前呈上升趋势。

3. 同行业最主要竞争对手的情况

股权激励是给予经理人的市场竞争性报酬，能否留住、激励和吸引人才，关键不在于给多少，而在于和竞争对手相比，企业给够了没有。在企业发展状况差不多的情况下，如果竞争对手拿出全部利润的15%激励员工，而你却只打算给5%，那可以直接以现金激励。当然，如果竞争对手一点儿也没给，你给了5%，效果可能会不错。

4. 企业设定的业绩目标情况

企业业绩目标设定得越高，业绩目标实现后原有股东获益就越大，则可以在激励总量方面予以加大，因为激励对象的业绩如果达到了行权标准，企业能获得巨大的利益。[②]

5. 人力资本依附情况

企业业绩的取得与人力资本的依附情况是确定股权激励总量的关键因素。对于人力资本依附性较强、资金门槛较低的企业，股权激励的总量一定要大；反之，如果是人力资本依附性较低、资金门槛较高的企业，确定的股权激励的总量就不要太大。

---

① 马永斌：《公司治理之道：控制权争夺与股权激励》（第二版），清华大学出版社2018年版，第423页。

② 王文书：《企业股权激励实务操作指引》，中国民主法制出版社2011年版，第60页。

6. 控制权安排的考虑

对员工实施股权激励，必然会稀释原有股东的股权。授予员工的股权总量，除考虑激励力度外，还应结合企业控制权的安排，考虑股东能够忍受的股权稀释的程度。

7. 企业的规模与资产

一般而言，企业规模越小，股权激励的总量可以越大；企业规模越大，则股权激励的总量可以越小。另外，在确定股权激励总量时还要看企业净资产的情况。同等规模的企业实施股权激励，净资产多的企业，其股权激励总量可以小一些；而净资产少的企业股权激励总量则可以大一些。

8. 企业留存的股权数量

由于不同的企业资本结构、成立时间不同，留存的股权数量也不同。一般来说，新上市的高科技企业留存的股权数量比较多，上市时间长的企业留存的股权数量则较少。

9. 激励对象的人数

一般而言，为了保持一定的激励力度，激励对象人数比较多的话，可以扩大股权激励的总量；如果激励对象的人数比较少，则可以减少股权激励的总量。

以上 9 个因素中，资本战略、同行业竞争对手的情况、人力资本依附情况和控制权安排最为关键。

（二）确定股权激励总量的 4 种类型

究竟应拿出多少股权激励员工，从确定方式上，包括总量静态、比例静态、个量静态和完全动态 4 种类型。①

1. 总量静态

所谓总量静态，是指企业事先确定用于员工股权激励的总数量是固定的，不随着公司总股数的变化而变化。譬如，固定向整个激励团队授予 500 万股的股权激励，即使后来公司的总股数发生了变化，整个激励团队授予的激励总量仍然是 500 万股。

① 天亮主编：《股权激励机制》，中国金融出版社 2011 年版，第 200 页。

2. 比例静态

即股权激励与公司股权总数的比例关系的静态，是指公司事先确定用于激励对象股权激励的总数量占公司总股权的比例是固定的，不随着公司的发展变化而变化。譬如，公司的全部股权为1000万股，公司设定一个股权激励的比例，如20%。就是说公司激励给所有激励对象的股权总和为1000万股的20%，即200万股；即使公司的全部股权变为2000万股，对员工进行股权激励的比例还是20%，这个比例不变。

3. 个量静态

既不确定总量，也不确定比例，人均股权激励数量是确定的。公司事先确定股权激励中平均每一被激励对象持有的股权数量是固定的，激励总量和比例是随着激励对象数量的多少变动的。譬如，公司设想一般激励对象被激励的股权平均为1万股，技术人员和管理人员被激励的股权平均为10万股。公司给所有激励对象的股权，大体上应满足这种平均值的要求。这种个量静态的股权激励，在总量和比例上是动态的，因而属于动态股权激励的范畴。

4. 完全动态

既不确定总量，不确定比例，也不确定平均值。也就是说，既不确定用于激励对象的股权总数量，不确定用于激励对象的股权数量占公司全部股权的比例，也不确定用于每位激励对象的数量，完全根据每位激励对象的实际需要，确定对其个人的股权激励数量。股权激励的总量和比例都是变化的，没有任何限制，完全动态。

从激励的原理上看，完全动态的股权激励最为合理，但总量不易控制。因此，笔者建议最好采用比例静态的方式确定股权激励总量。

（三）确定股权激励总量的具体方法

在通常情况下，确定股权激励总量的具体方法包括以下三种：

1. 根据股东的意愿确定股权激励总量

股东愿意拿出多少股权对员工进行激励，往往意味着现有股东所能忍受的股权稀释的最大限度。在这一额度范围内，企业可以根据规划，对该额度进行合理分配。这种方法最简便易行，但也存在以下缺点：额度一旦确定，企业将很难再从现有股东手上争取到更多股权，激励计划的拓展空间有限。一般情况下，企业会很快用完这一额度，从而使企业无法继续使用股权激励来吸引新员工。而且，不同时期进入企业的激励对象，获得的股权数量往往差异很大，经常出现先易后难的状况，老员工处于较为有利的地位，无法从员工对企业的贡献或自身价值的角度进行解释，从而缺乏公正性和说服力。

2. 根据工资总额确定激励总量

企业依据全体员工总年薪的某个百分比或以其他薪金为基础，计算出股权激励的总量。有研究表明，工作十年以上的员工所拥有的企业所有权价值是其年薪的 1.5 倍，工作二十年以上的员工所拥有的企业所有权价值是其年薪的 4 倍，企业每年的股权收入是其总薪金收入的十分之一到五分之一。这个比例效果比较好。①

此方法只勾勒出了激励总量的一个大概规模，由于各企业所处行业、劳动力市场供应情况、企业发展预期、发展策略和企业文化等不同，会产生实际股权激励数量上的差异，企业应灵活运用。

3. 根据企业经营业绩确定股权激励总量

企业设立某一业绩目标，如果员工在规定的期限内达到或超过了这个目标，则企业将按激励计划规定的比例授予员工一定的股权。这一做法更贴近于企业实施股权激励的目的，但使用此种方法需要解决以下几个问题。

（1）业绩目标设定的科学性。业绩目标的设定应当真实反映企业的经营成果。在一般情况下，企业会将销售收入、利润、市场占有率、成本节约等设定为业绩目标，但业绩目标的设定必须科学、合理，员工通过一定的努力能够达到。如果目标定得太高，则员工再怎么努力都达不到；如果目标定得太低，则员工不用努力就能很轻松地达到，也不能实现股权激励的目的。

（2）保证创业合伙人团队对企业的控制权。企业激励对象收益的不确定性风险，对应着创业合伙人股权稀释的不确定性风险。如果达到既定业绩目

① 胡八一编著：《股权激励 9D 模型》，企业管理出版社 2010 年版，第 76 页。

标，创业合伙人团队的股权将有一定程度的稀释，其对企业的控制力也将有所下降。因此，创业合伙人团队必须找好控制权和收益权的平衡点，实现长期利益的最大化。

（3）预防市场失真导致的业绩波动带来的风险。如果企业业绩较好，那么激励对象将得到较多的股权，获得丰厚回报；相反，如果激励对象努力了，但由于一些自己无法控制的客观原因，如整个市场疲软、经济不景气等，企业并未完成既定业绩目标，那么激励对象将无法得到期待已久的股权，就会挫伤激励对象继续努力的积极性。因此，企业一定要采取有效措施预防市场失真导致的业绩波动带来的风险。

（四）确定股权激励总量的实践

关于股权激励的总量，从法律角度讲，应注意以下几点：

第一，如果是初创企业，控股股东应当保持三分之二以上的股权，实施股权激励的股权总额不要超过全部股权的三分之一。因为根据《公司法》的相关规定，很多重大事项的表决需要经过三分之二以上多数表决权的同意，持股三分之二以上的股东对公司有绝对的控制权。

第二，为了创始人能够掌握企业的控制权，建议小股东的股权数额和激励对象持有的股权数额加起来不超过50%，否则，如果小股东和激励对象联合起来行使股东权利，对于创始人来说，则面临可能丧失控制权的风险。

第三，非上市公司实施股权激励的股权数量，一般不要超过股权总量的20%，最高不要超过30%，规模较大的非上市公司的激励总量最好不要超过股权总量的10%。国家对新三板和上市公司都有明确要求，对于所有参与上市公司来说，股权激励的股权总量不能超过该上市公司股权总量的10%，但对于某些非上市公司来说，如果也按照10%给激励对象股权激励，有时会感到激励力度较弱，因为大多数非上市公司的规模都不大。如果企业具有几个亿、几十个亿甚至上百亿元的规模，拿出10%的股权对激励对象进行激励，其总量还是很可观的。但如果企业总资产只有几百万元的话，拿出10%的股权对高管和核心员工实施股权激励，效果是比较差的。

笔者建议企业用于股权激励的股权总量最好不要超过公司股权总量的

20%。为什么呢？因为这里面有一个折算。一家企业，如果年净利润能达到20%，就算是比较健康的企业了。如果把这20%的利润都给了激励对象，股东一点儿利润也不剩，对于股东来说，推行股权激励的意义就不存在了。

规模较大的企业实施股权激励，股权总量为什么最好要限制在10%以内呢？主要有两个方面的原因：第一，按照《公司法》的规定，代表10%以上表决权的股东，可以提议召开临时股东会。有时候大股东处理一些事情，不愿意召开股东会，如果股权激励总量超过了10%，就等于赋予了激励对象提议召开临时股东会的权利。第二，表决权10%以上股东可以请求人民法院解散公司。股东之间一旦出现争议、纠纷，持有10%以上股权的股东就有可能向法院提起诉讼，要求解散公司。这样的话就把股权激励变成了股权纠纷，对创始人来说是非常不利的。

总之，企业控制权对于创始人来说是非常重要的，企业在实施股权激励时，一定要注意股权激励实施之后创始人有可能丧失公司控制权的情形。

二、确定股权激励个量

确定股权激励个量，就是在企业激励总量范围内，明确每位激励对象可以获得多少股权。每位激励对象能够获得多少股权是个需要谨慎处理的问题，股权激励计划设计得好，分配得公平、合理，能够给企业带来福音；设计得不科学、不公平，也有可能给企业带来混乱，影响激励对象的情绪。科学分配股权到每位激励对象，需要考虑一些因素，并采取正确的分配方法。

（一）影响确定股权激励个量的因素

一般来说，企业在进行股权激励时，每位激励对象的激励力度要根据其在企业的任职情况、工龄长短和工作绩效等要素来确定。

1. 激励对象的职位

职位的高低是确定授予股权激励个量多少的一个考量因素。一般来说，从普通员工到部门经理，从首席执行官到董事局主席，职位越高，获授的股权越多。同一级别的员工，其职位股权可有所不同，但差别应控制在一个较小范围内。

2. 激励对象的工龄

激励对象在企业的工作年限也是确定股权激励个量的一个考量因素。一般而言，在企业工作年限越长，对企业贡献越大。所处岗位和业绩表现同等时，在企业工作时间长的人，所获得的股权激励数量应相对多一些。

3. 激励对象的业绩

激励对象的业绩情况也是衡量授予股权激励数量的重要因素。企业薪酬委员会根据各激励对象的年度业绩和表现，结合各岗位工作的重要性，通过一套可以量化的指标体系进行测度，决定授予每位激励对象的股权数量。

4. 激励对象在实施股权激励计划之前的薪酬情况

一般而言，激励对象所领取的薪酬能够体现其在企业中的重要性。激励对象被授予的激励额度应与其之前的薪酬情况相适应，尽量不要出现薪酬水平低的激励对象所获得的股权激励数量反而超过了薪酬水平高的激励对象所获得的股权激励数量的情形。

5. 坚持公平原则

激励计划的公平公正除体现在将应纳入股权激励的员工纳入外，还体现在激励对象具体分配的股权数额上。公司董事和高级管理人员所分配数额与中层管理人员和核心技术骨干所分配数额的比例应体现公正公平原则。否则，当某些激励对象产生不公平感时，就会损害股权激励的效果。[①]

6. 激励对象个人的愿望

激励对象获得股权数量的愿望也是股权激励分配的重要参考因素。如果激励对象所获得的股权激励与其期望的数量相去甚远，就不会起到良好的激励效果。

（二）确定股权激励个量的方法

一般来说，股权激励个量的确定有以下几种方法：

---

① 王文书：《企业股权激励实务操作指引》，中国民主法制出版社2011年版，第61页。

1. 基于系统的薪酬调研，决定某一激励对象授予的股权数量

即根据某一职位授予股权数量的市场水平，以及企业内部职位的重要性和价值差异等，确定授予某位激励对象的股权数量。譬如，某企业当前正处于高速发展时期，为了留住并激励人力资源总监，企业决定对其进行股权激励。通过对市场和同行业同等规模企业的调查发现，该职位一般获得的股权数量介于 50 万股至 80 万股之间。鉴于企业急需这样的高管来完善公司治理结构，企业决定授予其 80 万股，以使其尽心竭力地工作。这种确定股权激励个量的方法就是基于系统的薪酬调研的。

2. 基于激励对象的年薪决定授予的股权数量

一般来说，激励对象所获股权激励的数量限定在其年薪的 30%是比较合理的。如果激励对象从股权激励获得的收益能够达到其年薪的 30%，就能够调动其工作积极性。因为一个员工要跳槽的话，新单位根据市场的定价，一般只会给他高于现有市场定价 10%到 20%的薪酬，能够上浮 30%的就属于比较特殊的情况。因此，如果被激励对象每年从公司获得的股权收益能够使他的年收入提高 30%，他离职跳槽的可能性就比较小了。因为他还要考虑去到一个新单位后，是否真的能够拿到上浮的 30%的收益，以及即使能够拿到，但能否融入新企业的问题。另外，在一般情况下，企业每年的净利润大约在 20%属于比较普遍的情况，如果考虑其他经济因素，则把激励对象的股权收益控制在其年薪的 30%左右是比较合适的。当然对于某些特殊的激励对象，给他的股权激励可以再高一点。

3. 通过相关评价模型，决定某位激励对象获得的股权数量

相关评价模型，主要是指价值评价模型和贡献评价模型。就每位激励对象对企业的价值和贡献进行评分，并按照其得分在全部总分中的比例进行股权的分配。激励对象的评价得分=价值评价得分+贡献评价得分。

（1）价值评价模型。所谓价值评价模型，是指基于责任、权利和义务相结合的原则，对激励对象所承担的岗位职责及其任职资格进行价值评价，包含 5 个维度和 14 个标准，如表 6 所示。

表6 激励对象价值评价参考模型①

评定维度		权重	评定标准
岗位价值	职位重要性	35%	1. 影响性质：评估激励对象在其职责范围内所具有的影响范围和性质。 2. 贡献水平：评估激励对象在公司的贡献水平（主要依据产值贡献作出评价）。 3. 工作稳定性：核算激励对象在公司的工作年限。
	职责难度	20%	4. 创造性：评估激励对象在确定、开发和改进新的概念、技术、流程、服务或产品时，面临的不确定性和难度，看是跟从、修改、创造还是重大突破。 5. 复杂性：评估激励对象所从事工作的复杂程度，看是简单的、困难的还是复合的。 6. 独立性：评估激励对象在工作中的自由度和主动性，或工作受控制的程度。
	沟通难度	15%	7. 沟通方式：评估激励对象所担负的沟通职责及其难度。 8. 沟通范围：评估激励对象的沟通范围和内容，是公司内外部共享的，还是有分歧的。 9. 沟通频率：评估激励对象对内、对外沟通的频率。
胜任能力	知识与技能	20%	10. 知识与经验：评估激励对象所具有的知识和经验的宽广度与深入程度。 11. 工作技能：评估激励对象工作技能的掌握程度，是一般、较好还是娴熟。 12. 应用宽广度：评估激励对象的知识与技能的应用范围，除了本职工作，还应用在哪些地方。
	职业道德	10%	13. 公司认可度：评估激励对象对公司的认同感、归属感和主人翁精神。 14. 个人品质：评估激励对象的责任意识、敬业精神、积极心态、不断进取、自律严谨情况。

在价值评价初始结果的基础上，还需要加入激励对象对企业历史贡献的评价因素，以修正初步评价结果，从而达到全面衡量激励对象实际价值的目的。

（2）贡献评价模型（如表7所示）：基于激励对象在企业工作的实际年限和每年的年度绩效考核结果，进行贡献评价。对激励对象的贡献评价主要

① 胡八一编著：《股权激励9D模型》，企业管理出版社2010年版，第79页。

包括两个维度：

①在企业工作的实际年限。该维度主要反映激励对象对企业价值的积累。年限计算方式为截至年度考核期末，在企业工作每满一年按 1 分计算。不足 6 个月的，按半年计算，超过 6 个月的按一年计算。

②每年度绩效考核结果。该维度主要反映激励对象对企业的贡献大小。根据考核结果及其对应系数，调整激励对象的价值评估结果。

表 7　考核结果及加权系数参考模型

平均考核结果	加权系数
A（优秀）	1.5
B（良好）	1.2
C（称职）	1.0
D（需要改进）	0.8
E（不称职）	0.5

根据激励对象的评价得分配股权。配股额＝评价得分×平均每分股份数。

4. 股权激励个量的确定

在确定股权激励个量时，上市公司非经股东大会特别决议批准，任何一名激励对象通过全部在有效期内的股权激励计划获授的本公司股票，累计不得超过公司股本总额的 1%。因为上市公司体量比较大，1%的股权对应的期权也好，限制性股权也好，收益远远超过了他个人的工资数额。但对于初创期规模相对较小的公司，如果参与股权激励计划的人员不多，单个激励对象累计获得的股权激励总额可以超过公司总股本的 1%，但一般不要突破 5%。因为公司前期给予激励对象股权激励太多的话，后期可能就没有激励的空间了。因此，笔者建议非上市公司，特别是处于初创期的公司，给予每位激励对象的激励额度最好不要超过 5%。

三、我国法律关于上市公司股权激励数量的规定

在股权激励数量的确定方面，我国上市公司和非上市公司是不同的。上市公司对公司进行股权激励的股权数量有严格的规定。

我国《上市公司股权激励管理办法》第十四条第二款规定，上市公司全部在有效期内的股权激励计划所涉及的标的股票总数累计不得超过公司股本总额的10%。非经股东大会特别决议批准，任何一名激励对象通过全部在有效期内的股权激励计划获授的本公司股票，累计不得超过公司股本总额的1%。第三款则规定，本条第二款所称股本总额是指股东大会批准最近一次股权激励计划时公司已发行的股本总额。

第九条规定，上市公司依照本办法制定股权激励计划的，应当在股权激励计划中载明下列事项：(1) 股权激励的目的。(2) 激励对象的确定依据和范围。(3) 拟授出的权益数量，拟授出权益涉及的标的股票种类、来源、数量及占上市公司股本总额的百分比；分次授出的，每次拟授出的权益数量、涉及的标的股票数量及占股权激励计划涉及的标的股票总额的百分比、占上市公司股本总额的百分比；设置预留权益的，拟预留权益的数量、涉及标的股票数量及占股权激励计划的标的股票总额的百分比。(4) 激励对象为董事、高级管理人员的，其各自可获授的权益数量、占股权激励计划拟授出权益总量的百分比；其他激励对象（各自或者按适当分类）的姓名、职务、可获授的权益数量及占股权激励计划拟授出权益总量的百分比。(5) 股权激励计划的有效期，限制性股票的授予日、限售期和解除限售安排，股票期权的授权日、可行权日、行权有效期和行权安排。(6) 限制性股票的授予价格或者授予价格的确定方法，股票期权的行权价格或者行权价格的确定方法。(7) 激励对象获授权益、行使权益的条件。(8) 上市公司授出权益、激励对象行使权益的程序。(9) 调整权益数量、标的股票数量、授予价格或者行权价格的方法和程序。(10) 股权激励会计处理方法、限制性股票或股票期权公允价值的确定方法、涉及估值模型重要参数取值合理性、实施股权激励应当计提费用及对上市公司经营业绩的影响。(11) 股权激励计划的变更、终止。(12) 上市公司发生控制权变更、合并、分立以及激励对象发生职务变更、离职、死亡等事项时股权激励计划的执行。(13) 上市公司与激励对象之间相关纠纷或争端解决机制。(14) 上市公司与激励对象的其他权利义务。

第四十八条第一款规定，因标的股票除权、除息或其他原因需要调整权益价格或者数量的，上市公司董事会应当按照股权激励计划规定的原则、方式和程序进行调整。

第六十五条规定，上市公司应当在定期报告中披露报告期内股权激励的实施情况，包括：……（二）报告期内授出、行使和失效的权益总额；（三）至报告期末累计已授出但尚未行权的权益总额……

可以看出，上市公司在进行股权激励时，对股权激励的总量和每位激励对象的激励个量两个方面的要求都是非常严格的，上市公司在设计股权激励计划时，必须严格遵守上述规定。而对于大量的非上市公司，股权激励的数量则没有规定，由企业根据自己的实际情况确定。

第三节　设定退出机制

股权激励的主要目的是绑定人才，激发员工的工作积极性，为企业创造更多的价值。它以企业和员工具有劳动关系为前提，一旦员工从企业离职，就失去了激励的价值，激励对象就要从激励计划中退出。股权激励计划中要提前约定好退出的条件、退出方式，股权如何处理以及股权的价格，等等。这就是我们经常所说的退出机制。

一、设置退出机制的必要性

退出机制是股权激励计划的保障性措施，直接关系到股权激励的稳定性。若没有事先设置退出机制，激励对象离职后，企业无法收回其股权，则会影响后续股权激励的实施和企业的正常运营。

1. 当激励对象没有达到服务期限或约定的业绩目标时，通过退出机制收回已经授出的激励股权，这样才不会违背实施股权激励的初衷。

2. 企业不断发展壮大，人员不断扩充，如果没有退出机制，激励对象离职而不退回其持有的股，企业很可能会面临无股对其他在职员工继续进行激励的情形。通过设定退出机制收回离职人员手中的股权，可用于对新进人员的激励以及原有人员的持续激励。

3. 非上市公司股权的流通性较弱，拟上市公司的上市之路也存在很大的变数，设计不同情形下的退出机制能够在很大程度上降低激励对象因股权流通性弱而承担的风险，从而提高其参与激励计划的积极性。

因此，企业在设计股权激励计划时一定要设计好退出机制。

二、设计退出机制需遵循的两大原则

1. 离职即退出原则

股权激励的对象是员工，通过股权激励的方式将员工变为股东，目的是使员工能够参与公司决策、分享企业成长收益并承担风险。因此，被激励的一定是与企业有劳动关系的员工。一旦劳动关系终止，参与人就失去了成为激励对象的资格。此外，为了更好地体现激励性，加大激励力度，企业一般会通过赠与或低于市价的方式给被激励的员工一定的股权，来换取其一定的服务年限。若激励对象在离职后未返还股权，其身份则由激励对象变为投资人，不符合股权激励的初衷。因此，“离职即退出”是退出机制设计的首要原则。

2. 对等原则

股权激励对激励对象兼具“激励性”与“约束性”。退出机制的设计也应遵守这一宗旨，宽严适中。如果设计的退出条件过于严格，约束性高于激励性，则方案难以发挥激励作用；如果设计的退出条件过于宽松，约束性低于激励性，则可能导致激励对象做出损害公司及股东利益的事情。

三、退出事由

激励对象退出的事由一般分为以下两类。

（一）过错性退出

过错性退出，是指因激励对象出现过错给企业造成了一定的经济、声誉及其他利益损失而退出企业的情形。可以在股权激励协议中明确约定，激励对象出现一些过错，给企业造成损失时被强制退出股权激励的情形。具体可以约定以下退出事由：

1. 未经企业批准，擅自离职的，丧失股权激励资格

这一点和股权激励的根本目的是相吻合的。作为一个企业，实施股权激励最主要的目的就是留住员工。如果单从劳动合同的角度，是不能约定员工不准离职的，但如果把劳动合同和股权激励协议相配合，则可以约定为，参与股权激励计划的员工未经公司批准，擅自离职的，丧失股权激励资格。

2. 未经公司董事会批准，擅自从事关联交易、在企业外兼职的，丧失股权激励资格

任何企业都希望自己的员工能够专心为企业工作，都不希望其在外兼职。员工兼职有两种情况：一种是从事和自己所在企业无关的工作；另一种是从事与自己所在企业存在竞争关系的工作。无论哪种工作都会损害企业的利益，即使员工在外从事的兼职工作与企业没有竞争性。因为每个人的精力都是有限的，如果员工同时做几份工作，很难完全保证他能将全部的精力用在其所属企业的工作上。因此，很多企业都明确禁止自己的员工在外从事兼职工作。《劳动合同法》对此也明确规定，如果员工出现在外面从事第二职业，或者从事其他工作，用人单位发现后，要求其改正而不改正，或者给用人单位造成损失的，用人单位可以随时与其解除劳动关系。特别是在外从事与企业有竞争性工作的，会严重损害企业的利益。因此，应把激励对象是否未经董事会批准，擅自从事关联交易，在企业外兼职作为考核的重要内容。

3. 违反企业规定的保密制度，泄露企业商业秘密的丧失股权激励资格

企业对于激励对象泄露企业的商业秘密往往没有好的解决办法，笔者建议可以把泄露企业商业秘密作为丧失股权激励资格的重要事由，并纳入考核的重点。如果激励对象泄露了企业商业秘密的话，将会给自己造成很大的损失，丧失股权激励部分的收入。此外，激励对象参与了企业的股权激励后，就成了企业的股东，企业的发展和企业的利益就与其个人的利益息息相关了，双方利益一致，员工也就不会再故意泄露企业的商业秘密和信息了，这样就有效规避了员工泄露企业商业秘密的风险。

4. 把激励对象违反竞业限制的情形作为取消其股权激励资格的事由

所谓竞业限制，是指对企业员工在企业工作期间或者离职以后到有竞争性的单位去工作的限制。如果员工通过参与股权激励成为公司股东，他的利益就和企业的利益紧密地联系在一起。这样他就会尽可能不去有竞争性的单位上班，因为股权激励计划中往往会约定，如果激励对象离职以后去有竞争性的单位上班，激励对象在股权激励计划实施过程中所获取的分红或者收益，企业有权收回。这无形中就加大了激励对象去竞争性单位工作的成本。因此，把激励对象是否存在违反竞业限制的情形作为考核的内容是非常重要的。

5. 把激励对象恶意侵占企业财产的情形作为取消其股权激励资格的事由

在企业管理过程中，任何时候都要防止激励对象侵占企业财产，激励协议中可以约定如果发生激励对象侵占企业财产的情形，企业有权取消其参加股权激励的资格，对企业是非常有利的。侵占企业财产的形式包括但不限于职务侵占，贪污受贿，把收取的本该归企业所有的礼金、感谢费、好处费等据为己有，未经企业同意，挪用企业或某个部门的资金等。

6. 规定存在重大过失、严重失职或营私舞弊，导致企业遭受巨大损失的激励对象丧失股权激励资格

作为激励对象，是否存在重大过失或者严重失职、营私舞弊，导致企业巨大损失，实际上体现了一个工作态度的问题。如果激励对象工作态度比较积极，能够担负起责任的话，一般不会产生重大的失职。这种重大失职和他的责任感是相吻合的，股权激励协议中约定激励对象有重大过失，导致企业产生重大损失的，丧失股权激励资格。这样的约定对企业来说也是公平的，作为激励对象，存在过失，没有努力工作，承担相应的损失也是应该的。营私舞弊更体现了激励对象主观上的恶意，为了一己私利，采取一些不正当的手段获取非法利益，导致企业遭受重大损失。因此，可以约定重大过失、严重失职或营私舞弊导致企业遭受巨大损失的激励对象丧失股权激励资格，并将其纳入考核的范畴。

7. 约定严重违反企业规章制度的激励对象丧失股权激励资格

企业在设计股权激励计划时，要根据自身的实际情况，制定适合自己企业的一些规章制度，明确约定哪些行为属于严重违反企业规章制度，并将此作为考核的内容。因此，在股权激励协议中可以明确约定哪些行为属于严重违反企业规章制度，并明确列举。若激励对象有这些行为，则丧失股权激励资格。

（二）非过错性退出

非过错性退出，是指并非激励对象主观意愿犯的错，而是由其他客观原因导致的退出，譬如下列情形：

（1）因企业战略调整等原因裁员或离职的。（2）激励对象因达到国家和企业规定的退休年龄办理退休的。（3）激励对象因丧失劳动能力而不能继续在企业任职的。（4）激励对象死亡、被宣告死亡或宣告失踪的。（5）企业宣告破产、倒闭或经营期限届满不再经营的。

因上述原因需要退出股权激励计划的，并非激励对象主观上的过错所导致。企业在回购激励对象的股权时一般不会对激励对象有惩罚措施，会根据实际情况，采取灵活的方式设定回购价格。

总之，作为企业，可以根据自己的实际情况设计各种退出条件，以上所述只是其中一部分。

四、退出后股权的处理

如果激励对象退出股权激励计划，其被授予的股权该如何处理呢？

企业有权以事先约定的价格回购激励对象手中的部分或全部股权，也可以要求激励对象返还之前已获得的分红。

激励对象如果是非过错性退出，需要对激励对象的股权进行回购的，通常会以下列方式确定股权的回购价格：

1. 以公司注册资本作为定价基础。公司实际注册资本多少，共有多少股权（份），据此可以计算出每股价格，并以此价格作为回购的定价基础。

2. 以最近一次的财务报告所列示的净资产价格作为定价基础。这种方法比公司注册资本定价更为公平，更接近退出时公司的实际价值。

3. 以第三方机构对公司的评估价值为定价基础。对于一些技术含量高的轻资产公司而言，采取净资产计价并不能公正地评估公司价值，以第三方机构的评估价值为准更为合理。

4. 以公司最近一次融资时的估值作为定价基础。

5. 以一个固定的金额或者固定的价格计算方式为定价基准。这是公司与激励对象双方自行商定的定价方法。

6. 如果是上市公司，则应以二级市场的股份价格作为定价依据，激励对象也可以选择从二级市场退出。

五、设置退出机制应注意的问题

设置股权退出机制时，应注意以下问题：

1. 明确退出机制的具体情形

退出机制是股权激励计划的保障性措施，直接关系到股权激励的稳定性，以及诸多法律风险的防范，需要非常具体、明确。但实务中很多企业在股权激励计划中对退出机制的约定都不完善。譬如，有的企业在方案中只约定了“激励对象离职时，必须将被授予的股权转让”，但未约定向谁转让。这个条款就没办法执行。

除要有明确的受让主体，还要有明确的转让价格、可操作的时间节点，以及违反约定要承担什么法律责任等。

2. 把退出机制的具体情形写进书面文件

以上提到的这些处理办法，需要在法律文件中详细约定，才能在发生纠纷时掌握主动权。这里提到的“书面文件”，包括但不限于公司章程、股权授予协议、回购协议等。

下面以某医疗集团控股有限公司股份期权激励的退出机制为例加以说明（如表 8 所示）。

表 8　某医疗集团控股有限公司股份期权激励退出机制

<table>
<tr><th></th><th>情形</th><th>考核期</th><th>锁定期</th><th>解锁后</th></tr>
<tr><td rowspan="6">非过错性退出</td><td>公司战略调整等原因裁员或离职</td><td rowspan="6">取消其激励资格，其已获准行权但尚未行权的股份不得行权，若已行权购买股份则返还激励对象已缴出资款。</td><td rowspan="6">激励对象持有全部股份由公司实际控制人优先回购，回购价为出现退出事由时公司上一年度末经审计的每股净资产价格与激励对象原购价格二者较高者。</td><td rowspan="6">由公司实际控制人按照每股净资产价格回购激励对象全部股份，如果有投资机构进入，则以投资机构估值的50%与每股净资产价格二者较高者回购。</td></tr>
<tr><td>辞职</td></tr>
<tr><td>丧失劳动能力</td></tr>
<tr><td>退休</td></tr>
<tr><td>身故</td></tr>
<tr><td>离婚</td></tr>
<tr><td rowspan="5">过错性退出</td><td>受到刑事处罚</td><td>——</td><td>——</td><td>——</td></tr>
<tr><td>因失职或渎职、收受回扣、营私舞弊、泄露公司商业秘密、造谣滋事、恶意诋毁、侵占或挪用公司资产等行为损害公司利益或声誉给公司造成重大损失的</td><td rowspan="4">取消其激励资格，已获准行权但尚未行权的股份不得行权，若已行权购买股份则返还其已缴出资款。</td><td rowspan="4">其持有的在锁定期内的全部股份由公司实际控制人按激励对象原购股价格回购，若给公司造成重大损失，须从出资额中扣除应赔偿公司损失的金额。</td><td rowspan="4">以激励对象原购股价格回购，若给公司造成重大损失，须从出资额中扣除应赔偿公司损失的金额。</td></tr>
<tr><td>出现重大质量或安全事故，给公司造成严重经济损失或声誉损失，且激励对象为主要责任人的</td></tr>
<tr><td>与公司发生同业竞争</td></tr>
<tr><td>公司董事会认定的其他严重损害公司利益或声誉的行为</td></tr>
</table>

第十四章 股权激励的行权和人才锁定机制

◎ 导读

一般来说，企业实施股权激励的主要目的是引进人才，留住人才，激发人才工作的积极性，为企业创造更大的价值。因此，设定好激励对象的行权条件、行权方式和人才锁定机制非常重要。本章分三节阐述如何设定股权激励的行权条件、行权方式和人才锁定机制，以及激励对象在行权过程中的股权调整等内容。

第一节 设定行权条件

行权条件是指激励对象对已获授的股权行权时必须达到或满足的条件。实践中，激励对象的行权条件往往包括业绩条件和非业绩条件两个方面。业绩条件又包括公司层面的业绩条件、部门业绩条件和个人绩效指标，非业绩条件主要指个人的非绩效指标。

一、公司层面的业绩条件

业绩条件在公司层面主要体现为总量指标和财务指标，如净利润增长率、净资产收益率等。无论上市公司还是非上市公司，业绩发展是其实施股权激励的主要目的之一，如果不能通过实施股权激励达到增长公司业绩的目的，实施股权激励也就毫无意义了。

上市公司对限制性股权激励有明确要求，主要表现为公司实施限制性股权激励必须对激励对象的业绩有明确的考核办法，要确定公司整体业绩的增长幅度。假如公司整体业绩得不到提升，股权激励计划可能就会失效。也许有的激励对象会认为，自己在参与公司的股权激励后，会努力工作，但自己的努力不一定会使公司的整体业绩增长。因为公司业绩的增长，除激励对象个体因素外，还涉及其他因素，如竞争对手问题，等等。如果由于其他原因导致了公司整体业绩的下滑，不给激励对象兑现股权激励就不公平。很多激励对象和企业主在实施股权激励时都提出过这个问题。笔者认为，既然激励对象参与了公司的股权激励，其身份也就变成了股东。根据相关的法律规定，股东不能只享有收益，还要承担风险，收益和风险共存，权利和义务共担。如果真的由于市场原因，或者非激励对象本人的原因，导致公司业绩没有达到一定的目标，股权激励计划不能实施，那也应是公司激励对象和股东共同承担的市场经营的风险，这种风险不应由公司股东单独承担。作为激励对象，在参与股权激励时，应当充分理解股权激励的内涵，股权激励不是只享有权益，还要承担相应的风险。只有大家利益共享、风险共担，才符合作为股东的基本原则和要求。因此公司实施股权激励时，要遵循自愿原则，公司要跟激励对象讲清楚，激励对象参与股权激励，除了享受分红外，还可能会承担风险。譬如，在期股性股权激励计划中，激励对象购买了公司股权，如果公司整体经营效益不好，可能连投资款都收不回来。只有这样，大家作为共同的利益体，才会联合起来，防止公司业绩下滑，防止公司因外部市场的变化产生业绩的亏损。

可以选择净资产收益率、净利润增长率等作为公司财务业绩指标，分年度进行绩效考核并分红。譬如，可以约定，自第一年开始，每一年的净资产收益率、净利润增长率不得低于多少，完成这个目标，那就说明公司的业绩指标达到了。

二、公司部门的业绩条件

因为公司在运营过程中，会组建功能不同的若干部门。每个部门的业绩好坏直接决定着公司整体业绩的好坏。因此，公司在设计股权激励计划时，要设定部门的业绩目标及考核办法。公司部门业绩考核指标一般包括营业额的增长率、净利润增长率和净资产增长率等。在设定部门业绩目标时，要细化经营单位，分解目标，明确任务，并且独立核算。

三、个人条件

具体到某特定激励对象，能否正常行权，其个人条件能否达到非常关键。公司在设计股权激励计划时，为激励对象设置的个人条件一般包括个人绩效指标和个人非绩效指标两大类。

（一）个人绩效指标

绩效指标是指通过对组织内部流程的输入端、输出端的关键参数进行设置、取样、计算、分析，衡量流程绩效的一种目标式量化管理指标，是把公司的战略目标分解为可操作的工作目标的工具，是公司绩效管理的基础。绩效指标包括个人、业务单元、部门或组织等层次。

个人绩效指标应具有可考性。什么样的指标可考呢？下面我们就通过《鲁滨孙漂流记》的一个故事来加以说明。

管理学课堂上经常分析的经典案例《鲁滨孙漂流记》中，为了维持荒岛上的生存，主人鲁滨孙和仆人星期五必须从事树上摘果子和海边捕鱼两种工作，而且无法相互监督。那这两项工作该怎么分配呢？由于主人是为自己干，他一定不会偷懒，但仆人是为主人干，很有可能偷懒，其中存在道德风险。所以，在当时的条件下，主人必须对仆人进行绩效考核，也就是在分配工作时，让仆人的工作很容易被监督到，以便充分掌握信息。

经过认真分析发现，就摘果子而言，由于果子是长在树上的，摘到果子的数量与人的努力程度有着非常直接的联系。但捕鱼不一样，捕到鱼的数量不仅和个人的努力程度有关，还和其他很多外界因素有关，如海啸、环境污染、水域曾被过度捕捞等。如果让星期五去捕鱼，就无法对其进行绩效考核。因此，基于信息对称与否，科学分配工作的结果是，安排星期五去树上摘果子，而鲁滨孙去海边捕鱼，因为树上摘果子具有可考性。

个人绩效指标除应具有可考性外，还必须具体、明确、科学、合理，不能过高，也不能过低。设定的目标过高或者过低都不利于股权激励计划的落地实施。

案例：弄巧成拙，公司业绩目标设置不当，股权激励可能有负面影响

——A公司股权激励设置的公司业绩目标过低

2011年2月14日，A公司给包括公司高管在内的246名核心经营骨干精心准备了一份情人节礼物。公司当晚发布的股权激励计划，将以7.95元/股的价格对246名骨干激励对象定向发行426万股限制性股票。426万股限制性股票将分为3个批次解锁，分别是授予日1年后、2年后和3年后。行权条件为，以2010年为基准年，2011年净利润增长率不低于5%；以2011年为基准年，2012年净利润增长率不低于6%；以2012年为基准年，2013年净利润增长率不低于7%。且上述3年销售额的增长率不低于20%，经营性现金流净额不小于当期净利润。

从历史数据看，2006年至2009年公司营业收入增长率分别为22.45%、108.05%、122.54%和7.24%，净利润增长率分别达到13.66%、736.84%、76.41%和11.61%，而该股权激励计划提出的3年净利润增长率分别较前一年增长5%、6%、7%，这样的增速与过往取得的业绩相比，显然达不到“激励”的效果。①

案例：行权条件设置是门大学问

——B电器公司股权激励计划

2009年7月7日，B电器公布了一项股权激励计划（如表9所示），涉及总金额近7.3亿港元，约占当时已发行股本的3%。这次股权激励覆盖了分公司总经理、大区总经理以及集团总部各中心总监、副总监以上级别，共惠及105人。授权日为2009年7月7日，行权日为2010年7月6日。行权价为7月7日的收盘价1.9港元/股，有效期为10年。包括陈某在内，B电器管理层获得总计3.83亿股的股票期权。

① 刘建刚、李建辉、邵铁健、张宏强、马伟、谭开强：《股权激励你不能做——股权激励失败启示录》，团结出版社2018年版，第151页。

表9　B电器第一次股权激励管理层受授股份分配表

姓名	职位	激励数量（单位：万份）	行权价	有效期
陈某	总裁	2200	1.9港元/股	10年
王某洲	副总裁	2000		
魏某秋	副总裁	1800		
李某涛	副总裁	1800		
孙某丁	执行董事	1300		
伍某华	执行董事	1000		

这是当时家电行业金额最大的一次股权激励。按照1.9港元/股来计算，陈某的账面财富已近6亿港元。高管们均获得上千万股股票期权。如果这次股权激励实施完成，B电器中将诞生6个千万富翁。

然而，这次股权激励计划设计的行权条件不合理，让股权激励的效果大打折扣。陈某入主B电器后，B电器的股价一度降至最低的2港元左右，这是B电器“内斗”时期的股价，但股权激励的行权价仅为1.9港元/股。这样低的股权行权价，使以陈某为首的管理层很容易得到公司的股权。

上市公司股权激励计划有效期普遍为4至5年，而B电器为10年，其行权安排明显偏松。对于行权期内未行权的期权，有的电器公司的激励计划是逾期作废，而B电器则可以累积到以后期限继续行权。这为受益人提供了更宽泛的选择余地。①

此外，这次股权激励制定过程匆忙、草率，仅经过董事局的批准就出台了，拟定的激励计划没有经过股东大会审议，而且是在大股东同管理层产生严重冲突的时候出台的，出台的时间明显“不合时宜”。此外，笔者根据此案例相关信息，还认为在未经大股东同意的情况下，陈某对B电器管理层实施股权激励是在收买人心。从这个角度来说，以陈某为首的B电器董事局出台的股权激励计划是有失公平和不合理的。

① 刘建刚、李建辉、邵铁健、张宏强、马伟、谭开强：《股权激励你不能做——股权激励失败启示录》，团结出版社2018年版，第85—86页。

（二）个人非绩效指标

个人非绩效指标主要是指对某些行为的禁止和在规定的服务期内不得离职的规定。实务中，作为激励对象个人非绩效指标的禁止性规定主要有以下内容。

1. 激励对象不得有以下损害企业利益的行为：

（1）重大渎职行为。（2）重大失职导致企业利益受到重大损失。（3）对于尚未行权的股权认购权，私自转让、出售、交换、抵押、担保、偿还债务等。（4）受贿索贿、贪污盗窃、泄露公司经营和技术秘密、损害企业声誉等。（5）未经企业许可，在任何其他营利性单位或组织工作或兼职，或在企业安排的工作时间内从事非企业安排的其他工作。（6）参加和企业的业务经营有竞争性的活动，或为其他单位谋取与企业有竞争性的利益；从事任何有损企业声誉、形象和经济利益并给企业造成侵害或损失的活动。（7）向任何第三人泄露企业的商业秘密。（8）有损企业利益的其他行为。

2. 在规定的服务期内离职的情形主要有以下几种：

（1）离职或聘用期结束未获续聘的。（2）因为不胜任工作而降级导致其责任降低并且不再属于本计划参与人范围的。（3）任期内辞职并获得企业批准的。（4）企业主动将其辞退或解聘的。

股权激励计划和股权激励协议中如果约定了这些条件，只要不违反法律的强制性规定，就都是有效的。出现纠纷之后，法院就会按照方案或协议中的约定进行裁判。

第二节　设定考核机制

既然设定了业绩目标，就要有考核机制。行之有效的绩效考核制度是股权激励得以顺利实施的重要保障。每个公司可以根据自己的实际情况制定切实可行的考核机制。不论具体考核机制如何，都应遵循科学、公平、合理的根本原则，否则很难达到考核的目的。为了保证考核机制的有效实施，企业应当制定完善的股权激励计划绩效考核办法。

《××科技股份有限公司股权激励考核办法》范本

为进一步促进××科技股份有限公司建立健全激励与约束机制，完善公司法人治理结构，充分调动公司激励对象的积极性与创造性、提高经营效率，保持公司良好的可持续发展态势，保证公司股权激励计划的实施，根据《公司法》《证券法》《上市公司股权激励管理办法》和《公司章程》的规定制定本办法。

一、考核目的

本办法坚持公平、公开、公正的原则，通过对公司激励对象的职业道德、态度、能力和业绩等的正确评价，建立和完善公司激励对象绩效评价体系和激励约束机制，使得激励对象诚信、勤勉地开展工作，提高管理绩效，实现公司和全体股东利益最大化。

二、考核范围

激励对象的范围为公司董事（不包括独立董事）、高级管理人员、控股子公司的总经理和副总经理、核心技术（业务）人员及关键岗位激励对象。

三、考核组织及执行机构

1. 董事会薪酬与考核委员会负责领导和审核考核工作；

2. 薪酬与考核委员会工作小组负责具体实施考核工作；

3. 监事会负责对激励对象名单予以核实；

4. 公司人力资源部、财务部等相关部门负责相关考核数据的收集和提供，并对数据的真实性和可靠性负责；

5. 董事会负责本办法的审批。

四、考核内容、方法及期间

1. 考核内容

（1）职业素质、道德、态度、能力、团队精神；

（2）工作业绩。

2. 考核方法

由被考核对象的直接上级、直接下级及相关人员进行评分，分值比例分别按直接上级50%，直接下级与相关人员各按25%的权重进行计算。董事长、总经理由董事会考核。

（1）职业素质、道德、态度、能力、团队精神（30分）

考核期内被考核对象工作过程中所表现出的职业素质、道德、态度、能力和对周围激励对象及利益相关者所展现出的工作热情和感染力，考核期内被考核对象的工作过程和工作成果。

具有良好的个人修养和高度的团队合作精神，考核激励对象在团队中分工合作，为公司总体业绩目标的实现作出贡献。具有良好的综合素质，有效领导、激励下属完成分管的工作，考核激励对象分管部门的团队精神、实力和业务发展态势。

（2）工作业绩（70分）

①定量业绩：按目标管理考评成绩（指标业绩与目标管理成绩相结合）。

②定性业绩：岗位说明书、考核期内被考核对象工作过程中所表现出的职业道德、工作态度和工作能力、考核期内被考核对象的工作过程和工作成果。

（3）考核创新及超额工作加分

考核期间有效果明显的工作创新或完成工作量较大的超额工作，经薪酬委员会确认，获得额外加分，数值一般不超过5分。

（4）重大失误和违纪减分

工作期间本人或下属发生重大差错或失误给公司造成经济损失数额较大或收受回扣、贪污等重大违纪行为应予减分5分以上，直至取消工作业绩分数的处罚。

3. 绩效考核期间

绩效考核期间：激励对象业绩考核会计年度及行权前一会计年度。

次数：股权激励计划实施期间每年一次。

五、考核程序

1. 考核流程

（1）考核对象年初填写《年度工作目标计划表》，经董事会审核后，报董事会薪酬与考核委员会备案。

（2）考核对象每月填写《月度工作目标计划表》（月度表系年度计划表的指标分解），报董事会薪酬委员会备案。

（3）工作目标调整

根据公司实际情况的变化和工作的需要，调整年初制定的年度工作目标计划时，须经直接上级审核后在董事会薪酬与考核委员会备案。

2. 考核对象

董事（不包括独立董事）、高级管理人员、控股子公司的总经理和副总经理、核心技术（业务）人员及关键岗位激励对象共计158人。

3. 薪酬与考核委员会工作小组负责具体考核操作、统一制作表格、参与评分、考核结果保存。被考核对象对所有考核项目进行自评，自评分只用于对比最后得分，不计入总分。薪酬与考核委员会工作小组对考核数据统一汇总并折算。

薪酬与考核委员会工作小组负责对最后得分进行核查、分析，形成绩效考核报告，上报薪酬与考核委员会，由薪酬与考核委员会审核。

4. 绩效考核等级按考核结果分为以下四类，类别及定义如下：

优秀（90分以上），出色、持续超过岗位标准要求；

良好（80~90分），称职、达到或超过岗位标准要求；

合格（60~79分），基本适合岗位标准要求，仍需努力；

较差（60分以下），未能达到岗位标准要求。

六、考核结果反馈及应用

1. 考核结果反馈

每次考核结束后，由薪酬与考核委员会工作小组统一制作反馈表，一式两份，一份备案，另一份反馈至被考核对象本人。

2. 考核结果应用

（1）考核结果作为公司股权激励计划的行权依据。

（2）考核结果直接影响考核对象的年终奖励与职务变动。

（3）考核结果可作为考核对象内部比例微调的依据。

七、绩效考核记录

1. 薪酬与考核委员会工作小组保留绩效考核所有考核记录。

2. 考核指标和结果的修正：考核结束后，董事会薪酬与考核委员会对受客观环境变化等因素影响较大的考核指标和考核结果进行修正。

3. 考核结束后，考核结果作为保密资料归档保存。

4. 绩效管理相关人员责任：

（1）考核人没有对被考核人进行客观评价的，予以警告，情节严重的，取消其考核人资格。

（2）各系统负责人负责本系统绩效考核，如出现漏考，由各责任人负责。

八、附则

1. 本办法由董事会薪酬与考核委员会负责解释和修订。

2. 本办法自董事会审议通过之日起施行。

××科技股份有限公司

年　　月　　日

第三节　设定行权方式

一、设定行权方式

激励对象在行权时，需要向企业支付行权资金。根据行权资金筹集方式的不同，可设计出不同的行权方式。企业可以根据自身条件、激励对象和竞争对手情况等，确定股权激励计划采取哪一种或哪几种行权方式。

1. 现金行权方式

这是最常见的行权方式，激励对象用现金支付行权资金，并持有购入的股权（票）。激励对象行权时要确认应税收入，缴纳相关税费。对于税费和行权价格的管理，不同企业有不同的规定。最常见的做法是要求激励对象将税费和行权价格合并或者分别以支票的方式支付给企业。

这种行权方式需要激励对象有充足的现金，而且行权后持有公司股权（票），激励对象将承担股价下降的风险。事实上，这正是该理论所期望的：一方面，激励对象支付了行权资金，相当于对公司进行了投资，将切身利益与企业发展紧密联系在一起；另一方面，作为企业的一员，通过努力工作为企业创造价值，降低股价下降的风险，增加自身收益。

2. 股权（票）互换行权

这是一种比较复杂的行权方式，是指激励对象将已经拥有的公司其他股权（票）作为支付手段，来购买公司的股权（票）。其中，互换比率要按照现行股价与行权价格之间的关系来确定。这种行权方式多为高层管理人员采用。其原因有两个：首先，高层管理人员一般都拥有一定的公司股权（票），可用于交换；其次，高层管理人员获授的股权（票）数量一般较大，用现金行权可行性不高。

这种行权方式有一个问题，就是激励对象作为支付手段而交回的股权（票）应当如何处理。公司可以将收回的股权（票）凭证转让给代理人注销，也可以转为库存股，留待以后使用。但无论如何，都会使公司在外流通的总股权（票）数量下降。因此，有些公司往往在股权（票）互换行权条款后加上复载条款。所谓复载条款，就是在激励对象以股权（票）互换方式行权时，公司将按其交回的股权（票）授予其新的股权（票），从而保持在外流通的总股权（票）数不变。

3. 经纪人当日出售

这也是一种比较常见的行权方式，是指激励对象在行权后立即出售股票，从而兑现资本收益。从理论上讲，经纪人当日出售的程序应当是，激励对象首先支付行权价格购入期权股票，然后立即对证券经纪人发出指示，要求其出售全部或部分期权股票，并获得资本收益。但在实践操作中，这两部分有时会合二为一，即激励对象对经纪人发出指令以当日售出方式行权，经纪人会用出售期权股票所得的收入支付行权价格和应缴税费，剩余的净收益再返还给激励对象。

在该过程中，经纪人起到了融资或融券的作用。如果先行权再出售，经纪人将提供融资服务；如果先出售再行权，经纪人将提供融券服务。事实上，一旦激励计划允许激励对象以经纪人当日出售方式行权，企业会事先选择几家经纪人公司，签署委托协议，并存入一定的公司股票到经纪人指定的账户，以便经纪人融资给企业的激励对象。这种行权方式主要用于上市公司的股权激励。

4. 本票/贷款行权

这是一种企业帮助激励对象融通行权所需资金的方式。企业允许激励对象使用本票或向银行借款筹集行权所需要的资金，借款金额不仅包括行权价格，还包括相关税费。

在设计贷款行权时，企业应当注意对贷款利息的规定。一般而言，贷款利息不能过低，否则将会被视为给激励对象额外优惠。利息的确定可以参考外部的基准贷款利率，也可以参考企业在其他方面提供给激励对象的贷款利息水平。

二、人才锁定机制

如果企业实施了股权激励，但仍然没有留住人，往往不是因为股权激励数量不到位，而是对关键、核心人才的锁定机制设计得不到位。虽然某些核心人才通过股权激励也可以赚到很多钱，但依然想跳槽，有些甚至还去了竞争对手的企业，或是自己成立公司成了竞争对手。

企业必须有自己强有力的人才锁定机制，不要完全寄托或依赖于激励对象的人品、道德和忠诚度。人才锁定机制的原理就是让人才在离开时要付出很大的成本，使其不得离开。

在股权激励计划实施过程中，有一个普适的原则就是“一次核算，多次发放”。即在设计股权激励计划时一次性核算出股权激励的总量及预期收益，但在股权授予及兑现收益时分批次进行。

为什么要坚持“一次核算”的原则呢？作为企业主，在股权分配时要为企业未来的发展做好股权方面的预留，要一次核算出企业中长期战略规划期内，总共有多少股权是可以用来分配的，每类岗位上的激励对象可以分多少股权。而“多次发放”则意味着要对锁定期和解锁期进行合理的设定，因为这事关企业的利益。锁定期的存在就相当于让企业给激励对象订立了一个考察期。原先单纯以每年的业绩作为激励评价依据很有可能会造成企业高管为了冲业绩，违背企业的正常发展规律，破坏企业未来的战略布局。锁定期的设定可以极大地减少高管们的短期行为，从而保证企业的长期发展战略有序实施。

在解锁期的设定中，解锁频次需根据不同岗位激励对象的心理预期做出相应的安排。假设我们把企业的激励对象分为两种类型：一种是研发型激励对象；一种是营销型激励对象。通常而言，研发型激励对象的特质是忍耐力强，爆发力弱，在激励频率的确定上，并不需要过分劳神；而营销型激励对象爆发性强，忍耐力弱，需要高频激励才行。因此，对于营销型激励对象来说，股权激励计划中采用分批解锁的方式最为合理。

分批解锁可以将激励成本平均分摊到解锁期的每一年，将大大缓解企业激励成本带来的压力。如果激励对象在锁定期后立刻选择套现离职，将无法拿到全部的股权激励收益。这就迫使激励对象不得不继续留在企业。这样，这种行权机制就起到了锁定人才的作用。

三、设定行权过程中的调整机制

股权激励计划的设计和实施是一个过程。在这个过程中，公司股权经常出现变动，股权出现变动就要进行调整。股权调整分为正常股权变动下的调整和公司发生重大行为时的调整两大类。

（一）正常股权变动下的调整

1. 正常股权变动的含义

正常股权变动是指公司送红股、转增股本、配股、换股、增发新股，以及发行可转债引起的总股本的增加和股价的变动。正常股权变动下的调整是指在公司授予激励对象激励股权后到激励对象行权当日止的期间内，因发生资本公积金转增股本、派送股票红利、股票拆细或缩股、配股等事项，为维持激励对象的预期利益和保证股权激励计划的公平性，公司对激励对象获授的股权激励数量以及价格进行相应调整的行为。经过调整，激励对象实际可以获得的激励股权数量以及价格为调整后的激励股权数量及价格。

公司需要调整行权价格或股权数量的，应当由董事会作出决议并经股东（大）会审议批准，或者由股东（大）会授权董事会决定。

2. 调整方法

调整股权数量及价格的方式主要包括以下几种：

（1）送股和转增股本。如果公司进行资本公积金转增股本、派送股票红利、股票拆细事项，将按同样比例调整尚未授予部分及已授予但尚未行权部分的股权数量及行权价格，调整公式为：

调整后股权数量＝调整前股权数量×（1+每股送股或转增股比例）

调整后行权价格＝调整前行权价格÷（1+每股送股或转增股比例）

（2）配股。如果公司进行配股，则按同样比例调整股权的尚未授予部分，以及已授予但尚未行权部分的股权数量和行权价格。调整后的股权数量和行权价格等同于股权持有人在行权时再支付配股款所得的股权数量和行权价格，调整公式为：

调整后的行权价格＝（调整前的行权价格+配股价格×每股配股比例）÷（1+每股配股比例）

调整后股权数量＝调整前股权数量×（1+每股配股比例）

如有针对原有流通股东定向配售，或对增发部分进行除权处理的情形，按配股方式处理。如无上述情况，股权数量和行权价格不做调整。

（3）换股。因公司合并而使本公司股票换为一种新股票时，公司将对未行权的股权数量和行权价格进行调整，同时也将对股权额度作相应调整，调整公式为：

调整后股权数量＝调整前股权数量×M

调整后股权价格＝调整前股权价格÷M

其中 M 为换股比例，表示每一股本公司股票换为新股票的比例。

另外，公司因撤销、合并、减资涉及股权行权价格、数量调整的，应注明调整公式。

（4）缩股。如公司进行缩股，则调整后的股权激励数量＝调整前的股权激励数量×缩股比例（原1股公司股票缩为多少股公司股票）。

调整后的激励股权的行权价格=调整前的行权价格÷缩股比例。

（5）派发现金股息。股权持有人无权享有现金股息，但其行权价格将因此进行调整，调整公式为：

调整后行权价格=调整前行权价格-每股税后现金股息

上市公司对股权激励计划的参与者范围、授予资格、行权价格、行权期限等重大条件作出修改时，董事会应事先征求股权激励计划参与者的意见，再提请股东大会批准。

（二）公司发生重大行为时的调整

1. 重大行为的界定

对于实施股权激励计划的公司来说，明确公司发生重大行为时股权激励计划的调整特别重要。一般来说，公司发生重大行为是指发生以下行为或事件：公司发生吸收兼并、创立合并或者资产重组后，公司控制权发生变化；公司的全部或大部分资产售卖（或租赁、交换）给另一家公司或实体；任何人或实体认购已拥有公司股权而继续吸纳公司在外流通股以至于投票权达到50%或以上；公司董事会重新选举，导致原有董事一半以上卸职；公司在经股东大会投票通过后，将进入破产清算或解散程序。

但以上行为或事件如果符合以下情形，则不构成重大行为：公司与母公司或子公司之间发生吸收合并、创立合并或重组行为；公司与母公司或子公司之间发生资产的售卖、租赁或交换；吸收合并、创立合并或资产重组之前的公司投票权，在吸收合并、创立合并或资产重组之后仍然发挥效力等。

2. 重大行为发生时激励计划的调整

（1）发生并购行为时股权激励计划的调整。在有的国家，当公司被并购时，股权激励计划中的授予时间可能会自动加速，所有的股权都可以立即行权，也可以由母公司接管股权激励计划或将股权激励计划转换为等值的现金激励计划。在我国，公司遭遇并购时股权授予的时间是否加速，由公司自行决定。

（2）公司控制权发生变化时股权激励计划的变更。公司控制权发生变化有两种情况：一是公司以外的某人或某机构通过持有公司股权，拥有公司30%以上的投票权；二是任何一个36个月期限内，董事会成员构成发生了很大变化，即在期末的董事会成员中，从期初起一直在任的董事人数已不足一半。

若公司发生控制权变更、合并、分立，所有已授出的激励股权不做变更，股权激励计划不做改变，激励对象不能加速行权；但若公司因控制权变更、合并、分立导致股权激励计划涉及的激励股权发生变化，则应对激励股权进行调整，以保证激励对象的预期收益不变。

当然，每个公司都会根据自身的实际情况及需求作出选择，做法并不统一。一般做法是在控制权发生变化前，对计划进行调整，未行权部分立即行权。控制权发生变化之后，未行权部分自动失效。有的公司规定，在控制权发生变化之前，仍然执行原有股权激励计划，控制权变化后的一定时期内，未行权部分可以继续行权。还有一种做法是，如果公司的激励对象加盟竞争对手，未行权部分自动失效，其余人员仍可享受在一定时间内对未行权部分继续行权的待遇。

（3）资本变动下的股权激励计划的调整。如果公司的资本结构在股权仍可行权时出现变动，就尚未行权的股权，所涉及的股权数和金额均需要作出相应的调整。但调整要坚持公平合理原则，确保激励对象在行权时所付的总价款不高于计划修订前的价格。

（4）公司清盘下的股权激励计划的调整。如果股东在股权仍可行权期间提出将公司自动清盘的有效决议案，激励对象可于该计划通过日前任何时间以书面形式通知公司对其全部或按通知书上指定的限额（以尚未行权的数量为上限）行权的权利。①

① 胡八一编著：《股权激励9D模型》，企业管理出版社2010年版，第135页。

第十五章 股权激励的税收

◎ 导读

税收问题是企业股权激励计划设计中的重要内容。在现行税收政策体系框架内，分析研究各种激励模式的税收问题，进行适当的税收筹划，有助于企业合理降低激励对象的税负，增加税后收益，使薪酬方案达到理想的激励效果。本章从企业所得税和个人所得税两个方面阐述与股权激励有关的税收问题。

第一节 股权激励企业所得税

企业实施股权激励，涉及的主要税种包括企业所得税和个人所得税。关于股权激励企业所得税，主要涉及以下内容：

一、《企业会计准则第 11 号——股份支付》

对于股权激励的会计处理问题，财政部在 2006 年颁布的《企业会计准则第 11 号——股份支付》中已经进行了规范。实施股权激励的上市公司在 2006 年后都按照该准则进行了会计处理。

二、国家税务总局 2012 年 18 号公告

《国家税务总局关于我国居民企业实行股权激励计划有关企业所得税处

理问题的公告》(国家税务总局公告 2012 年第 18 号，以下简称 18 号公告)，对上市公司实施股权激励计划有关企业所得税处理的相关问题作了比较具体的规定。根据 18 号公告，企业在不同的时间点，税务处理是不同的。

1. 授予日

根据 18 号公告的规定，除股权激励计划实施后立即可以行权的，在授予日，上市公司不需要进行税务处理。无论是限制性股票还是股票期权，但凡需要激励对象经过一定等待期才能行权的，都不属于“股权激励计划实施后立即可以行权”的情形。

2. 等待期

根据《企业会计准则第 11 号——股份支付》，实施股权激励计划的上市公司在等待期内应当进行会计处理，将股权授予激励对象后，按照该股票的公允价格及数量，确定上市公司相关年度的成本或费用，作为换取激励对象提供服务的对价。

但需要注意的是，根据 18 号公告的规定，对股权激励计划实施后，需待一定服务年限或者达到规定业绩条件（等待期）方可行权的，上市公司在等待期内会计计算确认的相关成本费用，不得在对应年度缴纳企业所得税时扣除。

3. 行权日

根据 18 号公告的规定，在股权激励计划可行权后，上市公司方可根据该股票实际行权时的公允价格与当年激励对象实际行权支付价格的差额及数量，确定当年上市公司工资薪金支出，依照税法规定进行税前扣除。股票实际行权时的公允价格，以实际行权日该股票的收盘价格确定。由于股权激励计划的对象是公司激励对象，其所发生的支出，应属于企业职工工资薪金范畴。

对照 18 号公告和《企业会计准则第 11 号——股份支付》，我们可以看出，上述会计准则对于股权激励的处理存在明显的差异：

根据《企业会计准则第 11 号——股份支付》的规定，除立即可行权的股份支付外，无论权益结算的股份支付还是现金结算的股份支付，企业在授予日均不做会计处理。企业应当在等待期内的每个资产负债表日，将取得职工或其他方提供的服务计入成本费用，同时确认所有者权益或负债。对于附有市场条件的股份支付，只要职工满足了其他所有非市场条件，企业就应当确认已经取得的服务。

而根据18号公告的规定，对于股权激励，在税收处理上，上市公司等待期内会计上计算确认的相关成本费用，在当期不能在计算企业所得税应纳税所得额时进行扣除。实施股权激励的企业，只有在股权激励可行权后，按照该股票实际行权时的公允价格（一般是实际行权日该股票收盘价）与当年激励对象实际行权支付价格的差额及数量，确定当年上市公司工资薪金支出，依照税法规定进行税前扣除。

第二节 股权激励个人所得税

股权激励中的个人所得税问题是设计股权激励计划时需要重点关注的内容，在不同情况下，个人所得税的处理是不同的。我们主要从以下几个方面来进行分析：

一、不同纳税时点的个人所得税问题

股权激励在不同时间点的个人所得税的缴纳是不同的，纳税可以划分为以下三个时点：

第一个时点：取得股票时。根据《财政部、国家税务总局关于个人股票期权所得征收个人所得税问题的通知》（财税〔2005〕35号）的规定，激励对象接受公司授予的股票期权时，除另有规定外（如期权本身在授予时即约定可以公开交易），一般不作为应税所得征税。也就是说，在授予股票期权时，一般是不产生纳税义务的。无论是授予股票期权还是直接授予股票，其纳税义务都是发生在真正取得股票时。即若直接授予股票，纳税义务马上发生；若授予股票期权，激励对象在被授予期权时，不发生纳税义务，当激励对象行权时才发生纳税义务。

根据《财政部、国家税务总局关于股票增值权所得和限制性股票所得征

收个人所得税有关问题的通知》（财税〔2009〕5号）和上述规定，激励对象从公司取得股票的实际购买价（行权价）低于购买日公平市场价（指该股票当日的收盘价）的差额，应按“工资、薪金所得”计算缴纳个人所得税，其计算工资薪金应纳税所得额的公式为：

股票期权形式的工资薪金应纳税所得额=（行权股票的每股市场价-激励对象取得该股票期权支付的每股行权价）×股票数量

其应纳税额为：

应纳税额=（股票期权形式的工资薪金应纳税所得额/规定月份数×适用税率-速算扣除数）×规定月份数

由上述规定可以看出，股票的市价与激励对象支付的对价之间的差额越大，激励对象的税负越高。故在进行纳税筹划时，公司可通过选择有利的“行权日”“行权日股票市价”和“授予价”，降低股票期权的应纳税所得额；而对于直接授予限制性股票或业绩股票的情况，公司可以不采取无偿赠送的方式，而由激励对象支付一定的对价，甚至采用激励对象自行出资购买的方式，使应纳税所得额达到最低。

第二个时点：分红时。根据《财政部、国家税务总局关于个人股票期权所得征收个人所得税问题的通知》的规定，激励对象因拥有股权而参与公司税后利润分配取得的所得，应按照“利息、股息、红利所得”计算缴纳个人所得税。即当公司分红时，激励对象确认红利所得的实现，按20%的税率由公司代扣代缴个人所得税。

第三个时点：转让股票时。根据上述两个规定，激励对象将行权后的股票再转让时获得的高于购买日公平市场价的差额，是因个人在证券二级市场上转让股票等有价证券而获得的，应按照“财产转让所得”适用的征免规定计算缴纳个人所得税。即如果授予人将所持有的股票流通变现，则在变现的当天确认财产转让所得。

二、不同企业类型的个人所得税问题

这里的不同企业类型的个人所得税主要指上市公司和非上市公司股权激励的个人所得税。

（一）上市公司股权激励的个人所得税处理

上市公司股权激励的个人所得税处理方法为递延纳税时间，向主管税务机关备案，将缴纳个人所得税时间递延12个月。纳税款的计算按照“工资、薪金所得”扣缴，计算方法如下：

股票期权形式的工资薪金应纳税所得额=（行权股票的每股市场价-激励对象取得该股票期权支付的每股行权价）×股票数量

股票期权形式的工资薪金所得可区别于所在月份的其他工资薪金所得，单独按下列公式计算当月应纳税款：

应纳税额=（股票期权形式的工资薪金应纳税所得额/规定月份数×适用税率-速算扣除数）×规定月份数

规定月份数大于12个月的，按12个月计算。

需要注意的是，授予对象可以是本公司激励对象，也可以是控股公司激励对象；激励用的股票只能是本公司股票。

（二）非上市公司股权激励的个人所得税处理

根据《财政部、国家税务总局关于完善股权激励和技术入股有关所得税政策的通知》（财税〔2006〕101号）的规定，非上市公司授予本公司激励对象的股票期权、股权期权、限制性股票和股权奖励，符合规定条件的，经向主管税务机关备案，可实行递延纳税政策，即激励对象在取得股权激励时可暂不纳税，递延至转让该股权时纳税。也就是说，激励对象在取得股权时，不履行纳税义务，实际转让股权时，才履行纳税义务。

股权转让时，适用“财产转让所得”税目，按照股权转让收入减除股权取得成本以及合理税费后的差额作为所得额，适用20%的税率计算缴纳个人所得税。

不同的股权激励形式，有不同的成本确定方法。股票（权）期权取得成本按行权价确定，也就是实际花了多少钱；限制性股票取得成本按实际出资额确定；股权奖励取得成本为零。

享受递延纳税政策的非上市公司股权激励（包括股票期权、股权期权、限制性股票和股权奖励)，须同时满足以下9个条件：

1. 必须是境内居民企业的股权激励计划。个人所得税纳税人自非居民企业股权激励计划取得的所得，不能享受优惠。

2. 股权激励计划经公司董事会、股东（大）会审议通过。未设股东（大）会的国有单位，经上级主管部门审核批准。没有经公司决策机构或管理机构批准的股权激励计划，税务机关不予认可。

3. 股权激励计划应列明：激励目的、对象、标的、有效期、各类价格的确定方法、激励对象获取权益的条件和程序等。

4. 作为激励标的的股权有两种：一是境内居民企业的本公司股权；二是技术成果投资入股到其他境内居民企业所取得的股权。

5. 激励标的股权的来源包括增发、大股东直接让渡以及法律法规允许的其他合理方式。

6. 激励对象有两个限制：一是主体资格限制，应为公司董事会或股东（大）会决定的技术骨干和高级管理人员；二是对象人数限制，累计不得超过本公司最近6个月在职职工平均人数的30%。本公司最近6个月在职职工平均人数，按照股票（权）期权行权、限制性股票（权）解禁、股权奖励获得自上月起前6个月“工资、薪金所得”项目，全员全额扣缴明细申报的平均人数确定。

7. 股票期权自授予日起应持有满3年，且自行权日起持有满1年；限制性股票自授予日起应持有满3年，且解禁后持有满1年；股权奖励自获得奖励之日起应持有满3年。上述时间条件须在股权激励计划中列明。

8. 股票期权自授予日至行权日的时间不得超过10年。

9. 实施股权奖励的公司及其奖励股权标的公司所属行业，均不得属于《股权奖励税收优惠政策限制性行业目录》（详见财税〔2016〕101号）附件部分范围。

需要注意的是，股权激励计划所列内容不同时满足规定的全部条件，或递延纳税期间公司情况发生变化，不再符合全部条件的，应于情况发生变化之次月15日内，按规定计算缴纳个人所得税。

享受优惠前必须进行备案。选择适用递延纳税政策的，公司应在规定期限内到主管税务机关办理备案手续。未办理备案手续的，不得享受递延纳税优惠政策。

三、不同持股模式下个人所得税问题

激励对象持股模式，分为自然人直接持股和通过持股平台间接持股两种。不同持股模式下，激励对象需要缴纳的个人所得税有不同的规定。

（一）自然人直接持股模式下的个人所得税问题

1. 限售股转让所得税

根据《财政部、国家税务总局、证监会关于个人转让上市公司限售股所得征收个人所得税有关问题的通知》（财税〔2009〕167 号）的规定，自 2010 年 1 月 1 日起，对个人转让限售股取得的所得，按照“财产转让所得”，适用 20%的比例税率征收个人所得税。其中，应纳税所得额=限售股转让收入-（限售股原值+合理税费）。如果纳税人未能提供完整、真实的限售股原值凭证，不能准确计算限售股原值的，主管税务机关一律按限售股转让收入的 15%核定限售股原值及合理税费。因此，激励对象直接持股时，限售股转让所得税为转让所得的 20%，如按核定征收，税率为股权转让收入的 20%×（100%-15%），即 17%。

2. 股息、红利所得税

根据《个人所得税法》第三条第三项的规定，利息、股息、红利所得税率为 20%；根据《财政部、国家税务总局、证监会关于实施上市公司股息红利差别化个人所得税政策有关问题的通知》（财税〔2012〕85 号）的规定，个人从公开发行和转让市场取得的上市公司股票，持股期限在 1 个月以内（含 1 个月）的，其股息红利所得全额计入应纳税所得额；持股期限在 1 个月以上至 1 年（含 1 年）的，暂减按 50%计入应纳税所得额；持股期限超过一年的，暂减按 25%计入应纳税所得额。对个人持有的上市公司限售股，解禁后取得的股息红利，按照本通知规定计算纳税，持股时间自解禁日起计算；解禁前取得的股息、红利继续暂减按 50%计入应纳税所得额，适用 20%

的税率计征个人所得税。

综上所述，激励对象直接持股时，限售股转让的个人所得税税率为20%；如按核定征收，应纳税额为股权转让所得的20%×（100%-15%），即实质税率为17%；股息红利的个人所得税根据不同的情况而有所不同。

自然人直接持股需要注意以下问题：

1. 时间点的问题。如果自然人直接持有股权/期权，变现的瞬间，纳税义务的时间点就产生了。

2. 项目间冲抵的问题。激励对象获得股权，去做投资的时候，不同项目之间的投资收益与亏损是没有办法进行冲抵的。如一个高管持有两家公司的股权，一家进行变现的时候获得收益，另一家产生损失，在产生税收申报的时候要对盈利的这家进行缴税。

3. 跨期冲抵的问题。如果涉及跨期问题，一部分可能是今年变现，一部分可能是明年变现，作为激励对象直接持股的个人，收益和亏损也是不能抵扣的。

（二）通过公司持股方式的个人所得税问题

1. 限售股转让所得税

公司转让限售股时，按25%的税率缴纳企业所得税，公司向自然人股东分红时，自然人股东按20%的税率缴纳个人所得税。因此，在不考虑税负优惠和税负筹划的前提下，税率为100%-（100%-25%）（100%-20%）=40%。如合理避税，税率可以适当降低，但一般限售股转让金额都比较大，要大幅降低实际税负比较困难。

2. 股息红利所得税

根据《企业所得税法》第二十六条的规定，上市公司分红时符合条件的居民企业之间的股息、红利等权益性投资收益为免税收入。根据《企业所得税法实施条例》第八十三条的规定，《企业所得税法》第二十六条第二项所称符合条件的居民企业之间的股息、红利等权益性投资收益，是指居民企业直接投资于其他居民企业取得的投资收益。因此，持股平台公司从上市公司取得分红时不需要缴纳企业所得税；分红时，自然人股东需要缴纳20%的个人所得税。

实践中，公司可以通过一些成本费用降低应纳税所得额，降低实际税负。但限售股转让金额一般较大，大幅降低限售股转让的实际税负难度较大。

（三）通过合伙公司持股方式的个人所得税问题

1. 限售股转让所得税

根据《财政部、国家税务总局关于个人独资企业和合伙企业投资者征收个人所得税的规定》（部分有效，财税〔2000〕91号），个人独资企业和合伙企业每一纳税年度的收入总额减除成本、费用以及损失后的余额，作为投资者个人的生产经营所得，比照个人所得税法的“个体工商户的生产经营所得”应税项目，适用5%至35%的五级超额累进税率，计算征收个人所得税。前款所称收入总额，是指企业从事生产经营以及与生产经营有关的活动所取得的各项收入，包括商品（产品）销售收入、营运收入、劳务服务收入、工程价款收入、财产出租或转让收入、利息收入、其他业务收入和营业外收入。按此规定，合伙企业转让限售股时，自然人合伙人按5%至35%的累进税率缴纳个人所得税。

2. 股息红利所得税

根据《国家税务总局关于〈关于个人独资企业和合伙企业投资者征收个人所得税的规定〉执行口径的通知》（国税函〔2001〕84号），合伙企业对外投资分得的利息或者股息、红利，不并入合伙企业的收入，而应单独作为投资者个人取得的利息、股息、红利所得，按“利息、股息、红利所得”应税项目计算缴纳个人所得税。

根据《个人所得税法》第三条的规定，利息、股息、红利所得税率为20%。因此，自然人通过合伙企业持股时，从上市公司取得的股息、红利的个人所得税税率为20%。

四、不同结算方式下个人所得税问题

根据税收政策的差异，按照不同的结算方式，股权激励可分为以权益结算和以现金结算两种方式。不同结算方式下的股权激励所要缴纳的所得税是不同的。

（一）以权益结算的股权激励的个人所得税问题

以权益结算是指公司的股权激励计划最终是以股份或其他权益工具作为对价进行结算的，其最常用的工具有股票期权、限制性股票和业绩股票等。

《财政部、国家税务总局关于股票增值权所得和限制性股票所得征收个人所得税有关问题的通知》（财税〔2009〕5号）是对限制性股票、业绩股票与股票期权在个人所得税方面规定的统一。即只要公司决定其股权激励计划采取以权益结算的方式，无论授予的是股票还是期权，其纳税规定都是一致的。

（二）以现金结算的股权激励的个人所得税问题

以现金结算是指公司的激励计划最终是以股份或其他权益工具为基础计算的现金或其他资产进行结算的，其最常用的工具有股票增值权、虚拟股票、业绩单位等。

2006年9月30日的《国家税务总局关于个人股票期权所得缴纳个人所得税有关问题的补充通知》（部分有效，国税函〔2006〕902号）规定，激励对象在行权日不实际买卖股票，而按行权日股票期权所指定股票的市场价与施权价之间的差额，直接从授权公司取得价差收益的，该项价差收益应作为激励对象取得的股票期权形式的工资薪金所得，按照财税〔2005〕35号文件的有关规定计算缴纳个人所得税。而财税〔2009〕5号文件也明确了股票增值权参照以上规定执行。也就是说，当股权激励计划以现金形式结算时，在结算的当天确认“工资薪金”所得的实现。

五、技术入股的有关个人所得税问题

财政部、国家税务总局联合印发《关于完善股权激励和技术入股有关所得税政策的通知》（财税〔2016〕101号，以下简称《通知》）。在《通知》实施前，非上市公司的股权激励税收政策主要参考上市公司的规定或者适用一般法的规定。激励对象在授予日就会面临巨大的税负压力，但是此时激励对象取得的股票并没有实际收益，如果此时纳税会使股权激励的效果大打折扣。

《通知》实施后，激励对象获得了两大税收好处：

第一，递延纳税时间。激励对象在取得股权激励时可暂不纳税，递延至转让该股权时再纳税。也就是说，在授予日不用纳税，最后变现了再缴税即可。

第二，降低税率。《通知》实施前，激励对象按照3%至45%超额累进税率缴纳个人所得税；《通知》实施后，股权转让时，适用“财产转让所得”项目，按照20%的税率计算缴纳个人所得税，大大降低了税率。

譬如：A公司在今天以1元/股的价格授予了激励对象甲10万股限制性股票，授予时的市场价为3元/股，约定禁售期为3年。3年后A公司股票变成了10元/股，激励对象甲以10元/股的价格卖掉了股票。

在《通知》实施前，激励对象甲在授予日就有20万元（3×10万元-1×10万元）所得要缴税。但在授予日激励对象除花钱买了股票外，并没有获得实际收益，如果此时缴税会极大打击激励对象的积极性。《通知》实施后，激励对象甲在以10元/股卖掉股票时才缴税，此时激励对象已经实际获得了90万元（100万元-10万元）的收益，再缴税就不会产生负面影响。

《通知》所包含的类型有股票期权、股权期权、限制性股票和股权奖励。这几种类型的股权激励均享受上述税收优惠政策。但需要注意的是，并不是所有的非上市公司都可以享受此种优惠，享受优惠的公司必须同时符合以下条件：

1. 公司性质：境内居民企业，且激励标的是本公司股权。

2. 激励程序：股权激励计划经公司董事会、股东（大）会审议通过。

3. 激励人数：技术骨干和高级管理人员，激励对象人数累计不得超过本公司最近6个月在职职工平均人数的30%。

4. 持有时间：期权自授予日起应持有满3年，且自行权日起持有满1年；限制性股票自授予日起持有满3年，且解禁后持有满1年；股权奖励自获得奖励之日起持有满3年；期权自授予日至行权日的时间不得超过10年。

第十六章　股权激励其他重要问题

◎ 导读

企业股权激励计划的设计除股权激励目的、激励对象、激励模式、激励数量、行权机制和税收外，还有其他一些重要问题需要重视。譬如，股权的来源、股权的价格、购股资金来源、持股方式、股权激励周期、股权激励计划的终止等。这些内容同样会影响股权激励计划设计的质量和实施效果。本章分五节进行阐述。

第一节　股权来源和股权价格

一、确定股权来源

虚拟股权激励不涉及股权来源的问题，但会涉及实股激励。特别是我国上市公司，在实行股权激励时，股票来源会受到较大的限制。根据惯例，我国上市公司可供选择的股票来源一般有以下几个：

（一）股权转让

股权转让是国际上比较通行的股票来源方式，在大股东控股的公司更为常见。其最显著的特点是“公司请客，市场买单”，即全体股东或大股东以公司名义向激励对象让渡股权性利益，借此激励他们为企业服务。

这种股东出让股票的方式类似于一般的股权转让，股东在分享股权激励所带来利益的同时，也要承担激励对象，特别是企业高管的行为不慎带来的风险。

从股票来源上说，不论是第一大股东、第二大股东，还是全体非流通股股东转让股权，都被称为控制股东激励。这时需要注意，这种方式可能会强化控制股东对企业事务的不正当干预，造成企业内部秩序失衡，缺乏足够的稳定性。即使控制股东严格遵守承诺，也不能排除控制股东的债权人就企业预留的股权提出异议或者主张权利。

（二）公司的留存股票

很多上市公司在实施股权激励时都会预留一个股权池。当需要对新股东、新员工实施股权激励时，就从股权池里拿出来直接授予他们。这部分留存股票成为企业实施股权激励所需股票的主要来源。当然，不同的企业由于资本结构、成立时间不同，所留存的股票数量也不同。一般来说，新上市的高科技企业留存的股票较多，上市时间长的老企业留存的股票较少。

（三）增发新股

如果企业发展快，原有的留存股票不能够满足股权持有人行权的话，企业可以向证监会申请增发一定数量的新股。供激励对象行权的股票发行与一般股票发行有很大区别，主要表现为：

1. 延期发行额度

企业对激励对象发行股票期权后，该部分发行新股的额度就相继产生。但由于公司股票期权必须经过一定的等待期才能行权，该部分发行额度要等激励对象行权时才能实际发行。而一般的新股发行额度在授予后即投入使用，不需要经过一定的等待期。

2. 稀释作用

增发新股对公司业绩具有一定的稀释作用，但在股权激励规模较小的情况下，这种稀释作用十分有限。在此种方式下，企业和激励对象的利益具有趋同性。

3. 发行额度具有浮动性

一般的新股发行额度是固定的，该部分额度授予后必须在预定发行期内发行完毕，且获得足额认购。如果没有被足额认购，余额部分必须由承包商包销，否则视为发行失败。而为行权发行的新股则是一种不确定的额度。增发新股的操作流程包括三步：

第一步：激励对象开设股票账户，企业依据合法的程序向激励对象发放股权后，激励对象的个人股票账户就会相应记载股权的增加数量。

第二步：激励对象实施现金行权。等待期满后，激励对象可以利用交易所的交易系统以报盘的方式完成行权手续。激励对象可以多次报盘行权，但申请行权的总数不得超过该行权人持有的股权总和。

第三步：公司办理注册资本变更登记。在发行新股模式下，由于激励对象分批行权带来公司总股本逐步增加，注册资本也相应增加。每年年检期间，向工商行政管理部门申请办理注册资本变更登记。

（四）回购公司股票

公司以回购方式获得股票，是国外上市公司实施股权激励的重要股票来源，而我国《公司法》规定，回购的股票必须注销。在我国要想从公开市场回购股票作为激励的股票来源，必须对现行的回购规定进行修改，建立库存股制度与回购后转出售制度。在已建立库存股制度的前提下，公司可以把回购流通股作为激励对象行权的股票来源。

1. 回购流程

回购公司股票的流程主要包括以下几点：

（1）公司董事会通过回购流通股的决议，决定回购股数、回购价格、回购期限、回购方式和回购的资金来源等重大事项，报请股东大会批准，然后上报证监会、证券交易所等机构备案。

（2）公司以既定的回购价格与回购方式，向全体流通股股东回购股份储存在库存账户中，以备激励对象未来行权时使用。

（3）当激励对象行权时，通过报盘系统申请行权，清算机构计减其账户上的股权与保证金数额，计减公司库存股账户中的库存数额，同时计增其股票账户上的股票数额。

2. 回购内容

回购公司股票的主要内容包括：

(1) 回购决策程序。即公司回购股票时需要经过哪些决策机关表决通过，以及表决的具体内容是什么。

(2) 回购数量。公司为了实施股权激励而回购股票一般会受到回购数量的限制。回购完成后，公司的股本分布状况应当符合《公司法》的相应规定。

(3) 回购资金来源。回购资金来源是指公司可以动用哪些资金回购本公司股票。借鉴其他国家的做法并结合我国的具体情况，笔者认为我国公司回购公司股票的合法资金来源应当限定为公司的资本公积金与未分配利润；原则上应当规定，如果未获得债权人的同意，公司不得以银行借款回购本公司的股票，以保障债权人的合法权益。由于回购流通股面向广大流通股股东，因此回购支付的只能是现金，而不能采用资产或债权支付方式。

3. 回购方式

国外的股票回购主要有三种方式，即固定价格回购、荷兰式拍卖和公开市场购买。固定价格回购，是指上市公司向股东发出正式的报价以购买部分股票，通常以一个固定的价格回购，认购价格通常高于现行市场价格，股东有权决定是以固定价格出售股票还是继续持有。认购期一般为 2 周至 3 周。荷兰式拍卖，是指公司明确愿意回购的股票数量，以及愿意支付的最低与最高价格（一般来讲最低价格稍高于市价），然后由股东向公司提出愿意出售的股数，以及在设定的价格范围内能够接受的最低出价。这个价格将用于支付给那些报价低于或等于该价格的股东。如果报价低于或等于该回购价格的股票数量多于公司事先设定的回购数量，则公司按比例进行购买；如果股东提供的股票数量太少，则公司或者取消这次购买，或者以设定的最高价格购买股东所提供的全部股票。公开市场买卖，是指公司与其他投资者通过经纪人购买股东的股票，经纪人的费用通常由双方协商确定。

我国公司在公开回购流通股时可以根据自己的需要选用以上 3 种回购方

式中的任意一种。监管部门可对上述 3 种回购方式制定实施细则，以便公司参照执行。

回购方式的优点在于自己不稀释公司股权，也不稀释公司业绩；其缺陷是会直接导致公司现金流损失，而且激励对象有放大利润的冲动。

公司为了激励对象行权回购股票后，一般不会注销，而是将回购的股票存放在库存股账目中，以供未来行权使用。

笔者认为，我国公司为实施股权激励而在市场公开回购股票时必须经董事会、股东大会三分之二以上的票数表决通过。股东大会必须对回购的数量、价格区间、回购期限和回购方式等重要内容作出明确的决议。

对于非上市公司，我国对股权的来源不存在法律上的障碍和制约，这是非上市公司实施股权激励的一个重要优势。激励计划所需股权的来源是公司的股权而不是上市流通的股票，一般有两个途径：(1) 公司现有股东通过协议转让一部分股权。(2) 增资扩股和转增股本时按比例预留一部分股权。增资扩股又有两种方式：(1) 激励对象愿意拿钱参与增资扩股，并进行工商登记备案。这种方式的缺点是，如果激励对象在公司推行股权激励计划后离职，在办理工商登记变更手续时可能会遇到一定障碍。(2) 所有激励对象共同投资，成立一家投资公司或者合伙公司，投资公司或合伙公司受让公司的股权，激励对象通过投资公司或者合伙公司间接持有实施股权激励的标的公司股权。

二、确定股权价格

确定股权激励授予价格是股权激励计划设计中一个比较核心的条款。除股权赠与不涉及股权授予价格外，其他很多情况都需要确定股权授予的价格。譬如，需要进行股权转让的股权激励计划，需要确定股权价格，因为转让款归出让股权的股东所有。在限制性股权激励模式中，不论大股东是通过股权转让的方式打折卖给激励对象，还是无偿赠与，都涉及股权的价格问题。在期权激励模式中，也需要先设定一个购买价格，约定一定的条件，到期后，激励对象可以按照事先约定的价格购买。在虚拟股权激励计划中，为了保证激励对象的参与度，可以规定等条件成熟时，虚拟股权转为实际股权，这里面也涉及股权价格的问题。在增资扩股模式中，也需要确定每股的价格，从而确定激励对象认购股权需要支付的资金。折扣类和配股类股权激励计划中也需要确定价格，从而确定具体的折扣数或公司弥补大股东损失的依据。

总之，不论是股权转让，增资扩股，还是股份增发，都需要确定股权激励的价格。确定股权激励的授予价格一般有以下 5 种方法：

1. 协商确定每股价格

这种方法比较常见，只要不违背国家法律的强制性规定和上市公司规定，都是允许的。如期权性的股权激励计划，上市公司要按照上市公司股票的一定期限的平均价格来确定，这是国家法律规定的，这种情况是不能通过协商改变的。对于非上市公司而言，是可以通过和激励对象协商确定价格的。

2. 根据股权转让时公司账面价值确定每股价格

公司初创时，每股价值一般都不大，如果实施股权激励，那么根据账面价值确定每股的价格是激励双方都能够接受的。因为按照这种方式确定股权价格，股东没有太大的损失，激励对象也不会吃亏。至于激励对象愿不愿意参与，那就看股权激励计划对激励对象有没有一个好的对价。如果有一个好的对价，激励对象还是愿意参与的。因此，根据股权转让时公司账面价值确定每股价格，是股权激励计划价格确定的方式之一。

3. 由评估机构评估后确定每股价格

这种价格确定方式比较权威，评估机构评估后确定的每股价格比较接近股权的真实价值，容易得到股东与激励对象的共同认可，但评估费用较高。什么情况下需要按照这种方式确定股权价格呢？激励对象和股东都愿意参与公司未来的发展，愿意将个人利益和公司利益捆绑在一起，但具体每股价值多少，双方协商达不成一致意见。大股东为了让激励对象信服该价格，有可能会委托第三方机构进行价值评估。

4. 参照二级市场上的股票价格确定每股价格

这种价格确定方式主要针对上市公司和新三板公司。

5. 可以参考最近的股权转让价格确定股权激励价格

很多公司在实施股权激励时，会参考最近股权转让时确定的价格。现在很多公司在上市或者登陆新三板之前都会进行融资。作为原始股东，在经历了A轮融资后，更希望进入B轮，进入B轮后还希望进入C轮。在进行A轮融资时可能还很少考虑股权激励的问题，但一旦进入B轮或C轮融资，为了公司的发展壮大，为了留住激励对象，稳定激励对象队伍，提高公司激励对象的工作积极性，往往会考虑对激励对象实施股权激励。这时我们就可以参照股权融资的价格来确定股权激励价格。一般来说，公司在A轮、B轮、C轮融资时，溢价率还是比较高的。公司在对激励对象实施股权激励时，可以折价确定股权价格。譬如，假设第三方按十倍的市盈率进行投资，公司可以给激励对象按市盈率的五倍定价，比投资方低很多。如此一来，激励对象参与股权激励的积极性就会很高。当然，我们在确定具体的折价倍数时还要考虑行业特点、公司的成长性以及与每位激励对象沟通的情况，综合考虑，全面判断，制订一套科学的股权激励计划，确定一个大多数人都能够接受的股权价格。只有这样，才能保证整个股权激励计划的落地实施。

第二节　确定购股资金来源

一、购股资金对于股权激励实施的重要性

在众多的股权激励模式中，有的需要激励对象出资购买，有的不需要激励对象出资购买。一般情况下，除赠与性股权激励、业绩性股权激励、科技成果转化性股权激励以及部分虚拟股权激励不需要激励对象出资外，其他激励模式都需要激励对象出资购买。譬如，期权性股权激励需要激励对象自筹资金购买以便行权；期股性股权激励需要激励对象向公司借款或者公司提供贷款担保；限制性股权激励需要激励对象出资后才能获取股权；大股东转让股权或公司增资扩股，也需要激励对象出资购买。

在需要激励对象出资购买的激励模式中，资金来源的确定对激励对象而言，是一个非常现实的问题。就股权激励的出发点来说，公司希望激励对象一直持有股权，从其所创造的长期业绩中获得资本利益，希望激励对象持有

的时间尽可能地长，以便获得更多的增值。但作为长期性的激励机制，不断的行权则意味着不断的资金投入。这在客观上给激励对象带来了非常大的资金压力。

《上市公司股权激励管理办法》第二十一条第二款规定，上市公司不得为激励对象依股权激励计划获取有关权益提供贷款以及其他任何形式的财务资助，包括为其贷款提供担保。正因如此，不少激励对象往往选择行权后在没有限制条件的情况下卖出股票。这对于公司非高管人员的激励对象来说，可能是一个很现实的选择，但对于公司高管来说，还存在股票流通上的限制问题。因此，行权资金往往成为公司高管参与股权激励面临的棘手问题。

二、股权激励资金的来源渠道

对于需要激励对象出资购买的股权激励模式，激励对象购买股权的资金来源一般有以下几个：

1. 自筹资金

所谓自筹资金，是指激励对象自己想办法解决购股资金问题，公司不提供帮助。激励对象支付股权激励的资金和公司没有关系即可，不问具体来源。上市公司和新三板公司一般要求激励对象自筹资金，且公司不提供资助或贷款担保。因为上市公司或新三板公司除股东外还有广大中小投资者，如果公司为激励对象提供资金的话，无疑增加了上市公司、新三板公司的风险，侵害了众多小股东的利益。因此，我国相关法律明确要求，上市公司实施股权激励，一般情况下要求激励对象自筹资金，公司不提供资助，也不提供贷款担保。大多数新三板公司在实施股权激励时，也要求公司不给激励对象提供股权激励资金、资助或者贷款担保。

2. 购股资金从工资中扣除

激励对象没有资金购买股权，但还想参与公司的股权激励计划时，可以和公司协商，授权公司每个月从自己的工资里面扣除一部分用于回填股权。如果是大股东转让性股权激励计划，则可以将扣除的部分工资支付给大股东，完成股权转让的过程。

3. 从未来奖金、年终奖、业绩奖励或业绩提成中筹集资金

在期权性股权激励计划中，这种资金筹集方式用得比较多。储蓄性股权激励计划也有此特点，激励对象可以将自己的工资、年终奖、奖金、业绩提成等留存在公司，累积到一定数额后，用于购买公司的股权。当然这种模式也要获得股东们的同意。虽然这种提取奖励基金的做法符合有关政策，但不少公司把奖励基金作为经营成本进行列支，会涉及公司的税收问题，还需要国家有关政策的支持。

4. 以公司未来分红回填股权

分红回填技术股有两个来源：一是公司股东将其所持有的股权按一定价格转让给核心技术人员，转让款用这部分股权的分红来支付；二是经公司股东会同意，技术人员在公司登记注册或扩资时向公司其他股东借款入股，用这部分股权红利冲抵借款。在分红回填技术股中，未冲抵借款的部分只有分红权，已冲抵的部分拥有完整所有权。设置分红回填技术股是为了奖励或激励没有技术股权的核心技术人员。这种股权的获得者在公司注册或扩资登记时不实际出资，由其他法人股东或自然人股东用现金、实物或技术作价出资，以借款的形式替激励对象出资。该股权分红后，首先用红利回填原出资，即用红利冲抵借款。回填一部分，便拥有这部分股权的所有权，未回填的部分仍只有分红权。全部回填完成后，激励对象才可按其持有的股权分取红利并行使相应的股东权利。

5. 向公司借款或公司为激励对象借款提供担保

如果非上市公司现金流比较充足，则可以把部分资金借给激励对象用来购买公司股权，或者公司为激励对象提供担保，使其能够向银行贷款，用来购买公司股权。

6. 从公司资本公积金中筹集资金

因为资本公积金的使用是比较严格的，如果公司要把资本公积金用于激励对象实施股权激励计划，给予激励对象资助必须符合相关法律的规定，并征得股东们的同意。

7. 上市公司二级市场变现后回填股权

上市公司实施股权激励，有时采取的是从二级市场回购股权，授予激励对象。这种激励模式的最大特点就是，购买股权的资金是上市公司自己出，需要相关的审批手续，操作起来比较复杂。

8. 公司向第三方融资时由资金投入方支付

当公司进入 A 轮、B 轮或 C 轮融资时，创始团队可以和投资方进行沟通，要求投资方代为支付激励对象购股资金。因为投资方也希望他们的资金投入公司以后，公司原有的队伍是稳定的，尽量减少人才的流失。投资方也希望通过股权激励把激励对象与公司绑定在一起。如果激励对象自己拿不出购买股权的资金，创始股东也没有资金资助激励对象，此时就可以要求投资方拿出一部分资金资助激励对象。当然，投资方会在合同里设定相应的条款对激励对象进行约束。譬如，约定激励对象的工作年限，激励对象应完成的业绩，等等。如果激励对象违背了这些条款，就要返还投资方投入的这些购股资金。

9. 通过信托方式垫资

通过信托公司解决行权资金的方式有两种：一是公司将资金委托给信托公司，信托公司成为信托资金名义上的所有人，公司成为信托的委托人同时也是受益人。信托公司将资金贷给激励对象，激励对象用所贷资金购买公司股票。二是公司将资金委托给信托公司，指定该资金专门用于购买公司股票，并设定与激励对象为共同受益人。信托生效后，信托公司成为标的公司名义上的股东，行使股东权利，并获得股东收益，在扣除相关的费用和报酬后，将股东收益按事先约定的比例和条件分别支付给公司和激励对象。

此种方式非常简单，激励对象虽然没有获得股票的所有权，只获得了收益权，但是这种收益权的弹性很大，可以由相关各方作出富有创造性的具体方案，不失为一种很好的融资变通方式。

激励对象行权资金不足的问题是十分常见的，为了缓解资金压力，激励对象除可以通过上述渠道获得资金外，还可以灵活采用其他变通的方法参与公司的股权激励。

第三节　确定持股方式

股权激励的持股方式，除激励对象直接持有股权和大股东代持外，还可以设立持股平台，通过持股平台间接持有标的公司的股权。持股平台主要有两种形式：一种是公司；一种是合伙企业。

设立公司作为持股平台，就是先设立一个公司，激励对象成为该公司的股东，再由这个公司作为主体公司的股东。激励对象不直接持有主体公司的股权，而是通过新设立的公司间接持有主体公司的股权。

设立合伙企业作为持股平台，就是先设立一个有限合伙企业，激励对象成为该有限合伙企业的合伙人，再由这个有限合伙企业作为主体公司的股东。激励对象不直接持有主体公司的股权，而是通过新设立的有限合伙企业间接持有主体公司的股权。

不同的持股方式各有优缺点，特别是在公司控制权和税收方面。下面逐一具体分析。

一、激励对象直接持股的优缺点

激励对象直接持股的优点是税负最低。限售股转让税率为 20%，如按核定征收，税率为股权转让所得的 20%×（100%－15%），即 17%。如长期持股，限售期内分红所得税率为 10%、解禁后分红所得税率为 5%，是三种持股方式中税负最低的。

激励对象直接持股的缺点是，对激励对象长期持股约束不足可能导致公司上市后，一旦限售股解禁，直接持股的激励对象会立即抛售，这就违背了公司通过实施股权激励留住人才的初衷。

二、激励对象通过公司间接持股的优缺点

激励对象通过公司间接持股的优点是，相对于激励对象直接持股，更容易将激励对象与公司的利益捆绑在一起。在上市前还可避免因激励对象流动

需要调整公司股权结构的风险。若在公司向证监会申报材料后、过会前发生激励对象辞职的，还可通过调整激励对象出资额的方式解决；相对于通过合伙企业间接持股，公司法律法规更健全，政策风险较小。

激励对象通过公司间接持股的缺点是税负高。若不考虑税收筹划，股权转让税负为43.39%，分红税负为20%，比激励对象直接持股和通过合伙企业间接持股都高。但如果有合理的税收筹划，实际税负可能会比通过有限合伙企业间接持股低。理论上，股权转让实际税负区间为5.65%至43.39%，分红实际税负区间为0%至20%。另外，若激励对象要转让限售股，因为必须通过持股公司，所有此公司持股平台上的股东只能同步转让。

三、激励对象通过合伙企业间接持股的优缺点

（一）激励对象通过合伙企业间接持股具有以下优点

1. 相对于激励对象直接持股，更容易将激励对象与公司的利益捆绑在一起，且在公司需要股东做决策时操作更简便，大多数决议只需要普通合伙人决策即可。在上市前还可避免因激励对象流动而不得不调整主体公司股权结构的风险，若在公司向证监会申报材料后、过会前发生激励对象辞职情形，还可通过调整合伙企业合伙人出资的方式加以解决。

2. 相比公司制持股平台，合伙企业在税收方面更有优势。转让限售股时，激励对象缴纳5%至35%（按个体工商户税率缴纳）或20%的所得税。

3. 由于有限合伙企业的特点，若主体公司实际控制人担任唯一普通合伙人，少量的出资就能完全控制合伙企业。

（二）激励对象通过合伙企业间接持股具有以下缺点

1. 由于是通过合伙企业转让限售股，所有合伙人只能同步转让。

2. 如果按个体工商户税率缴纳个人所得税，边际税率较高（35%）。

3. 目前我国关于合伙企业的相关法律法规仍不健全。实践中，不同地区在“先分后税”的解释、纳税时点等方面存在区别，面临未来政策规范的风险。

总之，每种持股方式各有利弊，企业可以根据自己的实际情况选择合适的持股方式。

第四节 股权激励周期

股权激励的周期也被称为股权激励的有效期。股权激励的有效期是激励对象可以行使被赋予权利的期间。超过这一期间，激励对象就会丧失这种权利。

一、为什么需要规定股权激励周期

股权激励计划之所以会规定有效期，是因为以下几个方面的原因：

1. 法律规定。我国相关法律法规规定，上市公司实施股权激励有效期最长不得超过十年。

2. 激励中的约束。对激励计划设置有效期，可以敦促激励对象努力工作，争取在有效期内使公司的股价达到一个较高的水平。在这里，计划的有效期就相当于一个时间硬约束。

3. 管理的需要。为激励计划设置有效期，便于计划的管理者统筹安排，规划授权时间，预测激励对象行权期，从而提高计划的实施效率，降低实施成本。相反，如果一项激励计划没有到期时间，那么企业就要长久地在这一计划上配置人力、物力等资源，从而降低企业的工作效率，妨碍企业的发展。

二、如何确定股权激励周期

1. 确定股权激励周期，要综合考虑企业的战略规划、激励对象的心理预期和激励对象的工作性质等因素

若要产生长期激励效用，股权激励必须分阶段推进，以确保激励对象的工作激情能够得以延续。如何划分激励时段，可参照企业的战略规划、激励对象的心理预期和工作性质等方面确定。一方面，作为支撑企业战略实现的工具，股权激励的周期应与企业的战略规划相匹配；另一方面，股权激励旨在通过解除激励对象的后顾之忧来赢取激励对象的忠诚，过长的

激励周期会弱化激励效果，无法调动激励对象参与的积极性，但过短的激励周期也会使一部分激励对象萌生投机念头。因此，股权激励的有效期长短应当适中。此外，企业之所以采用股权激励，也是因为某些岗位的工作成果无法在短期内呈现出来，因此股权激励的周期设置还应考虑激励对象的工作性质。

2. 确定股权激励周期时，要考虑激励对象的劳动合同期限

企业在与激励对象签订劳动合同时，一般都会跟激励对象签署三年或者五年的劳动期限。根据笔者现在常做的股权激励计划的情况来看，股权激励的期限确定为五年是比较合适的。为什么五年比较合适呢？从企业发展的角度来讲，激励对象的更替一般在五年以内。一个激励对象在企业能够待到五年，对企业的发展是非常有利的。超过五年，即使给激励对象实施了股权激励，激励对象的工作积极性也会有所降低。因此，笔者认为将股权激励周期确定为五年较为适宜。

劳动合同期限确定以后，一般会在股权激励计划或者股权激励协议中约定，如果激励对象没有干满工作年限离职的，他的股权在兑现时就会受到影响。譬如，有的企业在股权激励计划中约定，如果激励对象出资购买了公司股权，没有工作满五年就离职，公司和大股东有权按照他的最早投资价格进行回购。也就是说，如果激励对象违反了股权激励约定的期限，其基于股权激励所获得的收益分红和股权价值的增值，有可能会丧失。

股权激励计划一般都会规定一个硬性时间为到期日，这个时间可以是一个时点，如×年×月×日；也可以是一个相对时期，如自授予日起×年或自授权日起×年。限制性股票（权）的周期可以这么约定，本股权激励计划的有效期为限制性股票（权）授予之日起到所有限制性股票（权）解锁或回购注销完毕之日止。这里涉及两个时间：一个是股权股票（权）授予时间；一个是激励计划结束时间。授予激励对象股权以后，如果激励对象中途离职，或者存在过错行为，严重违反公司规章制度的，公司有权回购其所持有的股票（权）。回购完毕，或者回购完毕并注销后，股权激励计划就结束了。

第五节　股权激励计划的终止

我国《上市公司股权激励管理办法》对上市公司股权激励计划的终止作出如下规定：

一、上市公司股权激励计划终止的情形

（一）因企业不再具备实施股权激励的资格而终止

根据《上市公司股权激励管理办法》第十八条第一款的规定，上市公司发生本办法第七条规定的情形之一的，应当终止实施股权激励计划，不得向激励对象继续授予新的权益，激励对象根据股权激励计划已获授但尚未行使的权益应当终止行使。

第七条规定，上市公司具有下列情形之一的，不得实行股权激励：

（1）最近一个会计年度财务会计报告被注册会计师出具否定意见或者无法表示意见的审计报告；（2）最近一个会计年度财务报告内部控制被注册会计师出具否定意见或无法表示意见的审计报告；（3）上市后最近36个月内出现过未按法律法规、公司章程、公开承诺进行利润分配的情形；（4）法律法规规定不得实行股权激励的；（5）中国证监会认定的其他情形。

若上市公司出现上述第七条规定情形之一的，不再具备实施股权激励的资格，股权激励计划必须终止。

（二）因激励对象丧失股权激励的资格而终止

根据《上市公司股权激励管理办法》第十八条第二款的规定，在股权激励计划实施过程中，出现本办法第八条规定的不得成为激励对象情形的，上市公司不得继续授予其权益，其已获授但尚未行使的权益应当终止行使。

第八条规定，激励对象可以包括上市公司的董事、高级管理人员、核心技术人员或者核心业务人员，以及公司认为应当激励的对公司经营业绩和未来发展有直接影响的其他员工，但不应当包括独立董事和监事。外籍员工任

职上市公司董事、高级管理人员、核心技术人员或者核心业务人员的，可以成为激励对象。

单独或合计持有上市公司5%以上股份的股东或实际控制人及其配偶、父母、子女，不得成为激励对象。下列人员也不得成为激励对象：

（1）最近12个月内被证券交易所认定为不适当人选；（2）最近12个月内被中国证监会及其派出机构认定为不适当人选；（3）最近12个月内因重大违法违规行为被中国证监会及其派出机构行政处罚或者采取市场禁入措施；（4）具有《公司法》规定的不得担任公司董事、高级管理人员情形的；（5）法律法规规定不得参与上市公司股权激励的；（6）中国证监会认定的其他情形。

根据上述规定，当全部股权激励对象不再具备股权激励资格时，股权激励计划应当终止。

非上市公司可以参照上市公司股权激励计划终止的规定制定符合自己实际情况的股权激励计划终止的条件。

二、上市公司股权激励计划终止的披露

根据《上市公司股权激励管理办法》第六十四条的规定，上市公司终止实施股权激励的，终止实施议案经股东大会或董事会审议通过后，上市公司应当及时披露股东大会决议公告或董事会决议公告，并对终止实施股权激励的原因、股权激励已筹划及实施进展、终止实施股权激励对上市公司的可能影响等作出说明，并披露律师事务所意见。

根据《上市公司股权激励管理办法》第八条的规定，激励对象可以包括上市公司的董事、高级管理人员、核心技术人员或者核心业务人员，以及公司认为应当激励的对公司经营业绩和未来发展有直接影响的其他员工，但不应当包括独立董事和监事。外籍员工任职上市公司董事、高级管理人员、核心技术人员或者核心业务人员的，可以成为激励对象。

单独或合计持有上市公司5%以上股份的股东或实际控制人及其配偶、父母、子女，不得成为激励对象。下列人员也不得成为激励对象：（1）最近12个月内被证券交易所认定为不适当人选；（2）最近12个月内被中国证监

会及其派出机构认定为不适当人选；（3）最近 12 个月内因重大违法违规行为被中国证监会及其派出机构行政处罚或者采取市场禁入措施；（4）具有《公司法》规定的不得担任公司董事、高级管理人员情形的；（5）法律法规规定不得参与上市公司股权激励的；（6）中国证监会认定的其他情形。

根据《上市公司股权激励管理办法》第十八条第二款的规定，在股权激励计划实施过程中，出现本办法第八条规定的不得成为激励对象情形的，上市公司不得继续授予其权益，其已获授但尚未行使的权益应当终止行使。

第十七章 企业股权激励计划设计流程及落地实施

◎ 导读

股权激励计划设计是一项非常专业的活动，缺少专业知识和技能的企业很难独立完成。实务中，一般都是聘请专业辅导机构协助设计的。本章从专业咨询服务机构的角度，阐述企业股权激励计划的设计流程及如何落地实施。

第一节 企业股权激励计划设计流程

企业股权激励计划设计流程一般包括企业决定实施股权激励，进行股权激励动员，组建项目工作组，进行调研、访谈，计划设计和起草全套法律文件六个步骤。

一、企业决定实施股权激励

从公司治理角度来看，股权激励是现代公司治理结构的重要组成部分；从人力资源角度来看，股权激励是企业整个薪酬体系的重要组成部分；从股权激励的功能来看，股权激励是一种吸引人才、留住人才，激发广大激励对象工作积极性的机制。一个企业是否实施股权激励以及设计什么样的股权激励计划，首先取决于企业主的认知和想法。企业主决定实施股权激励是启动股权激励计划设计的先决条件，也是计划设计的第一步。

二、企业股权激励动员

企业作出实施股权激励的决策后，要在企业进行股权激励动员，让广大员工了解股权激励的基本知识，以及股权激励对于他们的重大价值，从而激发广大员工参与股权激励计划的积极性。一般来说，企业实施股权激励最主要的目的是吸引人才、留住人才，激发广大员工的工作热情。员工对股权激励产生兴趣和参与的积极性建立在他们对股权激励价值的认知基础上。若广大员工对股权激励没有认知，那么，企业实施股权激励的目的就很难达到。因此，企业在设计股权激励计划之前，对员工进行动员是非常重要的。最好是召开股权激励动员大会，在大会上向员工普及一些关于股权激励的基本知识、股权的价值、股权创富的故事，等等。

三、组建项目工作组

企业股权激励计划的设计不是一个人能够完成的，在企业作出股权激励决策，并且在对员工进行动员后，就要组建项目工作组，负责股权激励计划的设计。一般来说，项目工作组的成员包括企业法人、人力资源总监、财务总监和聘请的专业顾问机构的专家等。

因为企业主是决策者，激励计划首先要符合企业主的想法。不符合企业主要求的股权激励计划，即使设计出来，也实施不了。因此，企业主一定要亲自参加项目工作组。因为股权激励是对人的激励，人力资源总监对企业的员工最了解、最熟悉，所以需要人力资源总监的参与，又因为股权激励是企业整个薪酬体系的重要组成部分，涉及企业的营收、利润等财务内容，所以也需要财务总监的参与。另外，股权激励计划是一项非常专业、比较复杂的系统设计，没有具有股权专业知识、专业技能和丰富实务经验的股权专家参与也是很难完成的。因此，股权专业顾问咨询机构也要参与项目组，为企业提供顾问咨询。

除上述人员外，还可以根据企业的实际情况，邀请其他一些人员进入项目工作组，如企业战略规划顾问、法律顾问，等等。

四、调研、访谈

企业股权激励计划设计是一项系统工程，涉及企业的规模、战略发展规划、运营状况、股权架构、公司治理、财务资产、薪酬体系和劳动关系等诸多方面。不同的行业，企业所处发展阶段不同，盈利周期不同，其具体激励计划的设计也是不同的。因此，要想设计的股权激励计划符合企业的实际情况，能够真正起到激励的效果，首先必须对企业进行详细的调研、访谈，掌握企业的真实情况。这是设计股权激励计划的重要前提条件。

（一）调研、访谈的内容

围绕企业股权激励计划设计的目的，调研、访谈主要包括以下内容：

1. 企业所在行业及发展前景

调查企业所在行业及发展前景的目的，主要是了解特定行业的未来发展状况以及所处行业在股权激励方面的通行做法。同行业的哪些企业做了或在做，哪些企业没有做，大概是一种什么样的方案。作为设计自己企业股权激励计划的参考或者背景资料。

2. 企业所处的市场环境

市场环境对企业实施股权激励有着重要的影响。在某些市场环境下，企业实施股权激励可能会取得良好的效果，但在另外一些环境下实施可能没有效果。通过分析企业所属行业的市场结构和竞争状况，再结合国家产业政策、产业周期等因素，综合分析企业发展所处的市场环境。了解、分析市场环境，阅读、分析市场环境调查报告是一种比较有效的方法。因为专门机构出具的市场环境调查报告一般包括同行业的企业数量，进入市场的壁垒和各企业的产品差异性等内容，运用起来非常方便。

3. 企业的行业地位

行业地位不同，企业所需要的股权激励计划也不同。特定行业的龙头企业、普通企业和初创的小企业在企业规模、技术水平、产品的市场占有率、地域分布及竞争能力都是不同的。准确掌握这些信息对设计股权激励计划是非常重要的。

4. 企业主营业务发展情况

了解企业主营业务发展情况，最重要的是了解企业的主营业务是否已开展以及开展到何种程度了，目的是确保设计的股权激励计划与企业所处发展阶段相匹配。因为企业不同的发展阶段适用不同的激励模式。

对企业主营业务发展情况的调查主要包括主营业务的地位，主营业务的增长情况，主要产品的技术优势及研发能力，主营业务的经营风险，主营业务的限制性因素，主要产品的市场稳定性，主营业务变更的可能性等内容。

5. 企业的人员结构

调查了解企业现有人员的分布情况，包括是否聘用了其所在行业所有板块的重要人员，是否特别缺乏相关岗位人员，如营销、产品、研发人员等。调查了解企业高管的占比和潜在激励对象的占比情况，包括 CEO、CTO、CFO 等岗位人员的配置情况。

6. 企业的战略发展目标

企业的战略发展目标与企业选择哪些人作为激励对象、采用哪种股权激励模式、确定股权激励数量等激励计划细节息息相关。进行该项调查时，应取得企业中长期发展战略的相关文件，包括战略策划资料、董事会会议纪要、战略委员会会议纪要以及独立董事意见等相关文件，分析企业是否已经建立了清晰、明确、具体的发展战略，包括战略发展目标，实现战略发展目标的依据、步骤、方式及各方面的行动计划等。通过各种渠道了解竞争对手的发展战略，将企业与竞争对手的发展战略进行比较，分析企业的发展战略是否合理、可行。

7. 企业与投资人签署的投资协议

实务中，很多企业都需要进行融资。有的企业在准备实施股权激励计划时，已经完成了融资。企业要认真审查投融资协议的相关条款，了解投资者在协议中是否对股权激励对象、股权架构等方面有明确要求或者有特别的限制等。

8. 企业的涉诉情况

查阅企业的重大合同、董事会会议记录，审查企业律师或法律顾问对有关事项的确认证据，分析企业的法律服务费用，判断企业是否存在重大诉讼、仲裁及未决诉讼、仲裁，并分析其法律风险，以及对企业经营状况和财务状况的影响。

9. 了解、访谈企业的潜在激励对象

了解公司的潜在激励对象的情况，包括其所在岗位、职级、所在部门、对企业的贡献，以及对企业、对企业主的看法和认可度，对股权激励的认知情况和态度等。潜在激励对象的情况对股权激励计划的设计具有重要影响。

（二）调研、访谈的方法

调研、访谈可以采用要求企业提供相关材料、发放调查问卷、网络查询以及面谈等各种方式。

1. 针对股权激励目的的调研、访谈主要通过以下方式：（1）通过公开渠道了解本行业中其他企业实施股权激励的情况；（2）向企业主及员工等相关人员发放访谈清单；（3）根据访谈清单反馈情况与相关人员进行面谈。

因为决定实施股权激励的是企业主，在确定股权激励目的的调研、访谈过程中，应以访谈企业主为主；同时要了解企业其他人员（包括激励对象和其他股东）的意愿。

在访谈方式上，对于企业主，建议采用“一对一”访谈的形式，而对于其他员工，则可采取“一对多”的形式。

2. 针对潜在激励对象的调研、访谈可按照以下步骤进行：（1）向潜在激励对象发放调研、访谈清单；（2）通过企业主和人力资源负责人了解潜在激励对象的情况；（3）调阅潜在激励对象花名册，了解其职称、学历证明等相关材料；（4）对有疑问的内容，与潜在激励对象进行有针对性的沟通。涉及隐私内容的，可以先与被调查方签署《保密协议》，约定保密义务和泄密责任。

五、激励计划设计

股权激励计划设计是项目组在前期调研、访谈的基础上，利用获得的信息，设计初步股权激励计划，并不断对初步股权激励计划进行修正和调整，形成最终股权激励计划的过程。

激励计划设计的内容包括确定股权激励目的，选择股权激励对象，确定股权激励模式，确定股权激励总量和个量，确定股权激励价格，确定股权来源和购股资金来源，确定持股方式和确定退出机制等。

激励计划设计的关键在于“适应性”和“预见性”。适应性是指计划内容的各个部分要与企业的实际情况相匹配，同时也要与激励计划相关的各个主体的预期相匹配。预见性是指在股权激励计划设计过程中，针对将来可能出现的一些问题找到有效的解决方法，防范可能出现的风险。

六、起草全套法律文件

由于股权激励计划的设计最终要体现在一套具体、完整的法律文件、文本上，因此，股权激励计划、相关配套制度文件的起草就成为股权激励计划设计的一个非常重要的环节。一般来说，一套完整的股权激励计划及其配套制度主要包括以下文件：

1.《企业股权激励计划》
2.《企业股权激励计划绩效考核办法》
3.《企业股权激励计划管理制度》
4.《股权激励授予协议书》
5.《激励对象承诺书》
6.《股权激励计划法律意见书》
7.《激励对象绩效考核结果报告书》
8.《激励对象行权或解锁申请书》
9.《激励对象行权或解锁批准书》
10.《股权激励证明》
11.《股权激励相关时间安排》
12.《股权激励股东（大）会决议》
13.《股权激励董事会决议》
14.《公司章程修改建议书》
15.《公司治理结构调查问卷》
16.《公司治理结构完善建议书》

17.《激励对象劳动合同完善建议书》

18.《激励对象竞业限制协议书》

19.《企业薪酬制度完善建议书》

20.《股权激励计划法律意见书》

21.《股权激励计划独立财务顾问意见书》

22.《保密协议》

23.《严重违反公司规章制度约定》

24.《股东（大）会的职权和议事规则》

25.《股东（大）会会议记录》

26.《董事会的职权和议事规则》

27.《董事会会议记录》

28.《监事会的职权和议事规则》

29.《监事会会议记录》

30.《监事会会议决议》

31.《股权代持协议》

32.《股权质押协议》

33.《股权转让协议》

34.《持股投资公司协议》

35.《持股有限合伙协议》

36.《增资扩股协议》

37.《定向增发协议》

38.《一致行动人协议》

39.《投票权委托协议》

40.《股东名册》

……

需要注意的是，并非每个股权激励计划都需要用到上述全部法律文件，企业可以根据自身实际情况和需要有选择地适用。下面介绍《股权激励计划》和《股权激励授予协议》两个文件的范例，以供参考。

《股权激励计划》

××有限责任公司股权期权激励计划

经××公司××年××月××日召开的××年第×次临时股东会审议通过

目　录

特别说明

1. 本股权激励计划依据《公司法》及其他有关法律、行政法规，以及××有限公司（以下简称“××公司”）《公司章程》制定。

2. ××公司授予本次股权期权激励计划（以下简称“本计划”）限定的激励对象公司注册资本总额××%的股权期权，激励对象获得的股权期权拥有在本计划有效期内的可行权日按照预先确定的行权价格受让××公司股权的权利。本激励计划的股权来源为××公司增加的××万元的出资（或原有股东有偿出让、无偿赠与的股权），该出资占增资后公司注册资本总额的××%。

3. ××公司用于本计划所涉及的股权合计占公司注册资本总额的×%。任一单一激励对象所获授的股权期权所涉及的股权不超过公司注册资本的1%。

4. 本计划的激励对象为高级管理人员和其他核心激励对象，人员数量不超过××公司激励对象总数的××%。

5. 本计划的标的股权有效期为×年，自×年×月×日之日起计算。××公司将在该日后的第×年度、第×年度和第×年度分别按公司注册资本总额的××%、××%和××%的比例向符合授予条件的激励对象授予股权；激励对象每期获授的股权在授予日后的×年内行权，并不得转让。在本计划规定的禁售期满后，激励对象获授的股权可以在公司股东间互相转让，或由公司以约定的价格回购。

6. 激励对象的业绩考核条件为：××公司上一年度加权平均净资产收益率不低于×× %，且××公司上一年度扣除非经常性损益的净利润为基础计算的加权平均净资产收益率不低于××%。

7. 股权期权有效期内发生资本公积金转增股权、分红、增资或减资等事宜，股权期权数量、所涉及的标的股权总数及行权价格将做相应的调整。

8. 本计划已于××年×月××日召开的××公司××年第×次股东会审议通过。

第一章　释义

除非另有说明，以下简称在下文中作如下释义：

1. ××公司、公司：指××有限责任公司。

2. 本计划：指××有限责任公司股权期权激励计划。

3. 股权期权、期权激励、期权：指××公司授予激励对象在未来一定期限内以预先确定的价格和条件受让××公司一定份额股权的权利。

4. 激励对象：指依照本计划有权获得标的股权的人员，包括公司高级管理人员和其他核心激励对象。

5. 高级管理人员：指××公司的总裁、副总裁、财务总监、董事会秘书和公司章程规定的其他人员。

6. 股东会、董事会：指××公司股东会、董事会。

7. 薪酬与考核委员会：指××公司董事会薪酬与考核委员会。

8. 标的股权：指根据本计划拟授予激励对象的××公司股权。

9. 授权日：指公司向期权激励对象授予期权的日期。

10. 行权：指激励对象根据本计划，在规定的行权期内以预先确定的价格和条件受让公司股权的行为。

11. 可行权日：指激励对象可以行权的日期。

12. 行权价格：指公司向激励对象授予期权时所确定的受让公司股权的价格。

13. 个人绩效考核合格：指根据《××公司股权激励计划实施考核办法》，激励对象考核等级在×级或×级以上。

第二章 本计划的目的

××公司制定、实施本计划的主要目的是完善公司激励机制，进一步提高激励对象的积极性、创造性，促进公司业绩持续增长，在提升公司价值的同时为激励对象带来增值利益，实现激励对象与公司共同发展，具体表现为：

1. 建立对公司监事、高级管理人员和其他核心激励对象的中长期激励约束机制，将激励对象利益与股东利益紧密联系起来，使激励对象的行为与公司的战略目标保持一致，促进公司可持续发展。

2. 通过本计划的实施，进一步完善公司的绩效考核体系和薪酬体系，吸引、保留和激励实现公司战略目标所需要的人才。

3. 树立激励对象与公司共同持续发展的理念和公司文化。

第三章 本计划的管理机构

1. ××公司股东会作为公司的最高权力机构，负责审议批准本计划的实施、变更和终止。

2. ××公司董事会是本计划的执行管理机构，负责拟定本计划并提交股东会会议审议通过；公司董事会根据股东会的授权办理本计划的相关事宜。

3. ××公司监事会是本计划的监督机构，负责核实激励对象名单，并对本计划的实施是否符合相关法律法规及《公司章程》进行监督。

第四章 本计划的激励对象

一、激励对象的资格

本计划的激励对象应为：

1. 同时满足以下条件的人员：

（1）为××公司及其分公司、××公司控股的子公司的正式激励对象；

（2）截至×年×月×日，在××公司及其分公司、××公司控股的子公司的连续司龄满×年；

（3）为公司高级管理人员和其他核心激励对象。

2. 虽未满足上述全部条件，但公司股东会认为确有必要进行激励的其他人员。

3. 公司激励对象的资格认定权在公司股东会；激励对象名单须经公司股东会审批，并经公司监事会核实后生效。

二、激励对象的范围

满足上述激励对象资格的人员纳入激励范围，激励范围人数不超过××公司及其分公司、××公司控股的子公司激励对象总数的××%。截至×年度期末，公司在职激励对象总数为××人。

第五章　标的股权的来源、数量和分配

一、来源

本计划拟授予激励对象的标的股权为××公司增加注册资本产生的股权（或原股东出让/赠与股权）。

二、数量

××公司向激励对象授予公司注册资本总额×%的股权。

三、分配

1. 本计划的具体分配情况如下：

姓名	职务	获授股权比例	占本计划授予股权总量的比例
××			
××			
××			
××			
…			
合计			

2. ××公司因公司引入战略投资者、增加注册资本、派发现金红利、资本公积金转增股权或其他原因需要调整标的股权数量、价格和分配的，公司股东会有权进行调整。

第六章　本计划的有效期、授权日、可行权日、禁售期

一、有效期

本计划的有效期为五年，自×年×月×日起计算。

二、授权日

1. 本计划有效期内的每×年×月×日。

2. ××公司将在×年度、××年度和 ×年度分别按公司注册资本总额的××%、××%和××%向符合授予条件的激励对象授予标的股权；激励对象每期获授的标的股权在授权日后的××年内为禁售期，激励对象获授的标的股权在禁售期内锁定，不得转让。

三、可行权日

本计划的激励对象自授权日起满一年后方可开始行权。

四、禁售期

1. 激励对象在获得所授股权之日起××年内，不得转让该股权。

2. 禁售期满，激励对象所持股权可以在公司股东间相互转让，也可以按照本计划约定，由公司回购。

第七章 股权的授予条件和行权条件、程序

一、授予条件

激励对象获授标的股权必须同时满足如下条件：

1. 业绩考核条件

××公司上一年度加权平均净资产收益率不低于10%，且××公司上一年度扣除非经常性损益的净利润为基础计算的加权平均净资产收益率不低于10%。

2. 绩效考核条件

根据《××公司股权激励计划实施考核办法》，激励对象上一年度绩效考核合格。

二、授予价格

××公司授予激励对象标的股权的价格为授予价格，×年度的授予价格为×元/股。×年度的授予价格为×元/股，×年度的授予价格为×元/股。

三、授予股权期权协议书

××公司在标的股权授予前与激励对象签订《授予股权期权协议书》，约定双方的权利义务，激励对象未签署《授予股权期权协议书》或已签署《授

予股权期权协议书》但未按照付款期限支付受让标的股权款的，视为该激励对象放弃参与本次授予。

四、授予股权期权的程序

1. 公司与激励对象签订《授予股权期权协议书》，约定双方的权利义务；

2. 公司于授权日向激励对象送达《股权期权授予通知书》，一式两份；

3. 激励对象在三个工作日内签署《股权期权授予通知书》，并将一份送回公司；

4. 公司制作管理名册，记载激励对象的姓名、获授股权期权的金额、授权日期、股权期权授予协议书编号等内容。

五、行权条件

激励对象对已获授权的股权期权将分期行权，行权时必须满足以下条件：

1. 根据《××公司股权激励计划实施考核办法》，激励对象上一年度绩效考核合格。

2. 在股权激励计划期限内，行权期内的行权还需要达到下列财务指标：

（1）授权日后第二年可以行权的、不超过已授权部分总量×%的股权期权的行权条件还需满足如下业绩条件：

×年度相比×年度（前一年度），净利润增长不低于×%，×年度（指行权年度）加权平均净资产收益率不低于×%；

如达到本业绩条件，该等部分的股权期权的行权期为自授权日起满一年后的第二日起至以后可行权年度；如达不到本业绩条件，该等部分的股权期权作废。

（2）授权日后第三年可以行权的、不超过已授权部分总量40%的股权期权的行权条件还需满足如下业绩条件：

×年度相比×年度，净利润增长不低于××%，2007年度加权平均净资产收益率不低于××%；

如达到本业绩条件，该等部分的股权期权的行权期为自授权日起满两年后的第二日起至以后可行权年度；如达不到本业绩条件，该等部分的股权期权作废。

(3) 授权日后第四年新增可以开始行权的、不超过已授权部分总量40%的股权期权的行权条件还需满足如下业绩条件:

×年度相比×年度,净利润增长不低于××%,×年度加权平均净资产收益率不低于×%;

如达到本业绩条件,该等部分的股权期权的行权期为自授权日起满两年后的第二日起至以后可行权年度;如达不到本业绩条件,该等部分的股权期权作废。

六、激励对象行权的程序

1. 激励对象向董事会提交《股权期权行权申请书》,提出行权申请;

2. 董事会对申请人的行权资格与行权条件审查确认;

3. 签订符合市场监督管理局股权变更登记条件的《股权转让协议》;

4. 进行股权变更登记,将激励对象的名字和所持公司股权登记于工商档案中的股东名册。

第八章 本计划的变更和终止

一、公司发生实际控制权变更、合并和分立

1. ××公司的实际控制人为×先生/女士,若因任何原因导致××公司的实际控制人发生变化,可由公司董事会提出本计划变更议案,报经公司股东会审议批准。

2. 公司合并、分立时,可由公司董事会提出本计划变更议案,报经公司股东会审议批准。

二、激励对象发生职务变更

激励对象职务发生变更,但仍在××公司(包括××公司及其分公司、××公司控股的子公司)任职的,其所获授的股权期权不作变更。

三、激励对象离职

指因各种原因导致激励对象不在××公司(包括××公司及其分公司、××公司控股的子公司)任职的情况。

1. 激励对象与公司的聘用合同到期,公司不再与之续约的:其已行权的股权继续有效；已授予但尚未行权的股权期权予以作废；尚未授予的股权期权不再授予。

2. 有下列情形之一的，其已行权的股权继续有效，但需将该股权以×价格转让给公司的其他股东或公司根据新的激励计划新增的激励对象；或由公司以×价格回购；已授予但尚未行权和未授予的标的股权不再行权和授予，予以作废。

（1）激励对象与公司的聘用合同到期，本人不愿与公司续约的；

（2）激励对象与公司的聘用合同未到期，激励对象因个人绩效等原因被辞退的；

（3）激励对象与公司的聘用合同未到期向公司提出辞职并经公司同意的。

3. 激励对象与公司的聘用合同未到期，因公司经营性原因等被辞退的：其已行权的股权继续有效，并可保留；但未经公司股东会一致同意，该股权不得转让给公司股东以外的第三人；已授予但尚未行权的股权期权予以作废；尚未授予的股权期权不再授予。

4. 激励对象与公司的聘用合同未到期，未经公司同意，擅自离职的：其已行权的股权无效，该激励对象需无条件将已获得的股权以购买价格回售给公司其他股东，或由公司按该价格回购；已授予但尚未行权和未授予的标的股权不再解锁和授予，予以作废。

四、激励对象丧失劳动能力

1. 激励对象因公（工）丧失劳动能力的，其已行权的股权和已授予但尚未行权的股权继续有效；尚未授予的股权不再授予，予以作废。

2. 激励对象非因公（工）丧失劳动能力的：其已行权的股权继续有效；已授予但尚未行权的股权由公司董事会酌情处置，尚未授予的标的股权不再授予。

五、激励对象退休

激励对象退休的，其已行权的股权和已授予但尚未行权的标的股权继续有效；尚未授予的标的股权不再授予。

六、激励对象死亡

激励对象死亡的，其已行权的股权和已授予但尚未行权的股权继续有效；尚未授予的标的股权不再授予。

七、子公司控制权转移

激励对象所任职的原××公司控股子公司变更为非控股子公司，其已行权的股权和已授予但尚未行权的股权继续有效；尚未授予的股权不再授予。

八、特别条款

在任何情况下，激励对象发生触犯法律、违反职业道德、泄露公司机密、失职或渎职等行为严重损害公司利益或声誉的，公司董事会有权立即终止其所获授但尚未行权的股权，符合本计划规定情形的，按相应规定执行。

第九章 附则

1. 本计划由公司股东会负责解释；

2. 公司股东会根据本计划的规定对股权的数量和价格进行调整；

3. 本计划一旦生效，激励对象同意享有本计划下的权利，即可认为其同意接受本计划的约束并承担相应的义务。

《股权激励授予协议》

××科技有限公司激励对象股权激励协议书

甲方：××科技有限公司，企业统一社会信用代码：××××××（以下简称“甲方”）

乙方：××，身份证号：××××××××××××××××（以下简称“乙方”）

鉴于乙方以往对甲方的贡献和为了激励乙方更好地工作，经甲乙双方友好协商，双方同意甲方以虚拟股的方式对乙方进行激励。为明确甲乙双方的权利义务，特订立以下协议：

一、定义

除非本合同条款或上下文另有所指，下列用语含义如下：

1. 虚拟股：指股权激励对象拥有公司的分红权，公司名义上的股份，虚拟股拥有者并非甲方在工商注册登记的实际股东，虚拟股的拥有者仅享有参与公司年终利润的分配权，而无所有权和其他权利；不得转让和继承，不得对公司进行尽职调查，不得清算公司资产。

2. 分红：××科技有限公司年终税后的可分配净利润的50%。

3. 公司股份总数：200万股，用于乙方股权激励的14万股。

二、甲方根据乙方的工作表现，按照《股权激励计划》第三章规定的方式授予乙方虚拟股

1. 乙方取得的虚拟股股份记载在公司内部虚拟股股东名册，由甲乙双方签字确认，但对外不产生法律效力；乙方不得以此虚拟股对外作为在甲方拥有资产的依据。

2. 每年会计年终，根据甲方的税后利润分配虚拟股的利润的50%。

3. 乙方年终可得分红为甲方的所持虚拟股份比例应得的分红利润。

三、激励计划

乙方取得虚拟股股份须达到保底销售额150万元，超出部分为超额销售业绩。

第一名：业绩达到1万元—30万元（含30万元）可奖励虚拟股3万股，超额销售业绩达到30万元—60万元（含60万元）可奖励虚拟股4万股，超额销售业绩达到60万元—100万元（含100万元）可奖励虚拟股5万股，超额销售业绩达到100万元—150万元（含150万元）可奖励虚拟股6万股，超额销售业绩达到150万元—200万元（含200万元）可奖励虚拟股7万股。

第二名：业绩达到1万元—30万元（含30万元）可奖励虚拟股2万股，超额销售业绩达到30万元—60万元（含60万元）可奖励虚拟股2.5万股，超额销售业绩达到60万元—100万元（含100万元）可奖励虚拟股3万股，超额销售业绩达到100万元—150万元（含150万元）可奖励虚拟股3.5万股，超额销售业绩达到150万元—200万元（含200万元）可奖励虚拟股4万股。

第三名：业绩达到1万元—30万元（含30万元）可奖励虚拟股1万股，超额销售业绩达到30万元—60万元（含60万元）可奖励虚拟股1.5万股，超

额销售业绩达到60万元—100万元（含100万元）可奖励虚拟股2万股，超额销售业绩达到100万元—150万元（含150万元）可奖励虚拟股2.5万股，超额销售业绩达到150万元—200万元（含200万元）可奖励虚拟股3万股。

四、乙方取得虚拟股

1. 公司引进新股东按增资计算，但激励对象拥有50%以下的增资权；

2. 乙方拥有公司年度分红权（注：乙方只享有虚拟股份分红权，不享有任何其他实体股份的权利）；

3. 乙方连续三年获得虚拟股可转为公司实股，拥有分红权、所有权、转让权和增值权；

4. 乙方在虚拟股转为实体股份前离职，乙方所持有虚拟股份的分红权自动失效，虚拟股转为实体股后乙方离职，股权自动折半；

5. 乙方违反公司重大原则或给公司造成直接损失在20万元人民币以上的，获授股权自动失效；

6. 公司财务报表由大股东×××、×××签字即可生效，其他股东不得查阅。

五、分红的取得

1. 在扣除应缴税款后，甲方按以下方式将乙方可得分红给予乙方。

2. 每年×月×日对上一年度的公司税后净利润进行分红。

3. 乙方取得的虚拟股分红以人民币形式支付，除非乙方同意，否则甲方不得以其他形式支付。

六、乙方在获得甲方授予的虚拟股的同时，仍可根据甲乙双方签订的劳动合同享受甲方给予的其他待遇

七、协议期限

1. 本协议期限为×年，于×年×月×日开始，并于×年×月×日届满；

2. 协议期限的续展：本协议于到期日自动终止，除非双方在到期日之前签署书面协议，续展本合同期限；

3. 若协议期限内公司亏损或税后利润率低于8%，虚拟股东可依投资金额拥有股转债的权利，大股东×××对虚拟股东支付年息8%，虚拟股东所购买的虚拟股次年仍然有效。

八、协议终止

1. 协议终止：

（1）本协议于协议到期日终止，除非双方按×条规定续约；

（2）如甲乙双方的劳动合同终止，终止后本协议自动解除，并将公司每年留存利润的100%支付给虚拟股东，支付时间为离职后的6个月内，分两期支付，每3个月支付50%，不含公司固定资产和无形资产。

2. 双方持续的义务：本协议终止后，本协议约定的义务，甲乙双方仍须遵守。

3. 协议有效期内，如虚拟股东离开公司，视为其自愿将所持股份捐让给公司，公司及大股东不对其进行任何补偿。

4. 协议有效期内如果虚拟股东违反与公司签订的劳动合同，公司有权解除本协议，并将公司每年留存利润的50%支付给虚拟股东，支付时间为虚拟股东离职后的6个月内，分两期支付，每3个月支付25%，不含公司固定资产和无形资产。

九、保密义务

乙方对本协议的内容承担保密义务，不得向任何第三人泄露本协议中乙方所得虚拟股股份、分红等情况以及保密协议要求的若干事项，除非事先征得甲方的书面许可。

十、违约

1. 如乙方违反《劳动合同法》第×条规定，甲方有权提前解除本协议。

2. 如乙方违反本协议的第×条之规定，甲方有权提前解除本协议。

十一、争议解决

1. 如果发生因履行本协议引发的争议，双方首先应友好协商解决；

2. 如果双方协商不成，则将该争议提交甲方所在地的人民法院诉讼解决。

十二、其他规定

1. 本协议自甲乙双方签字或盖章之日起生效。

2. 本协议不得以口头方式修改，须以双方签署书面文件的方式修改。

3. 本协议正本一式两份，双方各持一份。

4. 本协议不影响原劳动合同约定的权利义务。

5. 如果公司因发展需要增资，大股东×××将以会议或书面形式通知乙方，乙方有权同比例增资，如果乙方不增资，视为自动放弃增资权利，乙方虚拟股比例自动稀释。

（以下无正文）

甲方：××科技有限公司（盖章）　　　　乙方：（签字）

股东或董事长：（签名并盖章）

年　月　日　　　　年　月　日

第二节　股权激励计划落地实施

一、成立股权激励实施管理机构

股权激励计划的落地实施是一个动态过程，需要管理机构进行管理。企业管理机构的组建，要遵守两个基本原则：一是管理机构要和企业的管理现状相适应；二是组建的管理机构要遵守《公司法》等相关法律法规的规定。

一般来说，企业股权激励的管理机构包括四个：股权激励计划的最高权力机构股东（大）会、执行机构董事会、监督机构监事会和董事会下属的负责具体实施股权激励的专门管理机构。有的称为“股权管理小组”，也有的称为“薪酬与考核委员会”“股权激励委员会”或“股权激励领导小组”等。

（一）股东（大）会

有限责任公司的最高权力机构叫股东会，股份有限公司的最高权力机构叫股东大会。公司在实施股权激励计划时，股东（大）会负责审议批准计划的设计、实施、变更和终止。也就是说，股权激励计划最终是由股东（大）

会表决通过的。股权激励计划在实施过程中，计划的变更和终止，也都是由股东（大）会决定的。因此，在股东（大）会的议事规则里，要把股权激励纳入进来。没有经过股东（大）会通过的股权激励计划是无效的。企业实施股权激励为什么需要股东（大）会通过呢？因为股权激励无论涉及股东股权的转让，还是公司的增资扩股，都会涉及股东的利益，只有股东同意，计划才能最终落地实施。

我国《上市公司股权激励管理办法》第九条和第四十一条规定了股东大会涉及股权激励的表决内容和表决方式。

第四十一条规定，股东大会应当对本办法第九条规定的股权激励计划内容进行表决，并经出席会议的股东所持表决权的2/3以上通过……上市公司股东大会审议股权激励计划时，拟为激励对象的股东或者与激励对象存在关联关系的股东，应当回避表决。

第九条规定，上市公司依照本办法制定股权激励计划的，应当在股权激励计划中载明下列事项：

（1）股权激励的目的。（2）激励对象的确定依据和范围。（3）拟授出的权益数量，拟授出权益涉及的标的股票种类、来源、数量及占上市公司股本总额的百分比；分次授出的，每次拟授出的权益数量、涉及的标的股票数量及占股权激励计划涉及的标的股票总额的百分比、占上市公司股本总额的百分比；设置预留权益的，拟预留权益的数量、涉及标的股票数量及占股权激励计划的标的股票总额的百分比。（4）激励对象为董事、高级管理人员的，其各自可获授的权益数量、占股权激励计划拟授出权益总量的百分比；其他激励对象（各自或者按适当分类）的姓名、职务、可获授的权益数量及占股权激励计划拟授出权益总量的百分比。（5）股权激励计划的有效期，限制性股票的授予日、限售期和解除限售安排，股票期权的授权日、可行权日、行权有效期和行权安排。（6）限制性股票的授予价格或者授予价格的确定方法，股票期权的行权价格或者行权价格的确定方法。（7）激励对象获授权益、行使权益的条件。（8）上市公司授出权益、激励对象行使权益的程序。（9）调整权益数量、标的股票数量、授予价格或者行权价格的方法和程序。(10）股权激励会计处理方法、限制性股票或股票期权公允价值的确定方法、涉及估值模型重要参数取值合理性、实施股权激励应当计提费用及对上市公司经营业绩的影响。(11）股权激励计划的变更、终止。(12）上市公司发生控制权变更、合并、分立以及激励对象发生职务变更、离职、死亡等事项时股权激励计划的执行。(13）上市公司与激励对象之间相关纠纷或争端解决机制。(14）上市公司与激励对象的其他权利义务。

由此可以看出，股东大会的重要职责是审议决策，而非实施的主体。

（二）董事会

公司的经营管理权和所有权是分开的。所有权指的是股东享有所有权，掌握公司经营管理权的是董事会。董事会是股权激励计划的执行管理机构，他们的主要职责是负责拟定和修订股权激励计划，并把拟定完、修订完的股权激励计划报股东（大）会批准。只有这样，股权激励的实施才是符合法律程序的。

根据我国《上市公司股权激励管理办法》第四十二条第一款、第四十六条至第五十一条的规定，董事会在设计和实施股权激励计划中的职责如下：

(1）上市公司董事会应当根据股东大会决议，负责实施限制性股票的授予、解除限售和回购以及股票期权的授权、行权和注销；(2）上市公司在向激励对象授出权益前，董事会应当就股权激励计划设定的激励对象获授权益的条件是否成就进行审议；(3）激励对象在行使权益前，董事会应当就股权激励计划设定的激励对象行使权益的条件是否成就进行审议；(4）因标的股票除权、除息或者其他原因需要调整权益价格或者数量的，上市公司董事会应当按照股权激励计划规定的原则、方式和程序进行调整；(5）分次授出权益的，在每次授出权益前，上市公司应当召开董事会，按照股权激励计划的内容及首次授出权益时确定的原则，决定授出的权益价格、行使权益安排等内容；(6）上市公司在股东大会审议通过股权激励方案之前可对其进行变更。变更需经董事会审议通过；(7）上市公司在股东大会审议股权激励计划之前拟终止实施股权激励的，需经董事会审议通过。

（三）独立董事及监事会

根据我国《上市公司股权激励管理办法》第四十二条第二款、第四十六条、第四十七条、第五十条第二款的规定，独立董事及监事会在设计和实施股权激励计划中的职责如下：

（1）上市公司监事会应当对限制性股票授予日及期权授予日激励对象名单进行核实并发表意见；（2）上市公司在向激励对象授出权益前，独立董事、监事会应当就股权激励计划设定的激励对象获授权益的条件是否成就发表明确意见；（3）上市公司向激励对象授出权益与股权激励计划的安排存在差异时，独立董事、监事会（当激励对象发生变化时）应当同时发表明确意见；（4）激励对象在行使权益前，独立董事、监事会应当就股权激励计划设定的激励对象行使权益的条件是否成就发表明确意见；（5）上市公司对已通过股东大会审议的股权激励计划进行变更的，应当及时公告并提交股东大会审议，且不得包括下列情形：①导致加速行权或提前解除限售的情形；②降低行权价格或授予价格的情形。

独立董事、监事会应当就变更后的计划是否有利于上市公司的持续发展，是否存在明显损害上市公司及全体股东利益的情形发表独立意见。

（四）实施股权激励计划的专门管理机构

实施股权激励计划的专门管理机构，负责起草股权激励计划、制定业绩考核标准和具体的考核办法，促进股权激励计划的落地实施。其具体工作一般包括以下几点：

第一，进行股权激励计划设计前的尽职调查工作，收集资料、汇编资料，为设计股权激励计划奠定基础。一个企业在准备实施股权激励时，在设计激励计划前，首先要进行全面的调查并把调查的资料进行汇编，譬如企业的框架结构、激励对象个人的想法、参与股权激励的积极程度，哪些人愿意参与、有多少人愿意出资、出资的金额、出资的方式与资金来源等。这些都需要股权激励专门管理机构的配合。

第二，负责统计股权激励参与人员的基本资料，并制定花名册。股权激励参与人员的基本资料一般包括入职时间、工作岗位、对企业发展的重要程度等。

第三，负责与各个部门对接，制订激励对象需要完成的业绩目标。不同部门对业绩的标准和要求是不同的。销售部门往往根据销售额和市场占有率制定业绩目标；技术部门制定业绩目标，可能会涉及技术的更新，完成技术的成果等；而对于生产部门，则可能会涉及产出率、生产量和损耗率等。实施股权激励计划的专门管理机构要和各个部门的负责人进行对接，详细制定被激励对象未来三年或者五年的业绩指标。

第四，根据确定的业绩目标，提出建议性的考核办法，或者起草《业绩考核管理办法》草案，上报董事会。

第五，配合股权激励专家起草、修订股权激励计划落地所涉及的股权激励协议及各种管理办法、各种制度、各种体系和法律文书。

第六，负责落实股权激励协议的签署。股权激励协议形成后，专门管理机构还要与各位激励对象进行对接，修订、完善股权激励协议，并最终与每位激励对象签署。签署协议后，还需要对股权激励计划的落实情况进行跟踪。

此外，股权激励专门管理机构可能还会涉及股权激励其他相关事项，如股权激励人员的退出、激励股权回购、调整，等等。

二、计划的宣讲、解释、沟通和交流

对大多数激励对象而言，股权激励几乎是一门完全陌生的学科，在正式实施前，思想工作一定要做到位。要深入了解激励对象的具体情况，包括对股权激励的认知、态度和心理预期等，消除可能产生负面影响的因素，避免在股权激励计划实施过程中出现各种不和谐的声音。

召开股权激励动员会，向激励对象讲清楚什么是股权，股权有哪些价值以及股权创富的故事，并对股权激励计划进行沟通交流，使激励对象真正理解企业和激励对象双方的权利义务。打消激励对象的顾虑，股权激励计划才能落地实施。

实务中，激励对象经常对股权激励产生认知偏差，主要表现在以下几个方面：第一，股权知识、认知不一致，思想不统一，对方案不认可。企业在实施股权激励前，未对激励对象进行股权知识的培训宣导，激励对象对股权激励的看法基本是道听途说或者通过网络了解的，知识比较零碎，其认知基本停留在分红层面，没有认识到股权的增值、溢价等重要价值。第二，对企业未来发展不清楚，缺乏信心。企业没有向激励对象清晰地说明公司发展的战略发展规划，特别是未来的资本规划，激励对象并不了解企业的股权价值。第三，对股权未来收益不了解，激励动机不足。企业未对激励对象进行股权价值测算，对激励对象未来的股权收益没有准确预估，激励对象对未来的股权价值没有想象空间。

只有解决激励对象这些认知上的偏差，才能调动激励对象参与股权激励计划的积极性，股权激励才能达到最佳效果。因此，股权激励计划设计出来后，做好计划的宣讲、解释、沟通和交流非常重要。这是企业实施股权激励的重要环节。

三、召开启动大会，与激励对象签署《股权授予协议》

因为股权激励是一种“共创、共享、共担”机制，不是企业主对激励对象的赠与，各方都有“责、权、利”的安排，所以双方要签署一份完善的《股权授予协议》，详细约定各方的“责、权、利”。《股权授予协议》之所以在启动大会上签署，是因为这样做，具有一定的宣传作用，能够激发其他员工努力工作，争取早日成为激励对象，有利于企业股权激励氛围的形成。

四、完善股权激励配套措施

股权激励不是万能的，它不仅不能代替企业其他管理制度，相反，其实施还需要其他措施的配合。根据以往经验，股权激励计划的实施需要完善公司治理结构、薪酬体系、公司管理制度，培养公司股权激励文化，以配合股权激励计划的落地实施。这里重点强调一下文化对企业实施股权激励的重要性。

企业文化是企业的灵魂，推动着企业的发展与进步。文化是一种无形的力量，它对激励对象的影响是无形的。一种向上的文化，可以引导激励对象努力向上；一种散漫的文化，会让激励对象变得散漫。文化，既可以让管理者的作风变得强硬，也可以让他们变得亲切友好；既可以使企业上下追求长远发展，也可以让全体激励对象变得目光短浅。

股权激励的实施效果与企业文化有很大的关系。通俗地讲，企业文化就是在既没有行政命令也没有制度安排的情况下，企业默认的做事风格。如果一家企业的文化强调要做百年企业，突出人文关怀，鼓励创新，那么这家企业的激励对象同样会被这种文化所感染、所引领，在行动上就会自觉践行这种文化。

倡导正面的、积极向上的文化的企业，激励对象更容易理解企业的愿景、使命和社会主义核心价值观，也更容易认同企业的股权激励计划，并最终实现个人与企业的双赢。反之，在一个充满负面、消极文化的企业里，更容易出现不愿担当、相互推诿、不团结的现象，人心不齐，价值观不统一，股权激励的效果可想而知。

文化是思想的先导，思想是行动的先导，有什么样的思想就有什么样的行动。只有从思想上认同企业的发展理念，激励对象才有可能与企业同呼吸共命运，同舟共济，共同进步，共同发展。也只有这样，激励对象才有可能愿意留在企业并竭尽全力为企业服务，这样的股权激励才会有效果。因此，企业要想取得好的激励效果，就要注意股权激励文化的建设。

五、动态管理

股权激励的实施是一个动态过程，要想股权激励计划真正落地实施，做好动态管理是非常重要的。股权激励之所以需要进行动态管理，主要基于以下两点：

一是股权激励计划在实施过程中，企业每年营业额、利润额的计算，激励对象的业绩考核，激励对象的行权以及行权的时间、频次、数量等都需要整个过程的动态管理。

二是股权激励计划设计完后在实施过程中不是一成不变的，公司发生送股、转增股本、配股、换股、缩股、派发现金股息、公司发生合并、资产重组、公司控制权发生变化、公司全部或大部分资产售卖、公司进入破产清算或解散程序等时，股权激励计划的内容都需要进行调整。在特殊情况下，股权激励计划还要终止。

没有动态管理，股权激励是很难落地实施的。

第四部分

企业股权架构设计实务操作

第十八章 企业股权架构设计实务经验总结

◎ 导读

企业股权架构设计是一项实践性非常强的活动，在实务中会遇到各种各样的问题，而且有的问题还非常复杂。多年的业务经历使我们积累了很多经验、教训，也使得我们对企业股权架构设计有了非常深刻的感悟。本章站在我们专业服务人员的角度分四节进行分享，供大家参考。

第一节 企业股权架构设计的个性化与动态化

一、企业股权架构设计的个性化

企业股权架构设计虽然有一定的规律，但由于各个企业所处行业不同，定位不同，业务发展模式不同，战略规划不同，所处发展阶段不同，发展周期不同，盈利能力不同，对资金和人才的需求不同，企业发展潜力、企业价值和企业估值也不同，企业的股权架构设计是不同的；企业的类型不同，是资金驱动型企业、资源驱动型企业，还是人力资本驱动型企业，其股权架构设计也是有天壤之别的。

案例：股权激励计划需要量身定做

——A 公司和 B 公司的股权激励差异化对比

A 公司最终确定的激励对象为 5 人，全部为技术研发人员，B 公司激励了 20 余人，且多为销售人员；A 公司采取的是期权激励模式，B 公司采取的是超额业绩分红模式。

同行业的两个企业在设计股权激励计划时为什么会出现这样的差异呢?因为两个企业的具体情况不同。A 公司属于初创企业，处于依赖技术研发阶段，技术人员对企业来说非常重要，而且企业规模不大，激励对象人数也不多，所以就选择了 5 名技术研发人员作为激励的对象；而 B 公司属于扩张阶段，技术已经非常成熟，当时最重要的任务是快速占领市场，而且规模较大，激励对象人数较多。所以选择了比较多的销售人员作为激励对象。A 公司属于初创企业，企业现金流不足，所以采用了期权激励模式；而 B 公司属于成熟企业，现金流相对比较充足，所以选择了超额业绩分红模式。

总之，不同的企业，因为具体情况不同，需要的股权结构也是不同的，企业的股权架构设计具有个性化特征。这就要求我们在协助每个企业进行股权架构设计时，首先都要对企业进行深入细致的调研、访谈，深刻了解、掌握企业的具体情况。这是协助企业进行股权架构设计的前提条件，也是股权架构设计的重要步骤。只有根据企业的实际情况量身打造出来的股权结构，才真正符合企业的个性化需求，才能真正为企业的发展奠定坚实的基础。

这里需要注意，企业在进行股权架构设计时，切忌从网上下载一些有关股权的文件模板，即使这个股权架构设计再完美，也不一定适合企业，甚至可以说一定不适合企业。因为这个股权架构是按照别人企业的实际情况量身打造的，你的企业不可能和别人的企业完全一样。这样架构起来的股权结构不仅很难适应企业发展的需要，反而容易弄巧成拙，给企业带来非常严重的负面影响。

因此，我们一定要树立这样一个理念：企业股权架构设计具有个性化特征，我们一定要为企业量身打造股权结构，而不能照抄照搬或者模仿别人的。

二、企业股权架构设计的动态化

有一种误区，认为股权架构设计就是股权分配；股权分配完写在纸上，股权架构就算做完了，而且一劳永逸。

这种认识是错误的。首先，企业股权架构设计不等于股权分配，股权分配只是股权架构设计中的一个环节，而不是股权架构设计的全部。股权架构设计除股权的分配外，还包括决策权和表决方式的设计，中小股东权益保护等问题。其次，企业股权架构设计也不是一次性股权分配就把股权架构设计完的。企业股权本质上是动态的，企业股权架构设计是一个过程，它贯穿于企业的始终。企业初创时，全部股权属于创业合伙人。随着企业的发展，企业需要进行股权融资，需要对激励对象实施股权激励，需要聘请外部专家顾问，创业合伙人可能需要陆续向投资人、激励对象或者其他专家顾问出让一部分股权。

股权除在创业合伙人团队、投资人团队和激励对象团队之间流动外，还分别在创业合伙人团队、投资人团队和激励对象团队内部流动。譬如，在合伙人团队内部，可能会出现某些原合伙人退出，或者新合伙人加入的情形。原合伙人退出，就要收回他的股权；新合伙人加入，企业就要给新的合伙人分配股权。同样，企业股权融资也可能分为 A、B、C、D 几轮，员工股权激励也可能需要进行几轮。每一轮都会涉及部分股权的转移，因此企业的股权在本质上是动态的。这就要求我们在进行企业股权架构设计时，要有动态思维，要用发展的眼光看问题。

第二节　企业股权架构设计的专业化

企业股权架构设计是一项复杂的系统工程，需要由专业人员协助设计。

专业人员要想协助企业把股权架构设计好，必须掌握相关的专业知识和技能。主要包括三个方面：

一、掌握与企业股权架构设计相关的股权知识

掌握股权架构设计的股权知识是做企业股权架构设计业务的基础。协助企业做股权架构设计，首先自己要懂股权。股权知识博大精深，这里所说的股权知识至少应当包括以下内容：股权的概念、权能和类型，股权对企业的战略价值、工具价值，企业股权设计的理念和顶层布局，合伙人股权架构设计、员工股权激励计划设计和企业股权融资方案设计。这几大板块又包括若干细节，如合伙人股权架构设计的进入、分配、调整和退出四大机制。员工股权激励计划设计的目的、对象、模式、数量、来源、价格、业绩、周期、调整、退出、终止等细节。股权融资的规划、数量、轮次、公司估值、出让股权比例，风险防范等诸多内容。

除上述内容外，还涉及企业控制权体系的设计，利益分配调整机制的设计，有限合伙、有限责任公司等持股载体的设计，实股、虚股、工商注册股、代持股、资金股、资源股、人力股、技术股、身股、银股及干股等不同股权工具的运用，以及期股激励、期权激励、限制性股权激励和虚拟股权激励等不同激励模式的运用，等等。

这些知识都要掌握，这是从事股权业务的前提和基础，如果不掌握这些股权知识，是无法协助企业做好股权架构设计的。

二、掌握与股权架构设计相关的商务知识

股权架构设计首先是商务的需要，股权架构设计首先源于商务的动机，要符合商务的规律，才能科学有效。因此，股权架构设计者必须具有企业经营管理的经验，这是股权架构设计的一个前提条件。不懂企业运营管理，是无法进行股权架构设计的。

这里把商务的含义做扩大解释，即除法律外的其他企业经营管理的知识统称为商务知识。我们在协助企业进行股权架构设计时，用到的商务知识主要包括：企业的商业模式、企业的发展规划、企业发展的四个阶段、企业的不同类型，企业的人力资源和薪酬体系、企业财务的基础知识，包括营业额、营业额增长率，利润增长率，企业的估值方法等。

这部分内容没有一个明确的边界，总之，懂得越多越好。如果不掌握这些基本的商务知识，不了解企业股权架构设计的规律，在实务中就会闹笑话。

案例：设计股权激励计划不能“朝三暮四”，只重视形式

——某面粉加工企业的股权激励计划失败

一位从事面粉加工的老板决定对他的总经理实施股权激励。

实施股权激励计划之前，这个总经理的报酬结构是这样的：8 万元+4 万元。8 万元是年薪，分 12 个月领取。完成业绩指标后，年终再获得 4 万元的奖金。这在当地属于同行业的中等待遇。

老板给他做的方案是什么呢？老板给总经理说，我把“8+4”，给你变成“5+3”，扣下来的 4 万，给你转换成股权。咱这个计划实施三年。我算了一下，如果我们做得好的话，你每年的收入能达到 20 万元以上。

这个总经理一听马上心就凉了，给老板说，还是别激励啦。①

为什么会出现这样一个结果呢？这个老板只是粗浅地了解了股权激励的皮毛，没有掌握企业股权架构设计的专业知识，没有真正掌握股权激励的原理和精髓。他设计的这个方案把固定工资扣下来 3 万元，作为购买股权的资金。原来的收入减少了，股权激励最终能否给他带来更多的收益，还不好说。股权有没有价值，要看企业经营得怎么样，经营得好，收入有可能达到 20 万元以上，但增长的也不多；但如果经营不好的话，可能连原来的收入都拿不到。这个风险太大，因此总经理对企业主设计的这个方案不接受。

三、掌握与股权架构设计相关的法律知识

企业股权架构设计离不开法律。法律的重要性在企业股权架构设计中主要表现为三个方面：一是设计的方案必须合法，才能有效实施。二是设计的方案在后续的实施中，必须要能够防范法律风险。如果不能防范法律风险，不仅不能够促进企业的快速发展，而且还有可能给企业带来一些负面影响，

---

① 马永斌：《公司治理之道：控制权争夺与股权激励》，清华大学出版社 2018 年版，第 313—314 页。

譬如，挫伤股东、激励对象原来的工作积极性，甚至是出现各种股权纠纷。要想防范这些法律风险，必须要以熟悉法律为前提。三是设计的股权方案必须体现在一整套法律文件上，才能最终落地实施。

因此，掌握相关的法律知识也是企业股权架构设计的重要条件。

第三节 企业股权架构设计的思路、主线、关注点和重点

一、企业股权架构设计的思路

实务中，企业股权架构设计存在两种不同的思路，一种思路是在进行企业股权架构设计时，始终站在企业主的角度来进行设计，只要企业主满意，不需要考虑其他人的感受；另一种思路是站在企业角度进行设计，照顾各方主体的不同想法。这两种设计思路在合伙人股权架构设计和员工股权激励计划设计中都存在。

笔者的建议是企业在进行股权架构设计时，不能仅站在企业主角度，而应站在企业角度，兼顾各方的感受。

首先，在进行合伙人股权架构设计时，我们不能仅仅站在创始人一个人的角度，同时要考虑其他创业合伙人的想法。因为既然是合伙创业，每位合伙人都有各自的责权利，从公司设立、注册资本、出资类型、出资比例，占股比例、分红比例，表决权比例到各自的分工、公司发展战略的制定，商业模式的选择，各种资源的对接等都要进行充分的协商、沟通，争取达成一致。这样才能真正做到志同道合，背靠背，共进退，形成一个坚实的创业团队。

如果仅仅站在创始人一个人的角度进行架构设计，忽视其他合伙人的想法，就会导致其他合伙人的不满，甚至出现合伙人之间的分歧和纠纷，合伙不下去，创业半途而废。实务中出现的这样的反面案例不在少数。

其次，对于员工股权激励计划的设计更应该充分考虑企业主和激励对象

的想法。方案的每一个细节，包括激励总量、个量的确定，激励模式、持股模式的选择，股权价格的确定，业绩目标和考核办法的制定，调整机制和退出机制的确定等都要与被激励对象进行协商。因为股权激励本质上是一种交易，而不是企业主对员工的赏赐。企业主之所以要对员工进行股权激励，是为了让员工更努力地工作，为企业创造更大的价值。因此，认为股权激励是企业主对员工的恩赐，方案由企业主一方设计，激励对象只能被动接受的观点是错误的。不符合激励对象要求的股权激励计划，激励对象是不会接受的，即使勉强接受了，也不会起到好的激励效果。

因此，企业在进行股权架构设计时，正确的做法就是站在企业的角度，充分考虑各方的想法和要求。只有这样，设计出来的股权激励计划才是真正可行的、有效的。

二、企业股权架构设计的主线

企业股权架构设计始终要围绕“一条主线”进行。这条主线就是股权如何架构设计才能为企业奠定一个坚实的基础，支撑企业的长期发展。这条主线就是企业股权架构设计的灵魂，每一步都不能偏离。如果偏离了这条主线，那么由此设计的股权结构肯定是有问题的，也就不可能取得良好效果。

三、企业股权架构设计的关注点

企业股权架构设计有两大关注点，需要我们非常重视。这两大关注点，一是法律，二是税务。也就是说，企业在进行股权架构设计时，要非常重视法律和税务，把涉及的法律要求和税务情况考虑进去。

因为法律对企业的股权架构设计，特别是对于上市公司的股权激励计划设计，激励对象的选择，哪些人能够被激励，哪些人不能被激励；采取什么激励方式，如何确定激励总量和个量，都有明确的规范和约束。只有按照法律要求设计的股权架构方案，才合法有效，才能受到法律的保护。此外，方案的落地实施最终也要体现在一整套法律文件上。因此，企业在进行股权架构设计时，一定要特别关注方案的合法性问题。

不论是合伙人股权架构设计，还是员工股权激励计划设计，不管是自然人直接持股，还是通过公司、有限合伙企业间接持股，股权的转让，出售都会涉及企业所得税、个人所得税等税务问题。不同方案对持股人的税收影响是不同的。企业只有根据自己的实际情况，在充分考虑税收的基础上设计的股权结构才有可能比较安全且能够真正落地实施。

四、企业股权架构设计的重点

企业进行股权架构设计，花费的时间很长，有的长达几个月，有的长达半年，有的甚至更长。项目工作组的大量时间、精力会花在一次次的沟通、协调的过程中。这个时间要占到整个方案设计时间的90%。方案设计完，落实到纸面上的时间是很短的，特别是对于专业人士来讲，几天的时间就能把承载股权方案的各项文件起草好。因此，企业在进行股权架构设计时，要重视设计的过程，注重各方观点的沟通、协调。这也是企业股权架构设计的重点。那种认为从网上下载一个文本，用两个晚上修改一下，填上自己企业的基本信息，就算把股权方案设计完的做法是错误的。

第四节　企业股权架构设计中存在的两类问题及应对方法

企业在股权架构设计过程中会遇到各种各样的问题，归纳起来，集中在两个方面：一是认知问题；一是心态问题。

一、认知问题

所谓认知问题，是指在企业股权架构设计过程中，不少创业合伙人、投资人和被激励的员工等股权参与主体，缺乏对股权的了解。他们不了解股权的基本知识，不了解股权的价值，不知道应该如何进行股权架构设计，也不知道自己应当分得多少股权，别人应当分得多少股权。这些人的心态是没有问题的，如果他们对股权有了正确的认知，就会改变自己的看法和态度。

有一位客户是做国学教育的，他在曲阜找到了一位合伙人王校长。因学校校园闲置但位置不错，这位客户就想把公司迁到这个校园，于是就让王校长拿这个校园做投资，给他一部分股权。本来这位客户想给王校长20%的股权，但那位王校长却要50%的股权。这位客户认为，如果王校长要那么多股权，这个项目就没法推进，因为公司还有其他几个合伙人，还需要进行股权融资，股权就无法进行分配了。后来机缘巧合，这位王校长听了企业合伙人股权架构设计的一些基本知识、原理和实际案例，主动把要求的股权比例从50%降到了20%。

王校长之前之所以要求50%的股权，是因为他对股权没有一个正确的认知，当他听完股权架构设计课程后，认识到了他之前的要求是不合理的。如果那样的话，不仅对企业不利，对他自己也不利。股权比例不代表利益的绝对值，股权利益和企业的规模、盈利能力有关。如果他拿走企业50%的股权，其他人占有的股权比例比较低的话，就会有一种给别人打工的心态，是不会好好工作的，企业是发展不起来的。如果企业发展不好，持有的股权比例再大，也没有多少利益。另外，股权除代表利益外，还代表了责任和义务。特别是在企业初创时期，股权更多代表的是责任。当王校长明白了这个道理之后，就主动把所要求的股权比例从50%降到了20%。这是一个非常典型的解决股权认知问题的案例。

二、心态问题

企业股权架构设计方面的心态问题，是指各股权参与人之间之所以出现股权争议、股权纠纷，不是因为股权认知上的问题，相反，他们对股权有所了解，甚至有些人还是股权领域的专业人士。股权参与主体之间的矛盾完全源于他们的心态随着企业的盈利发生了变化，采取各种措施为自己争取更多的经济利益和尽可能大的话语权，不管是否合理。

三、两类问题的不同解决措施

认知问题和心态问题，两类问题的性质不同，其解决方式也是不同的。

对于认知问题，解决的措施是培训、座谈、讲解、解惑、答疑等。因对股权缺乏认知导致的各种矛盾和纠纷，通过上述措施往往能够得到很好的解决。

但对于心态问题，解决起来就没那么容易了。解决心态问题不在股权分配阶段，而在股权分配之前的选择合伙人阶段。因此，在选择合伙人时，很重要的一点就是要考察合伙人的心态。既可以共同承担风险、解决问题，也可以在面对利益和诱惑时具有平常心，否则是很难走到最后的，创业之初就决定了最终的结局。

第十九章　企业股权架构设计实务操作案例

◎ 导读

本章提供两个我们做过的案例，供大家参考。本章案例是根据客户企业的实际情况做的。为了保护客户的商业秘密，本章两个案例对公司名称等基本信息作了一定的处理。希望本章内容能够为大家提供一些借鉴之处。

第一节　北京×××科技有限公司股权顶层规划案例

一、公司及股权架构设计简介

北京×××科技有限公司是一家做国内管理系统的公司，目标是在三五年内将公司做成国内数一数二的大公司，有融资的需求，需要引进两名特定技术人员并准备对其实施股权激励。公司发展目标是至 2020 年年底，营业额达到 1 亿元，税后利润达到 3000 万元，公司估值达到 3 亿元。

公司需要进行股权顶层规划，通过科学、合理分配公司的股权，深度绑定几位创业合伙人，引进资金和专业技术人员；同时确保大股东牢牢掌握公司的控制权。

建立业务关系后，在股权设计前还要进行以下几个步骤：

1. 前期通过发放调查问卷，掌握公司的行业属性、合伙人基本情况、公司业务范围、发展愿景、战略规划、人才规划、融资规划，以及运营规划等公司基本情况。

2. 进行实地考察、参观，和企业主、其他合伙人、核心技术人员进行深入细致的沟通、交流，进一步深入了解公司的情况。

3. 进行资料查询，了解本行业的发展情况，以及其他竞争对手的情况。

4. 与企业主反复沟通，探讨每一个细节，最终形成方案。

5. 起草方案载体文件——股权顶层规划书。

二、北京×××科技有限公司股权顶层规划书

内容目录

第一部分　总则

一、股权规划目的

1. 构建科学、合理的股权结构，为北京×××科技有限公司的发展奠定坚实的基础。

2. 充分发挥股权的多维度功能，聚合北京×××科技有限公司发展所需要的各种资源。

3. 有序使用股权，使得创始人×××有限公司（以下简称×××公司）、×××合伙公司（以下简称×××合伙公司）能够牢牢掌握北京×××科技有限公司的控制权。

二、股权规划依据

1. 北京×××科技有限公司的实际情况；

2. 公司创始人“×××公司”“×××合伙公司”对于北京×××科技有限公司的发展规划；

3. 科学的股权架构原理。

三、股权规划方法

采取“以终为始”的股权规划方法。

四、股权规划内容

1. 北京×××科技有限公司股权顶层规划；

2. 北京×××科技有限公司合伙人股权规划；

3. 北京×××科技有限公司股权激励计划；

4. 北京×××科技有限公司股权融资规划。

第二部分　公司基本情况

一、公司基本信息

1. 公司名称：北京×××科技有限公司；

2. 公司地址：北京市××区×××科技园；

3. 公司法定代表人：×××，职务，总经理；

4. 公司注册资本：×××万元；

5. 公司业务范围（略）；

6. 公司业务发展规划

公司业务发展规划分为：近期目标和长期目标。

（1）近期目标：____。

（2）长期目标：____。

7. 公司业务运营模式

（1）拟对×××科技有限公司宣传推广、品牌运作、商业模式创新，采取垫资安装等方式进行商业拓展，不断扩大市场占有率，为×××公司的未来发展奠定基础。

（2）以×××业务为平台，导入、加装传感器等，将×××的人工智能、大数据计算优势嫁接到××××领域，形成立足实际运用的×××管理系统，打造×××核心竞争力产品。

（3）在××、××××系统的技术研发完成前，广泛和行业单位、权威人士进行接触，宣传公司的研发实力，扩大公司的知名度。

二、公司发展愿景

1. 2017 年年底，成为国内×××技术最先进、业务量最大的公司；××××管理系统落地试点；

2. 2019 年重大项目有突破，区域市场形成全覆盖的垄断地位，××××管理系统得到×××系统高层的认可；

3. 2020 年全年完成项目实施额 1 亿元，税后利润 3000 万元，公司市场价值达 3 亿元。

三、公司发展推进计划

公司发展需要人才和资金的支撑，公司计划有步骤地引进各种人才和资金，并用股权进行深入绑定。

1. 2018 年年底，引进国内×××权威技术专家 1~2 名（专职+顾问），给予其一定股权。

2. 2019 年上半年引进业务合伙人 1 名，给予一定股权。

3. 2019 年下半年引进财务总监、人力资源总监各一人，给予一定股权。

4. 其他技术专家及技术骨干视公司发展所需再进行确定。

5. 2020年上半年对于基础管理层及激励对象进行股权激励试点，初步预计10人。

6. 2020年年初进行第一轮融资，预估公司融资后价值达到3亿元，融资3000万元，释放10%的股权，采取先内部融资、差额部分再向外融资的办法，优先满足公司内部人员对公司的投资需求。

第三部分　公司股权规划

一、股权整体规划思路

1. 股权的功能

股权是公司的战略工具，本公司股权的功能主要体现在以下三个方面：一是长期、深度绑定创业合伙人；二是引进关键技术人才；三是引进资金。

2. 股权的三类持股主体

本公司股权分为三大板块：合伙人团队持有的股权、激励对象技术团队持有的股权和投资人团队持有的股权。

3. 股权的演变路径

第一种股权演变路径

公司初创时，公司100%的股权全部按照合伙人的贡献价值分配完毕，后续需要运用股权时，再稀释每位创始合伙人的股权，通过股权转让或者增资扩股的方式，转让给其他持股主体。

第二种股权演变路径

公司初创时，事先计划好未来的所有持股主体，创始合伙人分配股权时，只分配属于合伙人的那部分股权，未来其他持股主体的股权先分配好，放到期权池，工商登记备案时，先放在其他股东名下代为持有，等未来持股主体到位时，再通过股权转让的方式转给新的持股主体。

本公司主要采用第二种股权演变路径；随着公司的不断发展，等公司发展到一定规模时，由第一种股权演变路径来补充。

4. 股权变动的侧重点

因为本公司属于人力资本驱动型公司，股权的变动趋势是，逐步增加技术人员的持股比重，充分调动技术人员的工作积极性。所需股权超过整体规划不够用时，股权来源由创始股东×××公司和×××合伙公司按照 2：1 的比例释放其股权。

5. 股权规划的核心关键点

股权规划的核心关键点在于，公司发展的任何阶段，都要保障×××公司对公司的控制权。

6. 公司最终的实际股权结构

序号	持股主体	持股比例	备注
1	×××公司	40%	法人股
2	×××合伙公司	20%	法人股
3	×××	5%	自然人股
4	技术团队	15%	以有限合伙间接持股
5	原管理团队	5%	以有限合伙间接持股
6	未来投资人预留	15%	法人股或自然人股
合计	—	100%	—

说明：随着公司的发展，根据实际需要，如果需加大技术人员的股权比例，股东×××公司和×××合伙公司同意向技术团队释放一定的股权。

7. 公司持股平台的设置（预设，到时可以根据实际情况再调整）

×××合伙企业将作为普通合伙人暨执行事务合伙人，与技术团队、原管理团队共同设立一家有限合伙企业（以下简称持股平台），其中技术团队、原管理团队为持股平台的有限合伙人。持股平台的出资总额为 200 万元，具体的合伙人结构及各合伙人的认缴出资额如下：

序号	名称/姓名	合伙人类别	认缴持股平台出资额（万元）	占持股平台出资比例（%）	间接占公司股权比例（%）
1	×××合伙企业	普通合伙人	130	65	13
2	技术团队	有限合伙人	20	10	2
3	原管理团队	有限合伙人	50	25	5
合计			200	100	20

×××合伙企业所持有的持股平台的出资额中，1 万元为×××合伙企业作为

持股平台的普通合伙人自行持有的合伙份额，剩余129万元的出资额用于公司对指定人员进行股权激励。×××合伙企业所持有的用于激励对象激励的出资份额将在公司成立后，按照公司董事会决议确定的人员和转让价格，择机授予并转让给公司董事会认可的核心技术和业务人员（该等核心技术人员和业务人员的合伙人类型为有限合伙人）；如×××合伙企业所持有的用于激励对象激励的出资份额（包括×××合伙企业从持股平台的激励对象处按照其实际投资金额回购的用于激励对象激励的出资份额）未能在公司合格IPO前或公司解散前授予完毕的，则将由×××公司、×××合伙企业按照其届时直接持有的公司股权比例进行分配（在分配×××合伙企业从持股平台的激励对象处按照其实际投资金额回购的用于激励对象激励的出资份额前，应由×××公司、×××合伙企业按照其届时直接持有的公司股权比例承担回购该等出资份额的实际投资金额），相关受让方需同时承担相应的出资缴付义务。

二、合伙人股权规划

1. 合伙人进入机制

（1）除初始合伙人外，后续加入的合伙人应当根据业务功能加以选择。

（2）合伙人之间要坦诚地谈好角色分工和股权分配。

（3）合伙人之间要经过一段时间的磨合，在没有磨合好之前，新加入的合伙人不要在工商管理机关进行登记，即不要成为工商注册股东，可以先由原股东代持，待磨合好后再变更工商注册，以免造成“请神容易送神难”的局面。

（4）后续新加入的合伙人，需根据入伙时评估的公司价值，向公司出资。

（5）合伙人之间要签署完善的《创业合伙协议》，涉及十六个方面的基本条款，清楚界定每位合伙人的“责、权、利”，以防出现股权纠纷，影响公司的发展。

2. 合伙人股权分配机制

（1）股权分配原则

公司股权分配严格按照公平合理原则和核心股权原则进行。

公平合理原则，即每个合伙人分配的股权比例和他的价值贡献相一致；

价值贡献大，多分股权；价值贡献小，少分股权。

核心股东原则，即公司一定要有一个大股东，占股比例至少能够达到相对控股（在公司初创阶段）。

（2）股权分配方法

股权分配公式：

每位合伙人所持股权比例 = 每位合伙人对公司的价值贡献 ÷全体合伙人对公司总的价值贡献

各要素价值评估方法：

资金：按照其原值进行计算，必要时，根据实际情况让其价值向上浮动；

工作时间：按照市场上同类工作岗位的薪酬标准；

知识产权：按照知识产权交易市场的价格；如果以知识产权的使用权出资的，按照知识产权许可使用费计算；

其他要素：（略）。

公司初始合伙人股权分配情况：

序号	姓名或名称	股东类型	认缴出资（万元）	占股比例（%）	备注
1	×××公司	法人股东	900	40	实交货币 700 万元，厂房、办公用房租金 200 万元
2	×××合伙企业	法人股东	100	55	其中代持 35%
3	×××	自然人股东	0	5	—
合计	—	—	1000	100	—

后续新加入合伙人所占股权比例根据公司价值评估、其投资额或初始合伙人都认可的价值贡献确定，股权来源于初始全体持股主体的股权释放。

公司每年对自身的市场价值评估一次，评估结果由各股东签字认可后，作为股权分配、股权调整、员工股权激励和股权融资的依据。

3. 合伙人股权调整机制

随着公司的发展，每位合伙人在公司发展的不同阶段，贡献价值的大小会有所变化，加之资源的实际价值和当初预估的价值存在一定的差异，需要对合伙人之间的股权比例进行调整，才能达到股权分配比例和贡献价值的动态性一致。

本公司合伙人股权调整机制为：

（1）×××公司所持有的公司股权，为其对公司的投资获得。其相当于900万元人民币的投资款全部到位，即其贡献价值已经实现，其所持有的股权比例40%不变。经股东会决议，×××公司可以转让部分出资权，根据实际情况调整所持有的股权比例。其他合伙人有优先受让权。

（2）×××合伙企业所持有的公司股权，是其对公司的投资和经营管理的劳动付出获得。其中10%的股权因其100万元人民币的投资款已经交纳，其价值已经实现，确定已经获得；其另外10%的股权因其管理付出获得。公司根据实际情况制定管理目标，根据管理目标的实现情况进行调整。譬如，管理目标全部完成，获得另外10%的股权；完成管理目标的80%，获得另外8%的股权；剩余股权放入公司股权池；超额完成管理目标，除获得另外10%的股权外，还应当从股权池拿出相应股权对其进行奖励，如果公司实现IPO，奖励5%股权，由全体持股人共同稀释。

（3）×××所获得股权是因为其技术贡献获得，应当对其技术贡献制定业绩目标，完成业绩目标的100%，即获得5%的股权，若完成业绩目标的80%，即获得的股权为5%×80%，以此类推。剩余股权放入公司股权池；超额完成业绩目标，除获得另外5%的股权外，还应当从股权池拿出相应股权对其进行奖励。

（4）对于其他后续加入的合伙人，也应根据其业绩目标的完成情况，进行股权比例的调整。具体操作同×××。

（5）随着公司的发展，×××公司和合伙企业可以根据实际情况向技术团队出让一定的股权。向技术团队出让的具体股权比例可以根据当技术人员的人数或价值贡献（用公司的营业额或利润额来衡量）来确定。譬如，当公司的营业额达到5亿元时，×××公司和×××合伙企业向技术团队出让__________%的股权；当公司的营业额达到10亿元时，×××公司和×××合伙企业向技术团队出让__________%的股权；当公司的营业额达到20亿元时，×××公司和×××合伙企业向技术团队出让__________%的股权；当公司的营业额达到50亿元时，×××公司和×××合伙企业向技术团队出让__________%的股权。

×××公司和×××合伙企业的出让股权比例根据2：1的进行出让，即×××公司和×××合伙企业的出让比例为2：1。

4. 合伙人退出机制

本创业项目时间暂定为五年，自本协议签订之日起，全体初始创业合伙人五年内原则上不得退出公司。

经过股东会决议，准许退出的，按照以下不同情形分别处理：

（1）×××公司因为是公司的投资股东，不参与公司的实际运营，其可以通过股权转让的方式退出公司；股权转让价格可以按照转让时公司的市场价值进行转让。其他合伙人具有优先受让权。

（2）合伙企业是因为其投资和公司运营管理获得股权，所以其退出应分两部分处理：投资所对应的10%的股权，可以通过股权转让的方式退出公司；股权转让价格可以按照转让时公司的市场价值进行转让。其他合伙人具有优先受让权。

其预定5年公司运营管理所获得的10%的股权，按照如下规则获得股权：管理公司每满一年，获得其中2%的股权，离开公司时，按照管理的实际年限进行计算（最终以其每年实际完成的业绩核算），其余的股权收回放入股权池。

（3）×××及其他后续加入的技术合伙人，是因为其技术付出获得股权。在公司工作未满5年离开公司的，按照如下规则处理：

例如，×××，其持有公司5%的股权，有正当理由，经公司股东会同意，正常离职的，在公司工作每满一年，获得其中1%的股权，离开公司时，按照其在公司工作的实际年限进行计算（最终以其每年实际完成的业绩核算），其余的股权收回放入股权池。

无正当理由，未经公司股东会同意，强行离职的或者因重大过错被公司开除的，包括但不限于合同未到期，主动要求离职，私自把技术提供给其他竞争对手，泄露公司的商业秘密，违反公司规章制度，给公司造成重大损害；触犯国家法律，被判刑等，其所持有的股权全部被公司无偿收回，放入股权池。其已经获得的分红由公司进行追缴。

其他技术合伙人退出公司的规则同×××。

若其他技术合伙人是通过出资购买公司股权的，按照其出资额由公司回购。

三、激励对象股权激励规划

激励对象股权激励计划围绕吸引人才、绑定人才和维护创始人合伙人的控制权的思路进行设计。具体涉及以下细节：

1. 股权激励目的
2. 股权激励对象
3. 股权激励模式
4. 股权激励总量
5. 股权激励个量
6. 股权激励来源
7. 购股资金来源
8. 股权激励周期
9. 业绩目标制定与考核
10. 持股载体
11. 股权方案的调整
12. 激励人员的退出
13. 股权激励计划的起草
14. 股权激励协议的起草
15. 业绩目标的制定与考核规则的制定
16. 股权激励计划实施的启动
17. 股东会决议
18. 公司章程的修改

19. 股权管理小组的成立

20. 股权激励动员会

(具体方案，到公司实施股权激励时再进行设计)

四、股权融资规划

(股权融资方案应重点关注融资风险和创始合伙人的公司控制权)

1. 公司估值

2. 融资金额

3. 出让股权比例

4. 投融资协议与风险防范

(具体融资时，根据实际情况，从公司控制权角度，提供建议)

说明：本股权规划方案，是根据对北京×××科技有限公司现阶段情况的了解制定的。随着公司的发展变化，可对本股权规划作进一步调整。

第二节 北京××餐饮公司股权激励计划设计案例

一、公司及股权架构设计简介

北京××餐饮公司是一家连锁餐饮公司，在全国已经有几十家连锁店。公司有6个股东，总部激励对象有30多人，第一期实施股权激励的六家连锁店有70多位激励对象。企业主为了进一步激发激励对象的工作积极性，扩大市场占有率，拟对公司总部和各连锁店激励对象实施股权激励，并且希望不影响其对公司的控制权。激励对象在职，可以根据其持有的公司股权的情况进行分红。一旦激励对象从公司离职，公司将收回其持有的股权。

建立业务关系后，与公司的法人、人力总监、财务总监等相关人员一起组成了项目工作组。项目工期为6个月，在此期间，我们多次和企业主沟通，与激励对象进行座谈，并对全体激励对象进行了股权激励动员和答疑、解惑。

经过几个月的反复沟通、协调后，先后出台了《北京××餐饮公司股权激励计划》初稿、修改稿和最终稿。

最后召开了北京××餐饮公司股权激励实施大会，在大会上，公司与各激励对象签署了《股权激励协议》等相关法律文件。

二、北京××餐饮公司利润分红激励计划书

本激励计划经北京××餐饮文化管理有限公司 2018 年 12 月 8 日召开的 2018 年第______次股东会审议通过

目 录

2. 激励对象发生职务变更

3. 激励对象离职

4. 激励对象丧失劳动能力

5. 激励对象退休

6. 激励对象死亡

7. 特别条款

第十章 会计和税收

第十一章 附则

第一章 释义

除非另有说明，以下简称在本协议中作如下解释：

1. 公司：指北京××餐饮文化管理有限公司。

2. 本计划：指《北京××餐饮文化管理有限公司利润分红激励计划》。

3. 激励对象：指依照本利润分红激励计划有权获得分红的人员，包括公司总部全体激励对象和××店、××店、××店、×××店、××店和××店六个直营店的全部激励对象。

4. 股东会、董事会：指北京××餐饮文化管理有限公司股东会、董事会。

5. 分红权：指根据本利润分红激励计划拟授予给激励对象北京××餐饮文化管理有限公司总部全体激励对象和××店、××店、××店、×××店、××店和××店六个直营店的全部激励对象分红的权利。

6. 授权日：指公司向激励对象授予利润分红权的日期。

7. 分红期：指激励对象可以分红的日期。

8. 个人绩效考核办法：指《北京××餐饮文化管理有限公司利润分红激励计划实施考核办法》。

第二章 本利润分红激励计划的模式

本次激励采用利润分红激励模式。利润分红激励属于虚拟记账激励方式的一种，是指公司为了提高业绩，通过在公司内部记账的方式，授予公司总部全体激励对象和××店、××店、××店、×××店、××店和××店六个直营店的全部激励对象（以下简称激励对象）一定数量的利润分红，激励对象享有一定经营利润的分红权，但不享有表决权的激励方式。

第三章　本利润分红激励计划的目的

北京××餐饮文化管理有限公司制定、实施本利润分红激励计划的主要目的是完善公司激励机制，进一步提高公司总部激励对象和六个直营店激励对象的工作积极性、创造性，促进公司总部和直营店业绩的持续增长，实现激励对象与公司共同发展，具体表现为：

1. 建立对公司总部和六个直营店激励对象的中长期激励约束机制，将激励对象的利益与股东的利益紧密联系起来，使激励对象的行为与公司的战略目标保持一致，促进公司可持续发展。

2. 通过本利润分红激励计划的引入，进一步完善公司的绩效考核体系和薪酬体系，吸引、留住和激励实现公司发展所需要的人才。

第四章　本利润分红激励计划的管理机构

1. 北京××餐饮文化管理有限公司股东会作为公司的最高权力机构，负责审议批准本利润分红激励计划的实施、变更和终止。

2. 北京××餐饮文化管理有限公司董事会是本利润分红激励计划的执行管理机构，负责拟定本利润分红激励计划并提交股东会审议通过；公司董事会根据股东会的授权办理本利润分红激励计划的相关事宜。

3. 北京××餐饮文化管理有限公司监事会是本利润分红激励计划的监督机构，负责核实激励对象名单，并对本利润分红激励计划的实施是否符合相关法律法规及《公司章程》进行监督。

4. 北京××餐饮文化管理有限公司利润分红激励管理小组是本利润分红激励计划的专设管理机构，其主要权利和职责包括：

（1）拟订、修改本利润分红激励计划及相关配套规章制度。

（2）拟订利润分红激励计划实施方案。

（3）负责组织利润分红激励计划的日常管理。

（4）在本激励计划执行过程中，监控计划的运行情况。

（5）根据本利润分红激励计划，决定激励对象相关权利的中止和取消等事宜。

（6）向董事会报告本利润分红激励计划的执行情况。

（7）其他应由本利润分红激励管理小组决定的事项。

第五章 本利润分红激励计划的激励对象

本利润分红激励计划的激励对象应为：

1. 同时满足以下条件的人员：

（1）为北京××餐饮文化管理有限公司的正式员工。

（2）截至本激励计划实施之日，在北京××餐饮文化管理有限公司连续司龄满一年。

2. 虽未满足上述全部条件，但公司股东会认为确有必要进行激励的其他人员。

3. 公司激励对象的资格认定权在公司股东会；激励对象名单须经公司股东会审批，并经公司监事会核实后生效。

第六章 利润分红的来源、数量和分配

1. 利润来源

本利润分红激励计划拟授予给激励对象的分红来源于现有大股东刘芳（化名）分红利润的赠与。

2. 利润分配总量

（1）北京××餐饮文化管理有限公司向激励对象授予的利润分红的总额为六个直营店应分利润的总和和大股东出让的部分利润。每个直营店提取的可分配利润量占每个直营店全部净利润的百分比各不相同。参见附件一《激励分配计划表》。

（2）每个直营店提取的分配额按照40%：60%的比例进行分配。其中，总部占40%，直营店占60%。总部拿出可分配额的35%激励总部现有员工，预留5%激励未来进入总部的员工；直营店拿出可分配额的50%激励总部现有员工，预留10%激励未来进入直营店的员工。本条款中的百分比全部以直营店提取的全部可分配利润额的100%为基础。

3. 利润分配个量

每个激励对象按照各个部门岗位的分配系数进行分配。具体见附件一《激励分配计划表》。

第七章　本利润分红激励计划的授权日、有效期和分红期

1. 本利润分红激励计划的授权日

本激励计划利润分红权的授予日为 2019 年 1 月 1 日。

2. 本利润分红激励计划的有效期

本利润分红激励计划的有效期为三年，自授权日起计算，即自 2019 年 1 月 1 日至 2021 年 12 月 31 日。

3. 本利润分红激励计划的分红期及分红方式

每个激励计划年度的分红时间为每个会计年度结束后的＿＿60＿＿日内。

第八章　利润分红的条件、数量和比例

1. 本利润分红激励计划实施的条件和方法

（1）公司制定六个直营店总的利润目标，并分解为每个直营店的目标；同时设定总部相应的业绩指标和管理指标。

（2）考核总部各岗位获得利润分红的指标分为三个：一是六个直营店总的利润目标的完成情况；二是总部的业绩目标；三是总部的管理指标。公司完成总收入目标的 70%（含 70%）以上的，按照完成目标的比例进行分配，即按照总部可分配总量×完成目标的百分比进行分配；公司完成总收入目标达不到目标任务量的 70%的，不进行分红。

（3）各岗位利润分红按照考核的指标（业绩指标、管理指标、直营店业绩目标）进行分配。见附件二《利润分红激励计划实施考核办法》。

2. 授予程序

第一步：股东与激励对象签订《利润分红权激励协议书》，约定双方的权利义务。

第二步：公司根据协议签署情况制作《利润分红激励计划管理名册》，记载激励对象的姓名、获授利润分红的金额、授权日期、利润分红权授予协议书编号等内容。

第九章 本利润分红激励计划的变更和终止

1. 激励对象岗位发生变更，仍在公司任职，且变更后岗位仍在本计划激励对象范围内的，按变更后的岗位进行利润分红。

2. 激励对象岗位发生变更，且仍在公司任职，但变更后岗位不在本计划激励对象范围内的，变更后不再享有获授利润分红的权利。

3. 激励对象离职（指因各种原因导致激励对象不在公司任职的情况）

（1）有下列情形之一的，其已分得的分红继续有效，已授予但尚未获得的分红予以作废。

①激励对象与公司的聘用合同到期，公司不再与其续约的。

②激励对象与公司的聘用合同到期，本人不愿与公司续约的。

③激励对象与公司的聘用合同未到期，激励对象因个人原因被辞退的。

④激励对象与公司的聘用合同未到期向公司提出辞职并经公司同意的。

⑤激励对象与公司的聘用合同未到期，因公司经营性原因等被辞退的。

（2）有下列情形之一的，已授予但尚未获得的分红，予以作废；其已分得的红利返还原股东。

①激励对象与公司的聘用合同未到期，未经公司同意，擅自离职的；

②激励对象发生触犯法律的；

③违反职业道德、泄露公司机密的；

④有失职或渎职等行为，严重损害公司利益或声誉的。

4. 激励对象丧失劳动能力

（1）激励对象因公（工）丧失劳动能力的：其已得的分红和已授予但尚未分得的分红继续有效。

（2）激励对象非因公（工）丧失劳动能力的：其已得的分红继续有效；已授予但尚未获得的分红由公司董事会酌情处置。

第十章 会计和税收

1. 公司实施利润分红激励计划发生的各种管理费用由公司承担，计入公司管理费用。

2. 计划参与人取得分红收益时应根据国家法律法规的相关规定依法纳税。

第十一章 附则

1. 本利润分红激励计划由公司董事会负责解释。

2. 本利润分红激励计划的各个附件构成本激励计划的一部分，与本激励计划具有同等法律效力。

3. 本计划所附附件一和附件二由董事会每年调整一次。

附件一：《激励分配计划表》（略）

附件二：《利润分红激励计划实施考核办法》（略）

附件三：《股东会决议》（略）

北京××餐饮文化管理有限公司
2018 年 12 月 31 日

三、北京××餐饮文化有限公司总部利润分红激励协议

协议编号：__________

甲方：北京××餐饮文化有限公司全体股东

公司地址：北京市××区××××路××号

公司法定代表人：××，职务：董事长

联系电话：____________________

乙方：__________部门

本部门负责人：姓名__________，职务：__________，

身份证号：____________________

家庭住址：____________________

联系电话：____________________

甲方为北京××餐饮文化有限公司股东，乙方为北京××餐饮文化有限公司一个部门。鉴于乙方人员以往对公司的贡献和为了激励乙方人员更好地为公司工作，甲方同意以利润分红的方式对乙方人员进行激励。为明确甲乙双方各自的权利义务，特订立本协议：

一、根据乙方人员的工作表现，甲方股东会决议授予乙方人员参与《北京××餐饮文化有限公司利润分红激励计划》（以下简称“本计划”）的权利；乙方同意按照本协议的约定参与本计划。

二、乙方可得分红额根据《北京××餐饮文化管理有限公司利润分红激励计划》及其附件一《激励分配计划表》和附件二《利润分红激励计划实施考核办法》进行计算。

三、每年度会计结算结束后，甲方按照《公司法》和《北京××餐饮文化有限公司利润分红激励计划》及其两个附件的规定计算出上一年度公司可用于分配的利润总额。

四、乙方在每会计年度结束后的两个月内实际获得分红。甲方应将乙方可得分红一次性支付给乙方。乙方内部各人员之间如何进行分配，由各部门拿出方案报公司批准。

五、乙方的可得分红应当以人民币形式支付，除非乙方同意，甲方不得以其他形式支付。

六、乙方人员应当努力工作，完成《北京××餐饮文化有限公司利润分红激励计划业绩考核目标》，考核合格。乙方需完成的工作目标和业绩目标参见《北京××餐饮文化管理有限公司利润分红激励计划》附件二《利润分红激励计划实施考核办法》。

七、当乙方符合分红条件时，甲方应当及时、足额向乙方分配红利。

八、乙方人员对公司负有忠实义务和勤勉义务，不得有任何损害公司利益和形象的行为。

九、乙方在获得甲方授予的利润分红权的同时，仍可根据乙方与公司签订的劳动合同享受公司给予的其他待遇。

十、本协议的有效以乙方与公司存在劳动关系为前提，若乙方人员不到本协议约定的分红日从公司离职的，乙方根据《北京××餐饮文化管理有限公司利润分红激励计划》及本协议获得的分红权自动取消。

十一、甲乙双方经协商一致，可以变更、解除本协议。

十二、乙方人员获得的收益，按国家税法规定缴纳相关税费。

十三、在乙方符合分红条件的情形下，如甲方违反本协议约定，迟延或者拒绝向乙方支付可得分红的，除继续履行分红义务外，还应按乙方可得分红总额的10%向乙方承担违约责任。

十四、乙方人员有下列情形之一的，甲方有权视情况相应扣减或者取消乙方相应人员的分红权，并有权解除本协议。

1. 未经甲方同意在同行业兼职的；

2. 收受客户贿赂的；

3. 因重大过失给公司造成严重负面影响的。

十五、因履行本协议发生争议的，甲乙双方首先应协商解决；协商不成的，任何一方均有权向北京××餐饮文化有限公司所在地有管辖权的人民法院提起诉讼。

十六、《北京××餐饮文化有限公司利润分红激励计划》的有效是本协议有效的前提，《北京××餐饮文化管理有限公司利润分红激励计划》及其附件一《激励分配计划表》和附件二《利润分红激励计划实施考核办法》构成本协议的一个组成部分，与本协议具有同等法律效力。

本协议未涉及内容以《北京××餐饮文化有限公司利润分红激励计划》及其附件一《激励分配计划表》和附件二《利润分红激励计划实施考核办法》为准。

十七、本协议的有效期与《北京××餐饮文化有限公司利润分红激励计划》的有效期一致，即自2018年1月1日至2021年12月31日。

十八、本协议自甲乙双方签字或盖章时生效；本协议一式两份，甲乙双方各持一份，每份具有同等法律效力。

（以下无正文）

甲方（全体股东）（签字）______　　乙方负责人（签字）______

签约地点：______　　签约地点：______

签约时间：______　　签约时间：______

本协议附件：

附件一：《北京××餐饮文化有限公司利润分红激励计划》（略）

附件二：《激励分配计划表》（略）

附件三：《利润分红激励计划绩效考核管理办法》（略）

附件四：乙方身份证复印件（略）

其他相关文件（略）

附录：常用股权设计相关法律法规

中华人民共和国公司法（节录）[①]

（1993年12月29日第八届全国人民代表大会常务委员会第五次会议通过　根据1999年12月25日第九届全国人民代表大会常务委员会第十三次会议《关于修改〈中华人民共和国公司法〉的决定》第一次修正　根据2004年8月28日第十届全国人民代表大会常务委员会第十一次会议《关于修改〈中华人民共和国公司法〉的决定》第二次修正　2005年10月27日第十届全国人民代表大会常务委员会第十八次会议修订　根据2013年12月28日第十二届全国人民代表大会常务委员会第六次会议《关于修改〈中华人民共和国海洋环境保护法〉等七部法律的决定》第三次修正　根据2018年10月26日第十三届全国人民代表大会常务委员会第六次会议《关于修改〈中华人民共和国公司法〉的决定》第四次修正）

第一百四十一条　发起人持有的本公司股份，自公司成立之日起一年内不得转让。公司公开发行股份前已发行的股份，自公司股票在证券交易所上市交易之日起一年内不得转让。

公司董事、监事、高级管理人员应当向公司申报所持有的本公司的股份及其变动情况，在任职期间每年转让的股份不得超过其所持有本公司股份总数的百分之二十五；所持本公司股份自公司股票上市交易之日起一年内不得转让。上述人员离职后半年内，不得转让其所持有的本公司股份。公司章程

① 本部分仅节录该法涉及关于股权激励的条文。

可以对公司董事、监事、高级管理人员转让其所持有的本公司股份作出其他限制性规定。

第一百四十二条 公司不得收购本公司股份。但是，有下列情形之一的除外：

（一）减少公司注册资本；

（二）与持有本公司股份的其他公司合并；

（三）将股份用于员工持股计划或者股权激励；

（四）股东因对股东大会作出的公司合并、分立决议持异议，要求公司收购其股份；

（五）将股份用于转换上市公司发行的可转换为股票的公司债券；

（六）上市公司为维护公司价值及股东权益所必需。

公司因前款第（一）项、第（二）项规定的情形收购本公司股份的，应当经股东大会决议；公司因前款第（三）项、第（五）项、第（六）项规定的情形收购本公司股份的，可以依照公司章程的规定或者股东大会的授权，经三分之二以上董事出席的董事会会议决议。

公司依照本条第一款规定收购本公司股份后，属于第（一）项情形的，应当自收购之日起十日内注销；属于第（二）项、第（四）项情形的，应当在六个月内转让或者注销；属于第（三）项、第（五）项、第（六）项情形的，公司合计持有的本公司股份数不得超过本公司已发行股份总额的百分之十，并应当在三年内转让或者注销。

上市公司收购本公司股份的，应当依照《中华人民共和国证券法》的规定履行信息披露义务。上市公司因本条第一款第（三）项、第（五）项、第（六）项规定的情形收购本公司股份的，应当通过公开的集中交易方式进行。

公司不得接受本公司的股票作为质押权的标的。

上市公司股权激励管理办法

（2016年5月4日中国证券监督管理委员会2016年第6次主席办公会议审议通过　根据2018年8月15日中国证券监督管理委员会《关于修改〈上市公司股权激励管理办法〉的决定》修正）

第一章　总　　则

第一条　为进一步促进上市公司建立健全激励与约束机制，依据《中华人民共和国公司法》（以下简称《公司法》）、《中华人民共和国证券法》（以下简称《证券法》）及其他法律、行政法规的规定，制定本办法。

第二条　本办法所称股权激励是指上市公司以本公司股票为标的，对其董事、高级管理人员及其他员工进行的长期性激励。

上市公司以限制性股票、股票期权实行股权激励的，适用本办法；以法律、行政法规允许的其他方式实行股权激励的，参照本办法有关规定执行。

第三条　上市公司实行股权激励，应当符合法律、行政法规、本办法和公司章程的规定，有利于上市公司的持续发展，不得损害上市公司利益。

上市公司的董事、监事和高级管理人员在实行股权激励中应当诚实守信，勤勉尽责，维护公司和全体股东的利益。

第四条　上市公司实行股权激励，应当严格按照本办法和其他相关规定的要求履行信息披露义务。

第五条　为上市公司股权激励计划出具意见的证券中介机构和人员，应当诚实守信、勤勉尽责，保证所出具的文件真实、准确、完整。

第六条　任何人不得利用股权激励进行内幕交易、操纵证券市场等违法活动。

第二章　一般规定

第七条　上市公司具有下列情形之一的，不得实行股权激励：

（一）最近一个会计年度财务会计报告被注册会计师出具否定意见或者无法表示意见的审计报告；

（二）最近一个会计年度财务报告内部控制被注册会计师出具否定意见或无法表示意见的审计报告；

（三）上市后最近36个月内出现过未按法律法规、公司章程、公开承诺进行利润分配的情形；

（四）法律法规规定不得实行股权激励的；

（五）中国证监会认定的其他情形。

第八条 激励对象可以包括上市公司的董事、高级管理人员、核心技术人员或者核心业务人员，以及公司认为应当激励的对公司经营业绩和未来发展有直接影响的其他员工，但不应当包括独立董事和监事。外籍员工任职上市公司董事、高级管理人员、核心技术人员或者核心业务人员的，可以成为激励对象。

单独或合计持有上市公司5%以上股份的股东或实际控制人及其配偶、父母、子女，不得成为激励对象。下列人员也不得成为激励对象：

（一）最近12个月内被证券交易所认定为不适当人选；

（二）最近12个月内被中国证监会及其派出机构认定为不适当人选；

（三）最近12个月内因重大违法违规行为被中国证监会及其派出机构行政处罚或者采取市场禁入措施；

（四）具有《公司法》规定的不得担任公司董事、高级管理人员情形的；

（五）法律法规规定不得参与上市公司股权激励的；

（六）中国证监会认定的其他情形。

第九条 上市公司依照本办法制定股权激励计划的，应当在股权激励计划中载明下列事项：

（一）股权激励的目的；

（二）激励对象的确定依据和范围；

（三）拟授出的权益数量，拟授出权益涉及的标的股票种类、来源、数量及占上市公司股本总额的百分比；分次授出的，每次拟授出的权益数量、涉及的标的股票数量及占股权激励计划涉及的标的股票总额的百分比、占上市公司股本总额的百分比；设置预留权益的，拟预留权益的数量、涉及标的股票数量及占股权激励计划的标的股票总额的百分比；

（四）激励对象为董事、高级管理人员的，其各自可获授的权益数量、占股权激励计划拟授出权益总量的百分比；其他激励对象（各自或者按适当分类）的姓名、职务、可获授的权益数量及占股权激励计划拟授出权益总量的百分比；

（五）股权激励计划的有效期，限制性股票的授予日、限售期和解除限售安排，股票期权的授权日、可行权日、行权有效期和行权安排；

（六）限制性股票的授予价格或者授予价格的确定方法，股票期权的行权价格或者行权价格的确定方法；

（七）激励对象获授权益、行使权益的条件；

（八）上市公司授出权益、激励对象行使权益的程序；

（九）调整权益数量、标的股票数量、授予价格或者行权价格的方法和程序；

（十）股权激励会计处理方法、限制性股票或股票期权公允价值的确定方法、涉及估值模型重要参数取值合理性、实施股权激励应当计提费用及对上市公司经营业绩的影响；

（十一）股权激励计划的变更、终止；

（十二）上市公司发生控制权变更、合并、分立以及激励对象发生职务变更、离职、死亡等事项时股权激励计划的执行；

（十三）上市公司与激励对象之间相关纠纷或争端解决机制；

（十四）上市公司与激励对象的其他权利义务。

第十条 上市公司应当设立激励对象获授权益、行使权益的条件。拟分次授出权益的，应当就每次激励对象获授权益分别设立条件；分期行权的，应当就每次激励对象行使权益分别设立条件。

激励对象为董事、高级管理人员的，上市公司应当设立绩效考核指标作为激励对象行使权益的条件。

第十一条 绩效考核指标应当包括公司业绩指标和激励对象个人绩效指标。相关指标应当客观公开、清晰透明，符合公司的实际情况，有利于促进公司竞争力的提升。

上市公司可以公司历史业绩或同行业可比公司相关指标作为公司业绩指标对照依据，公司选取的业绩指标可以包括净资产收益率、每股收益、每股分红等能够反映股东回报和公司价值创造的综合性指标，以及净利润增长率、主营业务收入增长率等能够反映公司盈利能力和市场价值的成长性指标。以同行业可比公司相关指标作为对照依据的，选取的对照公司不少于 3 家。

激励对象个人绩效指标由上市公司自行确定。

上市公司应当在公告股权激励计划草案的同时披露所设定指标的科学性和合理性。

第十二条 拟实行股权激励的上市公司，可以下列方式作为标的股票来源：

（一）向激励对象发行股份；

（二）回购本公司股份；

（三）法律、行政法规允许的其他方式。

第十三条 股权激励计划的有效期从首次授予权益日起不得超过 10 年。

第十四条 上市公司可以同时实行多期股权激励计划。同时实行多期股权激励计划的，各期激励计划设立的公司业绩指标应当保持可比性，后期激励计划的公司业绩指标低于前期激励计划的，上市公司应当充分说明其原因与合理性。

上市公司全部在有效期内的股权激励计划所涉及的标的股票总数累计不得超过公司股本总额的 10%。非经股东大会特别决议批准，任何一名激励对象通过全部在有效期内的股权激励计划获授的本公司股票，累计不得超过公司股本总额的 1%。

本条第二款所称股本总额是指股东大会批准最近一次股权激励计划时公司已发行的股本总额。

第十五条 上市公司在推出股权激励计划时，可以设置预留权益，预留比例不得超过本次股权激励计划拟授予权益数量的20%。

上市公司应当在股权激励计划经股东大会审议通过后12个月内明确预留权益的授予对象；超过12个月未明确激励对象的，预留权益失效。

第十六条 相关法律、行政法规、部门规章对上市公司董事、高级管理人员买卖本公司股票的期间有限制的，上市公司不得在相关限制期间内向激励对象授出限制性股票，激励对象也不得行使权益。

第十七条 上市公司启动及实施增发新股、并购重组、资产注入、发行可转债、发行公司债券等重大事项期间，可以实行股权激励计划。

第十八条 上市公司发生本办法第七条规定的情形之一的，应当终止实施股权激励计划，不得向激励对象继续授予新的权益，激励对象根据股权激励计划已获授但尚未行使的权益应当终止行使。

在股权激励计划实施过程中，出现本办法第八条规定的不得成为激励对象情形的，上市公司不得继续授予其权益，其已获授但尚未行使的权益应当终止行使。

第十九条 激励对象在获授限制性股票或者对获授的股票期权行使权益前后买卖股票的行为，应当遵守《证券法》《公司法》等相关规定。

上市公司应当在本办法第二十条规定的协议中，就前述义务向激励对象作出特别提示。

第二十条 上市公司应当与激励对象签订协议，确认股权激励计划的内容，并依照本办法约定双方的其他权利义务。

上市公司应当承诺，股权激励计划相关信息披露文件不存在虚假记载、误导性陈述或者重大遗漏。

所有激励对象应当承诺，上市公司因信息披露文件中有虚假记载、误导性陈述或者重大遗漏，导致不符合授予权益或行使权益安排的，激励对象应当自相关信息披露文件被确认存在虚假记载、误导性陈述或者重大遗漏后，将由股权激励计划所获得的全部利益返还公司。

第二十一条 激励对象参与股权激励计划的资金来源应当合法合规，不得违反法律、行政法规及中国证监会的相关规定。

上市公司不得为激励对象依股权激励计划获取有关权益提供贷款以及其他任何形式的财务资助，包括为其贷款提供担保。

第三章 限制性股票

第二十二条 本办法所称限制性股票是指激励对象按照股权激励计划规定的条件，获得的转让等部分权利受到限制的本公司股票。

限制性股票在解除限售前不得转让、用于担保或偿还债务。

第二十三条 上市公司在授予激励对象限制性股票时，应当确定授予价格或授予价格的确定方法。授予价格不得低于股票票面金额，且原则上不得低于下列价格较高者：

（一）股权激励计划草案公布前1个交易日的公司股票交易均价的50%；

（二）股权激励计划草案公布前20个交易日、60个交易日或者120个交易日的公司股票交易均价之一的50%。

上市公司采用其他方法确定限制性股票授予价格的，应当在股权激励计划中对定价依据及定价方式作出说明。

第二十四条 限制性股票授予日与首次解除限售日之间的间隔不得少于12个月。

第二十五条 在限制性股票有效期内，上市公司应当规定分期解除限售，每期时限不得少于12个月，各期解除限售的比例不得超过激励对象获授限制性股票总额的50%。

当期解除限售的条件未成就的，限制性股票不得解除限售或递延至下期解除限售，应当按照本办法第二十六条规定处理。

第二十六条 出现本办法第十八条、第二十五条规定情形，或者其他终止实施股权激励计划的情形或激励对象未达到解除限售条件的，上市公司应当回购尚未解除限售的限制性股票，并按照《公司法》的规定进行处理。

对出现本办法第十八条第一款情形负有个人责任的，或出现本办法第十八条第二款情形的，回购价格不得高于授予价格；出现其他情形的，回购价格不得高于授予价格加上银行同期存款利息之和。

第二十七条 上市公司应当在本办法第二十六条规定的情形出现后及时召开董事会审议回购股份方案，并依法将回购股份方案提交股东大会批准。回购股份方案包括但不限于以下内容：

（一）回购股份的原因；

（二）回购股份的价格及定价依据；

（三）拟回购股份的种类、数量及占股权激励计划所涉及的标的股票的比例、占总股本的比例；

（四）拟用于回购的资金总额及资金来源；

（五）回购后公司股本结构的变动情况及对公司业绩的影响。

律师事务所应当就回购股份方案是否符合法律、行政法规、本办法的规定和股权激励计划的安排出具专业意见。

第四章 股票期权

第二十八条 本办法所称股票期权是指上市公司授予激励对象在未来一定期限内以预先确定的条件购买本公司一定数量股份的权利。

激励对象获授的股票期权不得转让、用于担保或偿还债务。

第二十九条 上市公司在授予激励对象股票期权时，应当确定行权价格或者行权价格的确定方法。行权价格不得低于股票票面金额，且原则上不得低于下列价格较高者：

（一）股权激励计划草案公布前 1 个交易日的公司股票交易均价；

（二）股权激励计划草案公布前 20 个交易日、60 个交易日或者 120 个交易日的公司股票交易均价之一。

上市公司采用其他方法确定行权价格的，应当在股权激励计划中对定价依据及定价方式作出说明。

第三十条 股票期权授权日与获授股票期权首次可行权日之间的间隔不得少于 12 个月。

第三十一条 在股票期权有效期内，上市公司应当规定激励对象分期行权，每期时限不得少于 12 个月，后一行权期的起算日不得早于前一行权期的届满日。每期可行权的股票期权比例不得超过激励对象获授股票期权总额的50%。

当期行权条件未成就的，股票期权不得行权或递延至下期行权，并应当按照本办法第三十二条第二款规定处理。

第三十二条 股票期权各行权期结束后，激励对象未行权的当期股票期权应当终止行权，上市公司应当及时注销。

出现本办法第十八条、第三十一条规定情形，或者其他终止实施股权激励计划的情形或激励对象不符合行权条件的，上市公司应当注销对应的股票期权。

第五章 实施程序

第三十三条 上市公司董事会下设的薪酬与考核委员会负责拟订股权激励计划草案。

第三十四条 上市公司实行股权激励，董事会应当依法对股权激励计划草案作出决议，拟作为激励对象的董事或与其存在关联关系的董事应当回避表决。

董事会审议本办法第四十六条、第四十七条、第四十八条、第四十九条、第五十条、第五十一条规定中有关股权激励计划实施的事项时，拟作为激励对象的董事或与其存在关联关系的董事应当回避表决。

董事会应当在依照本办法第三十七条、第五十四条的规定履行公示、公告程序后，将股权激励计划提交股东大会审议。

第三十五条 独立董事及监事会应当就股权激励计划草案是否有利于上市公司的持续发展，是否存在明显损害上市公司及全体股东利益的情形发表意见。

独立董事或监事会认为有必要的，可以建议上市公司聘请独立财务顾问，对股权激励计划的可行性、是否有利于上市公司的持续发展、是否损害上市公司利益以及对股东利益的影响发表专业意见。上市公司未按照建议聘请独立财务顾问的，应当就此事项作特别说明。

第三十六条 上市公司未按照本办法第二十三条、第二十九条定价原则，而采用其他方法确定限制性股票授予价格或股票期权行权价格的，应当聘请独立财务顾问，对股权激励计划的可行性、是否有利于上市公司的持续发展、相关定价依据和定价方法的合理性、是否损害上市公司利益以及对股东利益的影响发表专业意见。

第三十七条 上市公司应当在召开股东大会前，通过公司网站或者其他途径，在公司内部公示激励对象的姓名和职务，公示期不少于10天。

监事会应当对股权激励名单进行审核，充分听取公示意见。上市公司应当在股东大会审议股权激励计划前5日披露监事会对激励名单审核及公示情况的说明。

第三十八条 上市公司应当对内幕信息知情人在股权激励计划草案公告前6个月内买卖本公司股票及其衍生品种的情况进行自查，说明是否存在内幕交易行为。

知悉内幕信息而买卖本公司股票的，不得成为激励对象，法律、行政法规及相关司法解释规定不属于内幕交易的情形除外。

泄露内幕信息而导致内幕交易发生的，不得成为激励对象。

第三十九条 上市公司应当聘请律师事务所对股权激励计划出具法律意见书，至少对以下事项发表专业意见：

（一）上市公司是否符合本办法规定的实行股权激励的条件；

（二）股权激励计划的内容是否符合本办法的规定；

（三）股权激励计划的拟订、审议、公示等程序是否符合本办法的规定；

（四）股权激励对象的确定是否符合本办法及相关法律法规的规定；

（五）上市公司是否已按照中国证监会的相关要求履行信息披露义务；

（六）上市公司是否为激励对象提供财务资助；

（七）股权激励计划是否存在明显损害上市公司及全体股东利益和违反有关法律、行政法规的情形；

（八）拟作为激励对象的董事或与其存在关联关系的董事是否根据本办法的规定进行了回避；

（九）其他应当说明的事项。

第四十条 上市公司召开股东大会审议股权激励计划时，独立董事应当就股权激励计划向所有的股东征集委托投票权。

第四十一条 股东大会应当对本办法第九条规定的股权激励计划内容进行表决，并经出席会议的股东所持表决权的2/3以上通过。除上市公司董事、监事、高级管理人员、单独或合计持有上市公司5%以上股份的股东以外，其他股东的投票情况应当单独统计并予以披露。

上市公司股东大会审议股权激励计划时，拟为激励对象的股东或者与激励对象存在关联关系的股东，应当回避表决。

第四十二条 上市公司董事会应当根据股东大会决议，负责实施限制性股票的授予、解除限售和回购以及股票期权的授权、行权和注销。

上市公司监事会应当对限制性股票授予日及期权授予日激励对象名单进行核实并发表意见。

第四十三条 上市公司授予权益与回购限制性股票、激励对象行使权益前，上市公司应当向证券交易所提出申请，经证券交易所确认后，由证券登记结算机构办理登记结算事宜。

第四十四条 股权激励计划经股东大会审议通过后，上市公司应当在60日内授予权益并完成公告、登记；有获授权益条件的，应当在条件成就后60日内授出权益并完成公告、登记。上市公司未能在60日内完成上述工作的，应当及时披露未完成的原因，并宣告终止实施股权激励，自公告之日起3个月内不得再次审议股权激励计划。根据本办法规定上市公司不得授出权益的期间不计算在60日内。

第四十五条 上市公司应当按照证券登记结算机构的业务规则，在证券登记结算机构开设证券账户，用于股权激励的实施。

激励对象为外籍员工的，可以向证券登记结算机构申请开立证券账户。

尚未行权的股票期权，以及不得转让的标的股票，应当予以锁定。

第四十六条 上市公司在向激励对象授出权益前，董事会应当就股权激励计划设定的激励对象获授权益的条件是否成就进行审议，独立董事及监事会应当同时发表明确意见。律师事务所应当对激励对象获授权益的条件是否成就出具法律意见。

上市公司向激励对象授出权益与股权激励计划的安排存在差异时，独立董事、监事会（当激励对象发生变化时）、律师事务所、独立财务顾问（如有）应当同时发表明确意见。

第四十七条 激励对象在行使权益前，董事会应当就股权激励计划设定的激励对象行使权益的条件是否成就进行审议，独立董事及监事会应当同时发表明确意见。律师事务所应当对激励对象行使权益的条件是否成就出具法律意见。

第四十八条 因标的股票除权、除息或者其他原因需要调整权益价格或者数量的，上市公司董事会应当按照股权激励计划规定的原则、方式和程序进行调整。

律师事务所应当就上述调整是否符合本办法、公司章程的规定和股权激励计划的安排出具专业意见。

第四十九条 分次授出权益的，在每次授出权益前，上市公司应当召开董事会，按照股权激励计划的内容及首次授出权益时确定的原则，决定授出的权益价格、行使权益安排等内容。

当次授予权益的条件未成就时，上市公司不得向激励对象授予权益，未授予的权益也不得递延下期授予。

第五十条 上市公司在股东大会审议通过股权激励计划之前可对其进行变更。变更需经董事会审议通过。

上市公司对已通过股东大会审议的股权激励计划进行变更的，应当及时公告并提交股东大会审议，且不得包括下列情形：

（一）导致加速行权或提前解除限售的情形；

（二）降低行权价格或授予价格的情形。

独立董事、监事会应当就变更后的方案是否有利于上市公司的持续发展，是否存在明显损害上市公司及全体股东利益的情形发表独立意见。律师事务所应当就变更后的方案是否符合本办法及相关法律法规的规定、是否存在明显损害上市公司及全体股东利益的情形发表专业意见。

第五十一条 上市公司在股东大会审议股权激励计划之前拟终止实施股权激励的，需经董事会审议通过。

上市公司在股东大会审议通过股权激励计划之后终止实施股权激励的，应当由股东大会审议决定。

律师事务所应当就上市公司终止实施激励是否符合本办法及相关法律法规的规定、是否存在明显损害上市公司及全体股东利益的情形发表专业意见。

第五十二条 上市公司股东大会或董事会审议通过终止实施股权激励计划决议，或者股东大会审议未通过股权激励计划的，自决议公告之日起3个月内，上市公司不得再次审议股权激励计划。

第六章 信息披露

第五十三条 上市公司实行股权激励，应当真实、准确、完整、及时、公平地披露或者提供信息，不得有虚假记载、误导性陈述或者重大遗漏。

第五十四条 上市公司应当在董事会审议通过股权激励计划草案后，及时公告董事会决议、股权激励计划草案、独立董事意见及监事会意见。

上市公司实行股权激励计划依照规定需要取得有关部门批准的，应当在取得有关批复文件后的2个交易日内进行公告。

第五十五条 股东大会审议股权激励计划前，上市公司拟对股权激励计划进行变更的，变更议案经董事会审议通过后，上市公司应当及时披露董事会决议公告，同时披露变更原因、变更内容及独立董事、监事会、律师事务所意见。

第五十六条 上市公司在发出召开股东大会审议股权激励计划的通知时，应当同时公告法律意见书；聘请独立财务顾问的，还应当同时公告独立财务顾问报告。

第五十七条 股东大会审议通过股权激励计划及相关议案后，上市公司应当及时披露股东大会决议公告、经股东大会审议通过的股权激励计划、以及内幕信息知情人买卖本公司股票情况的自查报告。股东大会决议公告中应当包括中小投资者单独计票结果。

第五十八条 上市公司分次授出权益的，分次授出权益的议案经董事会审议通过后，上市公司应当及时披露董事会决议公告，对拟授出的权益价格、行使权益安排、是否符合股权激励计划的安排等内容进行说明。

第五十九条 因标的股票除权、除息或者其他原因调整权益价格或者数量的，调整议案经董事会审议通过后，上市公司应当及时披露董事会决议公告，同时公告律师事务所意见。

第六十条 上市公司董事会应当在授予权益及股票期权行权登记完成后、限制性股票解除限售前，及时披露相关实施情况的公告。

第六十一条 上市公司向激励对象授出权益时，应当按照本办法第四十四条规定履行信息披露义务，并再次披露股权激励会计处理方法、公允价值确定方法、涉及估值模型重要参数取值的合理性、实施股权激励应当计提的费用及对上市公司业绩的影响。

第六十二条 上市公司董事会按照本办法第四十六条、第四十七条规定对激励对象获授权益、行使权益的条件是否成就进行审议的，上市公司应当及时披露董事会决议公告，同时公告独立董事、监事会、律师事务所意见以及独立财务顾问意见（如有）。

第六十三条 上市公司董事会按照本办法第二十七条规定审议限制性股票回购方案的，应当及时公告回购股份方案及律师事务所意见。回购股份方案经股东大会批准后，上市公司应当及时公告股东大会决议。

第六十四条 上市公司终止实施股权激励的，终止实施议案经股东大会或董事会审议通过后，上市公司应当及时披露股东大会决议公告或董事会决议公告，并对终止实施股权激励的原因、股权激励已筹划及实施进展、终止实施股权激励对上市公司的可能影响等作出说明，并披露律师事务所意见。

第六十五条 上市公司应当在定期报告中披露报告期内股权激励的实施情况，包括：

（一）报告期内激励对象的范围；

（二）报告期内授出、行使和失效的权益总额；

（三）至报告期末累计已授出但尚未行使的权益总额；

（四）报告期内权益价格、权益数量历次调整的情况以及经调整后的最新权益价格与权益数量；

（五）董事、高级管理人员各自的姓名、职务以及在报告期内历次获授、行使权益的情况和失效的权益数量；

（六）因激励对象行使权益所引起的股本变动情况；

（七）股权激励的会计处理方法及股权激励费用对公司业绩的影响；

（八）报告期内激励对象获授权益、行使权益的条件是否成就的说明；

（九）报告期内终止实施股权激励的情况及原因。

第七章 监督管理

第六十六条 上市公司股权激励不符合法律、行政法规和本办法规定，或者上市公司未按照本办法、股权激励计划的规定实施股权激励的，上市公司应当终止实施股权激励，中国证监会及其派出机构责令改正，并书面通报证券交易所和证券登记结算机构。

第六十七条 上市公司未按照本办法及其他相关规定披露股权激励相关信息或者所披露的信息有虚假记载、误导性陈述或者重大遗漏的，中国证监会及其派出机构对公司及相关责任人员采取责令改正、监管谈话、出具警示函等监管措施；情节严重的，依照《证券法》予以处罚；涉嫌犯罪的，依法移交司法机关追究刑事责任。

第六十八条 上市公司因信息披露文件有虚假记载、误导性陈述或者重大遗漏，导致不符合授予权益或行使权益安排的，未行使权益应当统一回购注销，已经行使权益的，所有激励对象应当返还已获授权益。对上述事宜不负有责任的激励对象因返还已获授权益而遭受损失的，可按照股权激励计划相关安排，向上市公司或负有责任的对象进行追偿。

董事会应当按照前款规定和股权激励计划相关安排收回激励对象所得收益。

第六十九条 上市公司实施股权激励过程中，上市公司独立董事及监事未按照本办法及相关规定履行勤勉尽责义务的，中国证监会及其派出机构采取责令改正、监管谈话、出具警示函、认定为不适当人选等措施；情节严重的，依照《证券法》予以处罚；涉嫌犯罪的，依法移交司法机关追究刑事责任。

第七十条 利用股权激励进行内幕交易或者操纵证券市场的，中国证监会及其派出机构依照《证券法》予以处罚；情节严重的，对相关责任人员实施市场禁入等措施；涉嫌犯罪的，依法移交司法机关追究刑事责任。

第七十一条 为上市公司股权激励计划出具专业意见的证券服务机构和人员未履行勤勉尽责义务，所发表的专业意见存在虚假记载、误导性陈述或者重大遗漏的，中国证监会及其派出机构对相关机构及签字人员采取责令改正、监管谈话、出具警示函等措施；情节严重的，依照《证券法》予以处罚；涉嫌犯罪的，依法移交司法机关追究刑事责任。

第八章 附 则

第七十二条 本办法下列用语具有如下含义：

标的股票：指根据股权激励计划，激励对象有权获授或者购买的上市公司股票。

权益：指激励对象根据股权激励计划获得的上市公司股票、股票期权。

授出权益（授予权益、授权）：指上市公司根据股权激励计划的安排，授予激励对象限制性股票、股票期权的行为。

行使权益（行权）：指激励对象根据股权激励计划的规定，解除限制性股票的限售、行使股票期权购买上市公司股份的行为。

分次授出权益（分次授权）：指上市公司根据股权激励计划的安排，向已确定的激励对象分次授予限制性股票、股票期权的行为。

分期行使权益（分期行权）：指根据股权激励计划的安排，激励对象已获授的限制性股票分期解除限售、已获授的股票期权分期行权的行为。

预留权益：指股权激励计划推出时未明确激励对象、股权激励计划实施过程中确定激励对象的权益。

授予日或者授权日：指上市公司向激励对象授予限制性股票、股票期权的日期。授予日、授权日必须为交易日。

限售期：指股权激励计划设定的激励对象行使权益的条件尚未成就，限制性股票不得转让、用于担保或偿还债务的期间，自激励对象获授限制性股票完成登记之日起算。

可行权日：指激励对象可以开始行权的日期。可行权日必须为交易日。

授予价格：上市公司向激励对象授予限制性股票时所确定的、激励对象获得上市公司股份的价格。

行权价格：上市公司向激励对象授予股票期权时所确定的、激励对象购买上市公司股份的价格。

标的股票交易均价：标的股票交易总额/标的股票交易总量。

本办法所称的“以上”“以下”含本数，“超过”“低于”“少于”不含本数。

第七十三条 国有控股上市公司实施股权激励，国家有关部门对其有特别规定的，应当同时遵守其规定。

第七十四条 本办法适用于股票在上海、深圳证券交易所上市的公司。

第七十五条 本办法自2016年8月13日起施行。原《上市公司股权激励管理办法（试行）》（证监公司字〔2005〕151号）及相关配套制度同时废止。

企业会计准则第11号——股份支付

（2006年2月15日 财会〔2006〕3号）

第一章 总 则

第一条 为了规范股份支付的确认、计量和相关信息的披露，根据《企业会计准则、基本准则》，制定本准则。

第二条 股份支付，是指公司为获取职工和其他方提供服务而授予权益工具或者承担以权益工具为基础确定的负债的交易。

股份支付分为以权益结算的股份支付和以现金结算的股份支付。

以权益结算的股份支付，是指公司为获取服务以股份或其他权益工具作为对价进行结算的交易。

以现金结算的股份支付，是指公司为获取服务承担以股份或其他权益工具为基础计算确定的交付现金或其他资产义务的交易。

本准则所指的权益工具是公司自身权益工具。

第三条 下列各项适用其他相关会计准则：

（一）公司合并中发行权益工具取得其他公司净资产的交易，适用《企业会计准则第 20 号××公司合并》。

（二）以权益工具作为对价取得其他金融工具等交易，适用《企业会计准则第 22 号××金融工具确认和计量》。

第二章 以权益结算的股份支付

第四条 以权益结算的股份支付换取职工提供服务的，应当以授予职工权益工具的公允价值计量。

权益工具的公允价值，应当按照《企业会计准则第 22 号××金融工具确认和计量》确定。

第五条 授予后立即可行权的换取职工服务的以权益结算的股份支付，应当在授予日按照权益工具的公允价值计入相关成本或费用，相应增加资本公积。

授予日，是指股份支付协议获得批准的日期。

第六条 完成等待期内的服务或达到规定业绩条件才可行权的换取职工服务的以权益结算的股份支付，在等待期内的每个资产负债表日，应当以对可行权权益工具数量的最佳估计为基础，按照权益工具授予日的公允价值，将当期取得的服务计入相关成本或费用和资本公积。

在资产负债表日，后续信息表明可行权权益工具的数量与以前估计不同的，应当进行调整，并在可行权日调整至实际可行权的权益工具数量。

等待期，是指可行权条件得到满足的期间。

对于可行权条件为规定服务期间的股份支付，等待期为授予日至可行权日的期间；对于可行权条件为规定业绩的股份支付，应当在授予日根据最可能的业绩结果预计等待期的长度。

可行权日，是指可行权条件得到满足、职工和其他方具有从公司取得权益工具或现金的权利的日期。

第七条 公司在可行权日之后不再对已确认的相关成本或费用和所有者权益总额进行调整。

第八条 以权益结算的股份支付换取其他方服务的，应当分别下列情况处理：

（一）其他方服务的公允价值能够可靠计量的，应当按照其他方服务在取得日的公允价值，计入相关成本或费用，相应增加所有者权益。

（二）其他方服务的公允价值不能可靠计量但权益工具公允价值能够可靠计量的，应当按照权益工具在服务取得日的公允价值，计入相关成本或费用，相应增加所有者权益。

第九条 在行权日，公司根据实际行权的权益工具数量，计算确定应转入实收资本或股本的金额，将其转入实收资本或股本。

行权日，是指职工和其他方行使权利、获取现金或权益工具的日期。

第三章 以现金结算的股份支付

第十条 以现金结算的股份支付，应当按照公司承担的以股份或其他权益工具为基础计算确定的负债的公允价值计量。

第十一条 授予后立即可行权的以现金结算的股份支付，应当在授予日以公司承担负债的公允价值计入相关成本或费用，相应增加负债。

第十二条 完成等待期内的服务或达到规定业绩条件以后才可行权的以现金结算的股份支付，在等待期内的每个资产负债表日，应当以对可行权情况的最佳估计为基础，按照公司承担负债的公允价值金额，将当期取得的服务计入成本或费用和相应的负债。

在资产负债表日，后续信息表明公司当期承担债务的公允价值与以前估计不同的，应当进行调整，并在可行权日调整至实际可行权水平。

第十三条 公司应当在相关负债结算前的每个资产负债表日以及结算日，对负债的公允价值重新计量，其变动计入当期损益。

第四章 披 露

第十四条 公司应当在附注中披露与股份支付有关的下列信息：

（一）当期授予、行权和失效的各项权益工具总额。

（二）期末发行在外的股份期权或其他权益工具行权价格的范围和合同剩余期限。

（三）当期行权的股份期权或其他权益工具以其行权日价格计算的加权平均价格。

（四）权益工具公允价值的确定方法。

公司对性质相似的股份支付信息可以合并披露。

第十五条 公司应当在附注中披露股份支付交易对当期财务状况和经营成果的影响，至少包括下列信息：

（一）当期因以权益结算的股份支付而确认的费用总额。

（二）当期因以现金结算的股份支付而确认的费用总额。

（三）当期以股份支付换取的职工服务总额及其他方服务总额。

国家税务总局
关于我国居民企业实行股权
激励计划有关企业所得税处理问题的公告

（国家税务总局公告2012年第18号）

为推进我国资本市场改革，促进企业建立健全激励与约束机制，根据国务院证券管理委员会发布的《上市公司股权激励管理办法（试行）》（证监公司字［2005］151号，以下简称《管理办法》）的规定，一些在我国境内上市的居民企业（以下简称上市公司），为其职工建立了股权激励计划。根据《中华人民共和国企业所得税法》及其实施条例（以下简称税法）的有关规定，现就上市公司实施股权激励计划有关企业所得税处理问题，公告如下：

一、本公告所称股权激励，是指《管理办法》中规定的上市公司以本公司股票为标的，对其董事、监事、高级管理人员及其他员工（以下简称激励对象）进行的长期性激励。股权激励实行方式包括授予限制性股票、股票期权以及其他法律法规规定的方式。

限制性股票，是指《管理办法》中规定的激励对象按照股权激励计划规定的条件，从上市公司获得的一定数量的本公司股票。

股票期权，是指《管理办法》中规定的上市公司按照股权激励计划授予激励对象在未来一定期限内，以预先确定的价格和条件购买本公司一定数量股票的权利。

二、上市公司依照《管理办法》要求建立职工股权激励计划，并按我国企业会计准则的有关规定，在股权激励计划授予激励对象时，按照该股票的公允价格及数量，计算确定作为上市公司相关年度的成本或费用，作为换取激励对象提供服务的对价。上述企业建立的职工股权激励计划，其企业所得税的处理，按以下规定执行：

（一）对股权激励计划实行后立即可以行权的，上市公司可以根据实际行权时该股票的公允价格与激励对象实际行权支付价格的差额和数量，计算确定作为当年上市公司工资薪金支出，依照税法规定进行税前扣除。

（二）对股权激励计划实行后，需待一定服务年限或者达到规定业绩条件（以下简称等待期）方可行权的，上市公司等待期内会计上计算确认的相关成本费用，不得在对应年度计算缴纳企业所得税时扣除。在股权激励计划可行权后，上市公司方可根据该股票实际行权时的公允价格与当年激励对象实际行权支付价格的差额及数量，计算确定作为当年上市公司工资薪金支出，依照税法规定进行税前扣除。

（三）本条所指股票实际行权时的公允价格，以实际行权日该股票的收盘价格确定。

三、在我国境外上市的居民企业和非上市公司，凡比照《管理办法》的规定建立职工股权激励计划，且在企业会计处理上，也按我国会计准则的有关规定处理的，其股权激励计划有关企业所得税处理问题，可以按照上述规定执行。

四、本公告自 2012 年 7 月 1 日起施行。

特此公告。

参考文献

1. 马永斌：《公司治理之道》，清华大学出版社 2013 年版。

2. 天亮等：《股权激励机制》，中国金融出版社 2011 年版。

3. 胡八一：《非上市公司股权激励》，企业管理出版社 2012 年版。

4. 王文书：《公司股权激励实务操作指引》，中国民主法制出版社 2011 年版。

5. 胡八一：《股权激励 9D 模型》，企业管理出版社 2010 年版。

6. 熊海斌等：《股东行为与股东产权》，中国城市出版社 2002 年版。

7. 姜博仁：《新合伙制》，人民邮电出版社 2016 年版。

8. 陈文：《股权激励法律事务》，法律出版社 2010 年版。

9. 沈富强：《股东股权法律实务》，立信会计出版社 2006 年版。

10. 余澳：《民营上市公司股权结构与公司治理研究》，四川大学出版社 2014 年版。

11. 傅国苏：《中小公司私募股权融资馅饼还是陷阱?》，法律出版社 2010 年版。

12. 陈晓峰：《投融资法律风险管理策略》，法律出版社 2011 年版。

13. 朱勇国：《中国上市公司高管股权激励研究》，首都经济贸易大学出版社 2012 年版。

14. 金剑锋等：《公司诉讼的理论与实务问题研究》，人民法院出版社 2008 年版。

15. 李雨龙、乔路：《公司章程制定指南》，法律出版社 2006 年版。

16. 戈宇：《公司股权转让操作指南》，法律出版社 2005 年版。

17. 雷霆：《公司并购重组原理、实务及疑难问题诠释》，中国法制出版社 2014 年版。

18. 戚庆余：《完胜资本：中国公司并购战略与经典案例》，中国法制出版社 2012 年版。

19. 仲继银：《董事会与公司治理》，中国发展出版社 2014 年版。

20. 贾锐：《投资并购法律实务》，法律出版社 2013 年版。

图书在版编目（CIP）数据

股权的秘密：揭示助推企业发展的力量／崔师振，宋明辉著．—2版．—北京：中国法制出版社，2022.11

ISBN 978-7-5216-2826-5

Ⅰ.①股… Ⅱ.①崔…②宋… Ⅲ.①股权管理-研究 Ⅳ.①F271.2

中国版本图书馆CIP数据核字（2022）第142164号

策划编辑：陈 兴　　责任编辑：孙 静　　封面设计：李宁

股权的秘密：揭示助推企业发展的力量

GUQUAN DE MIMI：JIESHI ZHUTUI QIYE FAZHAN DE LILIANG

著者/崔师振　宋明辉

经销/新华书店

印刷/保定市中画美凯印刷有限公司

开本/730毫米×1030毫米　16开　　印张/23.75　字数/253千

版次/2022年11月第2版　　2022年11月第1次印刷

中国法制出版社出版

书号 ISBN 978-7-5216-2826-5　　定价：79.00元

北京市西城区西便门西里甲16号西便门办公区

邮政编码：100053　　传真：010-63141600

网址：http：//www.zgfzs.com　　**编辑部电话：010-63141787**

市场营销部电话：010-63141612　　**印务部电话：010-63141606**

（如有印装质量问题，请与本社印务部联系。）